ཁྲིམས་ལུགས་གདམ་རྒྱུད།

—— གཞོན་ནུ་ལོ་ཆུང་གི་ ——
ཉེན་བརྡའི་ལེགྲུ།

དཔེ་ཞོར་ཆེན་གྱིས་བརྩམས།
བློ་བཟང་དཔལ་ལྡན་གྱིས་བསྒྱུར།

XZCB བོད་ལྗོངས་མི་དམངས་དཔེ་སྐྲུན་ཁང་།

民族文字出版专项资金资助项目

图书在版编目（CIP）数据

法律故事．青少年警示篇：藏文／代晓琴著；洛桑边旦译．-- 拉萨：西藏人民出版社，2021.11
ISBN 978-7-223-06770-6
Ⅰ.①法…Ⅱ.①代… ②洛…Ⅲ.①法律—中国—青少年读物—藏语 Ⅳ.①D920.5
中国版本图书馆 CIP 数据核字（2021）第 000568 号

法律故事—青少年警示篇

作　　者：代晓琴
译　　者：洛桑边旦
责任编辑：巴桑旺庆　多坚次仁
封面设计：多坚次仁
出版发行：西藏人民出版社（拉萨市林廓北路 20 号）
印　　刷：拉萨市明鑫印刷有限公司
开　　本：850×1168　1/32
印　　张：7.25
字　　数：120 千
版　　次：2021 年 11 月第 1 版
印　　次：2021 年 11 月第 1 次印刷
印　　数：01-2,000
书　　号：ISBN978-7-223-06770-6
定　　价：24.00 元

སྔོན་འགྲོའི་གཏམ།

ཁྲིམས་ལུགས་ཁྱབ་གདལ་གྱི་ལས་ཀ་ནི་རང་རྒྱལ་གྱི་ཁྲིམས་ལྟར་རྒྱལ་ཁབ་སྐྱོང་བའི་ཐབས་ཇུས་ཀྱི་གཞི་རྩའི་གྲུབ་ཆ་ཞིག་ཡིན་ལ། དེ་ནི་རང་རྒྱལ་གྱི་སྤྱི་ཚོགས་རིང་ལུགས་ཀྱི་ཁྲིམས་སྐྱོང་འཛུགས་སྐྲུན་གོང་འཕེལ་དང་དར་སྤེལ་གྱི་གལ་ཆེའི་འགན་ལེན་ཞིག་ཀྱང་ཡིན། ལོ་ཆུང་གཞོན་ནུ་ནི་མེས་རྒྱལ་གྱི་མ་འོངས་པ་དང་མི་རིགས་ཀྱི་རེ་བ་རེད། དེར་བརྟེན་ལོ་ཆུང་གཞོན་ནུའི་ཁྲིམས་སྐྱོང་སློབ་གསོ་ནི་སྤྱི་ཚོགས་བརྟན་ལྷིང་སྲུང་སྐྱོང་དང་། སྤྱི་ཚོགས་བདེ་སྲུང་ཕྱོགས་བསྡུས་བཅོས་སྐྱོང་ཡག་པོ་ཡོང་མིན་དང་འབྲེལ་བ་ཡོད་པ་མ་ཟད། དེ་མིན་དཔལ་འབྱོར་དང་། ཆབ་སྲིད། རིག་གནས་སོགས་ཕྱོགས་མང་པོའི་ཐོག་ནས་བདེ་ཐང་གི་ཁོར་ཡུག་ཅིག་གཏོད་དགོས་པའི་གལ་ཆེའི་གནད་དོན་ཞིག་རེད།

ལོ་ཤས་རིང་། ནར་མ་སོན་པའི་བྱིས་པའི་ཉེས་གསོག་གྱོད་དོན་ཇེ་མང་དུ་འགྲོ་བ་དང་། སྤྱི་ཚོགས་བརྟན་ལྷིང་ལ་གནོད་འཚེ་བཟོ་བཞིན་ཡོད་པས་ད་ལྟ་ནར་མ་སོན་པའི་བྱིས་པའི་ཉེས་གསོག་ནི་སྤྱི་ཚོགས་ཀྱི་གནད་དོན་ཞིག་ཏུ་གྱུར་ཟིན། ནར་མ་སོན་པའི་བྱིས་པས་ཉེས་གསོག་བྱས་པའི་རྒྱུ་རྐྱེན་ནི་ཁྲིམས་ལུགས་མི་ཤེས་པའི་རྐྱེན་གྱིས་རེད། ཡིན་ན་ཡང་། ནར་མ་སོན་པའི་བྱིས་པས་

ཁྲིམས་ལུགས་ཀྱི་དོན་ཚན་རེ་རེ་གློག་པའམ་ངེས་པར་བྱ་རྒྱུ་ནི་ཧ་ཅང་དཀའ་ཚེགས་ཆེ་བའི་ལས་ཀ་ཞིག་རེད་ལ་ཁོང་ཚོའི་ལོ་ཚད་དང་སེམས་ཁམས་དང་ཡང་མི་འཚམས་པ་ཞིག་རེད། ངེས་ན་ནར་མ་སོན་པའི་བྱིས་པས་གང་འདྲ་བྱས་ནས་ཉེས་གསོག་སྔོན་འགོག་བྱེད་དགོས་སམ། རང་ཉིད་ལ་དྲང་བཞག་མིན་པའི་གནད་དོན་འཕྲད་ཚེ་ཇི་ལྟར་བྱས་ནས་དབང་ཆ་སྲུང་དགོས་སམ། ཇི་ལྟར་བྱས་ཏེ་ཁྲིམས་ལུགས་ཀྱི་ཤེས་བྱ་ལ་བརྟེན་ནས་རང་ཉིད་ལ་སྲུང་སྐྱོང་བྱེད་དགོས་སམ།

ལོ་གཅིག་གི་གོང་དུ། ཀྲུང་གོ་ཁྲིམས་ལུགས་དཔེ་སྐྲུན་ཁང་གི་གཟིགས་སྐྱོང་འོག་ངས«ཁྲིམས་ལུགས་གཏམ་རྒྱུད་དཔེ་དེབ་དང་པོ»དཔེ་སྐྲུན་བྱས་པ་ཡིན། དཔེ་དེབ་དེར་རྒྱ་ཆེའི་ལོ་ཆུང་གྲོགས་པོ་ཚོ་དང་ཁྲིམས་ལུགས་ལ་མཉེས་པོ་གནང་མཁན་དག་གིས་གདེང་འཇོག་དང་དགའ་བསུ་ཆེན་པོ་ཐོབ་བྱུང་། དེ་ནས་རིམ་བཞིན«ཉེས་ཁྲིམས་དག་བཅོས་འཆར་ཟིན(དགུ་པ)»ལག་བསྟར་བྱས་རྗེན་དུ། ཁྲིམས་ལུགས་ཀྱི་ཤེས་བྱ་གསར་པ་མང་པོ་ཞིག་ངས་ད་དུང་ན་ཆུང་གཞོན་ནུ་རྣམས་ལ་ཁྱབ་གདལ་བྱེད་མེད་པ་ཤེས་བྱུང་། དེར་བརྟེན། ངས་ཕྱོགས་བསྡུས་ཕུན་ཚོགས་སྣ་མང་གི་ཁྲིམས་ལུགས་ཤེས་བྱའི་དཔེ་ཚོགས་ཤིག་བྲི་རྒྱུའི་སེམས་ཐག་བཅད་པ་ཡིན།

དུས་ཀྱི་ངོས་ནས་བལྟས་ན་སྐར་མ་ལྔ་ནི་ཐུང་ཐུང་ཞིག་རེད། རྣམ་ཀུན་ང་ཚོས་བྱ་དངོས་གང་ཞིག་ལ་གཡེང་བའམ་ཡང་ན་བསྐུགས་ནས་བསྡད་པའི་སྐབས་སུ་སྐར་མ་ལྔ་ནི་དེ་ལྟར་མིག་ཡུད་ཙམ་ཞིག་ལ་འདས་འགྲོ་ལ། ཉིན་གཅིག་གི་རིང་ལ་སྐར་མ་ལྔ་བྱས་པ་ག་ཚོད་ཅིག་ང་ཚོའི་གམ་ནས་གོ་མེད་ཚོར་མེད་དང་བཞུད་འགྲོ་ཨང་། གལ་ཏེ་ང་ཚོས་ཉིན་རྒྱུན་གོ་མེད་ཚོར་མེད་དུ་བཞུད་འགྲོ་བའི་སྐར་མ་ལྔ་པོ་དེ་དཔེ་གློག་ལ་

བརྩོན་པའང་དགེ་སློག་གི་གོམས་གཤིས་སུ་བསྒྱུར་ཐུབ་ན་དེ་ནི་ང་ཚོའི་ཚེ་གང་ལ་ཕན་ཐོག་ཡོད་པའི་བྱ་བ་ཞིག་རེད།

«སྐར་མ་ལྔའི་ཁྲིམས་ལུགས་གདམ་རྒྱུད»འདི་ནང་དོན་གྱི་ཆ་ནས་དབང་སྤྱུང་སྐོར། ཉེན་བརྡའི་སྐོར། རང་སྲུང་སྐོར་སོགས་དཔེ་དེབ་གསུམ་དུ་དབྱེ་ཡོད་ཅིང་དུས་རྒྱུན་ང་ཚོས་མཐོང་དུ་ཡོད་པའི་ལྷ་འདོད་ཉན་སྦྲོ་བའི་གཏམ་རྒྱུད་ཀྱི་ཚན་པ་རེ་ནས་ཁྲིམས་ལུགས་ཀྱི་ཤེས་བྱ་རེ་གསེད་བཀྲོལ་གནང་སྟེ། སློག་པ་པོར་གཏོན་ཤུགས་དང་ཉོབ་མདངས་མེད་པའི་ཐོག་ནས་ཁྲིམས་ཤེས་པ་དང་། ཁྲིམས་རྟོགས་པ། ཁྲིམས་སྲུང་བ་སོགས་ཀྱི་ཐོག་ནས་ཉེས་གསོག་སྔོན་འགོག་དང་ཉེས་གསོག་ཞུང་དུ་བཏང་བ་བྱས་ནས་ན་གཞོན་བྱིས་པ་ཚོས་ཁྲིམས་ལུགས་ཁྲིམས་སྲོལ་ལ་བརྟེན་ནས་རང་ཉིད་ཀྱི་ཁྲིམས་མཐུན་གྱི་ཁེ་དབང་ལ་སྲུང་སྐྱོང་ཐུབ་པ་བྱེད་དགོས།

ངས་ལྷག་བསམ་རྣམ་དག་གིས་ཐོག་ནས་ནར་མ་སོན་པའི་བྱིས་པ་དག་གིས་དཔེ་ཚོགས་འདིར་དགའ་པོ་ཡོང་བ་དང་ཆབས་ཅིག་ཏུ། ཁོང་ཚོས་སྦྲོ་སྣང་དང་བདེ་སྡོད་ཀྱི་དགེ་སློག་ཁོར་ཡུག་ཅིག་ནས་ཁྲིམས་ལུགས་ཀྱི་འདུ་ཤེས་བརྟན་དུ་གཏོང་བ་དང་། ཁྲིམས་ལུགས་ཀྱི་བྱང་ཚད་གོང་མཐོར་ཡོང་བའི་རེ་འདུན་འཆང་བཞིན་ཡོད་ལ། དུས་མཚུངས་སུ་དཔེ་ཚོགས་འདིར་ལས་རིགས་གཅིག་པའི་གྲོགས་པོ་དག་གིས་རྩ་ཆེའི་དགོངས་འཆར་གནང་རྒྱུའི་རེ་བའང་འཆང་བཞིན་མཆིས་སོ།།

ཏའེ་ཞའོ་ཆེང་།

༢༠༡༧ལོའི་ཟླ་བ༤པར།

དཀར་ཆག

༡ སྒྱུར་ཚད་ལས་བརྒལ་བའི་“གློག་སྒྱུལ་འཁོར་ལོ།”

༢༠༡༣ལོའི་དབྱར་ཁའི་ས་སྟོད་ཅིག་ལ། གྲོང་ཁྱེར་ག་གེ་མོའི་སྐོར་ལམ་གསུམ་པའི་སེར་ཐིག་གཉིས་ཡོད་པའི་གཞུང་ལམ་སྟེང་འགྲིམ་འགྲུལ་གྱི་ལས་འཛོལ་ཞིག་ཐོན་ཡོད། དེ་ནི་གློག་སྒྲུལ་འཁོར་ལོ་གཉིས་ཕན་ཚུན་བརྡུང་གཏུག་བརྒྱབ་ནས་རྨས་སྐྱོན་ཕོག་པའི་བདག་པོ་གཉིས་པོས་སྨན་ཁང་དུ་སྐོར་ཁྲི་ལ་ཟིན་པའི་སྨན་རིན་སྤྲོད་དགོས་བྱུང་འདུག ཡིན་ཡང་། བདག་པོ་གཉིས་པོས་ཕན་ཚུན་སྐྱིན་ཚབ་འཇལ་བའི་ཐད་ལ་གྲོས་འཆམ་མ་བྱུང་བར་ཁྲིམས་ཁང་ལ་གཏུགས་བཤེར་བྱས་ཤིང་མཐར་ཁྲིམས་ཁང་ནས་གློག་སྒྲུལ་འཁོར་ལོའི་བདག་པོ་ཞའོ་ཧྲུའེ་ལ་སྐྱིན་ཚབ་འཇལ་བའི་འགན་འཁྲི་བཞག་ཡོད། དེ་ནི་མི་མང་པོས་བསམ་ཤེས་བྱ་དཀའ་བའི་གནས་ཚུལ་ཞིག་རེད།

ཞའོ་ཧྲུའེ་ནི་སྐྱེ་ཁུངས་ཞིང་པ་ཡིན་ཞིང་ད་ལོ་ལོ༡༧ལ་སོན་ཡོད། ཁོ་པའི་ཕ་མ་གཉིས་པོ་ནི་ལོ་ཧྲིལ་པོ་ཕྱི་ལ་ལས་ཀར་སོང་ནས་ཡོད་པས་ཁོ་པ་ནི་གཞིས་སྲུང་བྱིས་པ་མང་པོ་ཞིག་དང་འདྲ་བར་ཁྱིམ་ཚང་གི་དོ་དམ་ནན་པོ་མེད། ཞའོ་ཧྲུའེ་སློབ་སྦྱོང་བྱེད་རྒྱུར་མི་དགའ་ཞིང་དམའ་འབྲིང་མ་ཐོན་གོང་དུ་གྲོང་བརྡལ་གྱི་ཐག་ཐག་འཁོར་ལོའི་ཉམས་བཟོ་ཁང་ཞིག་ཏུ་དགེ་ཕྲུག་བྱས་ནས་བསྡད་ཡོད།

ལས་རིགས་དེ་ནི“ཉ་ཉུང་མཉམ་བསྲེ”ཅན་ཞིག་ཡིན་པས་ཞའོ་ཧྲུའེ་ཡང་མི་རིང་བར“འཆུབ་འཁོར་སྐོར་མཁན”གྱི་མི་འགའ་དང་ངོ་ཤེས་སུ་འགྱུར། མི་དེ་དག་གིས་དུས་རྒྱུན་རྒྱ་ལམ་སྟེང་འཆུབ་འཁོར་སྐོར་བཞིན་ཡོད་པའི་རྣམ་པ་དེས་ཞའོ་ཧྲུའེ་ཡི་སེམས་སུ་འགོག་མེད་ཀྱི་བསླུ་བྲིད་ཅིག་སྐྱེས།

ཞའོ་ཧྲུའེ་ལ་སྐབས་འཕེལ་གྱི་གོ་སྐབས་ཤིག་ལས་རང་མོས་ཀྱི་གློག་སྒྲུལ་འཁོར་ལོ་རྙིང་སོང་ཞིག་རག ཁོས་ཉམས་བཟོ་ཁང་ལས་སྦྱང་པའི་གཞུང་ལུགས་ལས་ངེས་ཤེས་རྙེད

དོན་སློག་སྐྱུལ་འཁོར་ལོའི་སྨྱུར་ཚད་ཚད་འཛིན་ཀྱི་སྐྱུད་པ་བཅད་ཚེ་སློག་སྐྱུལ་འཁོར་ལོའི་སྨྱུར་ཚད་ལྷབ་འགྱུར་གྱི་ཇེ་མགྱོགས་སུ་འགྲོ་བ་དེ་རེད།

“ཀ། ཀ། ཀ། ང་ནི་དངོས་གནས་མི་སྐྱེ་ཐོབ་ཤེས་རབ་ཅན་ཞིག་རེད།”ཞའོ་ཧྲུའི་ཡིས་ལམ་སེང་སློག་སྐྱུལ་འཁོར་ལོའི་སྨྱུད་ཚད་ཚད་འཛིན་ཀྱི་སྐྱུད་པ་བཅད། དེ་ནི་ཁོའི་བསམ་ཐོག་ཏུ་སོང་བ་ལྟར་མ་གཞི་ཆུ་ཚོད་རེའི་སྨྱུར་ཚད་སྤྱི་ལེ་༡༥ལས་བསྐྱོད་མ་ཐུབ་པའི་སློག་སྐྱུལ་འཁོར་ལོ་རྙིང་སོང་དེ་ད་ལྟ་སྨྱུར་ཚད་ལྷབ་འགྱུར་གྱི་མགྱོགས་སུ་ཕྱིན་ཡོད་པ་དེ་རེད།

ཞའོ་ཧྲུའི་རིམ་བཞིན་“འཚུབ་འཁོར་སྐོར་མཁན་”ཞིག་ཏུ་འགྱུར་བ་མ་ཟད་དུས་རྒྱུན་ལས་ཀར་འགྲོ་བའི་སྐབས་སུའང་ཁོས་སློག་སྐྱུལ་འཁོར་ལོ་ཤིན་ཏུ་མགྱོགས་པོ་གཏོང་གི་ཡོད་པས་མི་རྣམས་ལ་སེམས་འཚབ་སྐྱེས་སུ་བཅུག་གི་ཡོད།

ཞའོ་ཧྲེའི་ཉེ་འཁོར་གྱི་མི་སེམས་བཟང་ཅན་དག་གིས་རྟག་ཏུ་ཁོ་པར“ཁྱེད་ཀྱིས་སློག་སྐྱུལ་འཁོར་ལོ་དལ་ཙམ་གཏོང་། ཐ་ཕྱི་མ་གཏོགས་གནས་ཚུལ་ལྷགས་པ་འདུག”ཅེས་ཁ་ཏ་བསླབ་བྱ་གནང་། ཡིན་ན་ཡང་། ཁོས་དེ་དག་གི་ཁ་ཏ་ལ་མི་ཉན་པར་དེ་ནི་གཞན་གྱི་ལོག་བཤད་དང་ཆོ་མེད་ཀྱི་གཏམ་ཡིན་པར་རློམ།

ཞའོ་ཧྲུའི་ཡི“ལག་རྩལ”ཡག་པོ་ཡོད་པ་ཡིན་ནམ་ཡང་ན་ཀླུང་རྟ་རྒྱུག་པ་གང་ཡིན་ཆ་མི་འཚལ་བར་ལོ་ཤས་རིང་པོ་པར་གནས་ཚུལ་གང་ཡང་མ་བྱུང་། ཞའོ་ཧྲུའི་སྤྱར་ལས་འཕེར་ཤ་ཚ་རུ་སོང་སྟེ་ཁོ་པར་ཁ་ཏ་བསླབ་བྱ་བྱེད་མཁན་བྱུང་ཚེ་ཁོས་མི་འདོད་པའི་རྣམ་འགྱུར་དང་བཅས“སྡོས་དང་། ངའི་ལག་རྩལ་ཡག་པོ་འདི་འདྲ་རེད། ང་ལ་གནས་ཚུལ་ལྷགས་སྲིད་དམ”ཞེས་ལན་འདེབས་ཀྱི་ཡོད།

མི་ཚང་མས་ཞའོ་ཧྲུའི་ལ་སློབ་མེད་པར་མགོ་བོ་གཡུག་ཙམ་བྱས་ཏེ་འབུད་འགྲོ

གནས་ཚུལ་ལྷགས་པའི་ས་སྟོད་དེར། མ་གཞི་ཞའོ་ཧྲུའེ་མི་གཞན་དང“འཚུབ་འཁོར”སྐོར་རྒྱུའི་ཁ་ཆད་བྱས་ཡོད། ཡིན་ན་ཡང་ཉམས་བཟོ་ཁང་དུ་གློ་བུར་དུ་ལས་ཀ་ཐོན་ཏེ་ཁོའི་ཁ་ཆད་བྱས་པའི་དུས་ཚོད་ལ་འགོར་འགྱངས་བྱུང་ཡོད། ཉམས་བཟོ་ཁང་དུ་ལས་ཀ་ཚར་རྗེས། ཞའོ་ཧྲུའེ་ཡིས་གློག་སྐྱུལ་འཁོར་ལོའི་མྱུར་ཚད་མཐོ་ཤོས་སུ་བསྐྱུལ་ནས་སྐོར་ལམ་གསུམ་པའི་ཕྱོགས་སུ་བྱ་འཕུར་བ་ལྟར་བསྐྱོད།

སྐོར་ལམ་གསུམ་པའི་གཞུང་ལམ་སྟེང་འགྲུལ་བསྐྱོད་བྱེད་པའི་རླངས་འཁོར་དེ་ཙམ་མང་པོ་མེད་པས་ཞའོ་ཧྲུའེ་ཡིས་རང་འདོད་དང་བཅས་གཞུང་ལམ་དཀྱིལ་གྱི་སེར་ཐིག་གཉིས་ཀྱི་ཐོག་མགྱོགས་མྱུར་ངང་ཡོང་གི་ཡོད། སྐབས་དེར་ཕར་ཕྱོགས་ནས་ཀྱང་གློག་སྐྱུལ་འཁོར་ལོ་ཞིག་ཡོང་གི་ཡོད་ཅིང་དེ་ནི་སྦྲོ་པོ་ཤང་ལགས་ཡིན་པ་དང་། སྦྲོ་པོ་ཤང་ལགས་ནི་མིག་གསལ་པོ་མི་མཐོང་བའི་ཁར་ས་སྟོད་ཀྱི་དུས་སྐབས་དེར་སྣང་བས་རབ་རིབ་ཏུ་འགྱུར་ཡོད་ལ་སྦྲོ་ཤང་ལགས་ཀྱང་ནང་དུ་ལོག་རྒྱུར་བྲེལ་འཚུབ་ལངས་ནས་ཡོད་པས་ཁོ་གཉིས་ཀྱིས་གློག་སྐྱུལ་འཁོར་ལོ་ཁ་བཀག་མ་ཐུབ་པར་ཕན་ཚུན་བརྡུང་ཁ་ཐེབས་ཤིང་གཉིས་ཀར་རྨས་སྐྱོན་ཐེབ།

ཁོ་གཉིས་སྨན་ཁང་དུ་བསྐྱལ་བ་དང་ཕྱོགས་གཉིས་ཀའི་ནང་མི་ཡང་མགྱོགས་མྱུར་ངང་སླེབས་བྱུང་།

ཞའོ་ཧྲུའེ་ཡི་ཕ་མའི་བསམ་པར་གློག་སྐྱུལ་འཁོར་ལོ་གཏོང་མཁན་གཉིས་ཀར་ནོར་འཁྲུལ་ཡོད་པས་སོ་སོའི་སྨན་རིན་སོ་སོས་སྤྲོད་ན་འགྲིག་པར་བསམ། ཡིན་ན་ཡང་། སྦྲོ་པོ་ཤང་ལགས་ཀྱི་བུ་ཡིས་གནས་ཚུལ་ཤེས་རྟོགས་བྱུང་རྗེས། སྦྲོ་པོ་ཤང་ལགས་ཀྱི་སྨན་རིན་དེ་ཞའོ་ཧྲུའེ་ཡིས་སྤྲོད་དགོས་ཞེས་ངར་བཤད་བྱས། “གནས་ཚུལ་ཐོན་པའི་སྐབས་སུ། ཕྱོགས་

གཉིས་ཀས་ལམ་གཞུང་གི་སེར་ཐིག་ཐོག་བསྐྱོད་ཡོད་པས་ནོར་འཁྲུལ་ཡང་ཆ་རེད། ང་ཚོས་ཁྱེད་ཚོའི་སྨན་རིན་སྤྲོད་དགོས་དོན་ཅི་ཡོད།”ཅེས་ཞའོ་ཧྲུའེ་ཡི་ཕ་མས་ཁོང་ཁྲོ་དང་བཅས་བཤད། དེར་སྒོ་པོ་ཤང་ལགས་ཐུས“རེད། ངའི་ཨ་ཕས་གཞུང་ལམ་དཀྱིལ་གྱི་སེར་ཐིག་ཐོག་བསྐྱོད་པ་ནི་ནོར་བ་རེད། ཡིན་ན་ཡང་ཁྱེད་ཀྱིས་གློག་སྐུལ་འཁོར་ལོའི་མྱུར་ཚད་ཚད་ལས་བརྒལ་བ་དེས་ངའི་ཨ་ཕ་གཡོལ་ཐུབ་བྱ་ཁོམ་མ་བྱུང་བའི་ད་ཐེངས་ཀྱི་འགྲིམ་འགྲུལ་དོན་རྐྱེན་འདི་བྱུང་བ་རེད།”ཅེས་བཤད།

“དོན་དེ་གློག་སྐུལ་འཁོར་ལོའི་མྱུར་ཚད་དང་འབྲེལ་བ་ཅི་ཡོད་དམ།”ཞའོ་ཧྲུའེ་དང་ཁོའི་ཕ་མའི་སེམས་སུ་དེ་ལྟར་བསམ་བཞིན་ནོར་འཁྲུལ་ནི་གཉིས་ཀ་ལ་ཡོད་སྙམ་སྟེ་ཕན་ཚུན་པར་བཤད་ཚུར་བཤད་བྱས་ནས་གནས།

“མྱུར་ཚད་ནི་གནད་དོན་གྱི་འགག་རྩ་རེད།”སྒོ་པོ་ཤང་ལགས་ཀྱི་ཐུས་ཨུ་ཚོགས་དང་གནས་ཚུལ་ལྷགས་པའི་སྐབས་ཀྱི་གློག་སྐུལ་འཁོར་ལོ་གཉིས་པོའི་མྱུར་ཚད་ལ་བརྟག་དཔྱད་བྱེད་དགོས་ཞེས་འགྲིམ་འགྲུལ་ཉེན་རྟོག་པ་སྐད་བརྒྱབ།

ཞའོ་ཧྲུའེ་དང་ཁོའི་ཕ་མའི་སེམས་སུའང་རང་ཉིད་ལ་བདེན་པ་ཡོད་སྙམ་བཞིན་ཉེན་རྟོག་པས་བརྟག་དཔྱད་བྱ་རྒྱུར་སྒུག

འགྲིམ་འགྲུལ་ཉེན་རྟོག་པས་ཞའོ་ཧྲུའེ་ཡི་གློག་སྐུལ་འཁོར་ལོར་ལེ་ཏ་མྱུར་ཚད་འཇལ་བའི་བརྟག་དཔྱད་བྱས་ཟིན་དུས། ཞའོ་ཧྲུའེ་ཡི་གློག་སྐུལ་འཁོར་ལོའི་མྱུར་ཚད་དེ་ཆུ་ཚོད་རེར་སྤྱི་ལེ༥༧ཙམ་ཟིན་པ་དང་སྒོ་པོ་ཤང་ལགས་ཀྱི་གློག་སྐུལ་མྱུར་ཚད་དེ་ཆུ་ཚོད་རེར་སྤྱི་ལེ༡༥ལས་ཟིན་གྱི་མེད་པ་ཤེས་རྟོགས་བྱུང་།

“ཞའོ་ཧྲུའེ་ནི་ནོར་འཛོལ་བྱུང་མཁན་ཡིན་པས་གྱོང་གུན་སྐྱིན་ཚབ་འཇལ་

དགོས།”འགྲིམ་འགྲུལ་ཉེན་རྟོག་པས་བཤད།

“ངའི་འདི་གློག་སྐུལ་འཁོར་ལོ་ཡིན། ཁོའི་དེ་ཡང་གློག་སྐུལ་འཁོར་ལོ་ཡིན་པ་ཆ་རེད། ངས་སྐྱོན་ཆབ་འཛལ་དོན་མེད།”ཞའོ་ཧྲུའེ་ཡིས་བློ་ཕམ་དང་བཤད།

“དོན་རྐྱེན་འདིའི་ནང་ཞའོ་ཧྲུའེ་ཡི་གློག་སྐུལ་འཁོར་ལོ་དེ་འཕྲུལ་སྐུལ་འཁོར་རིགས་སུ་ངོས་འཛིན་བྱེད་དགོས། འབྲེལ་ཡོད་ཀྱི་གནད་དོན་ཡང་འཕྲུལ་སྐུལ་འཁོར་རིགས་ཀྱི་དོན་རྐྱེན་ལྟར་ཐག་གཅོད་བྱེད་དགོས།”འགྲིམ་འགྲུལ་ཉེན་རྟོག་པ་དེས་ད་ཅང་གཟབ་ནན་གྱི་རྣམ་འགྱུར་དང་བཅས་བཤད།

འགྲིམ་འགྲུལ་ཉེན་རྟོག་པ་ནི་ཞི་པོ་ལྷང་ལགས་ཀྱི་བུས་སྐད་བརྒྱབ་ཡོང་བ་ཞིག་ཡིན་པས་ཞའོ་ཧྲུའེ་དང་ཁོའི་ཕ་མའི་སེམས་སུ་ཉེན་རྟོག་པས་ཉེ་ཕྱོགས་གནང་གི་འདུག་སྙམ་ནས་ཁྲིམས་ཁང་ལ་ཞུ་གཏུག་བྱས།

“རང་རྒྱལ་གྱི«གཞུང་ལམ་འགྲིམ་འགྲུལ་བདེ་འཇགས་སྲུང་སྐྱོར་གྱི་བཅའ་ཁྲིམས»དོན་ཚན་དོན་དྲུག་པའི་ནང་གསེས་དང་པོའི་ནང་གཏན་འབེབ་བྱས་པ་ལྟར། རླངས་འཁོར་དེ་རྐང་འཁོར་གཏོང་མཁན་དང་རྐང་ཐང་བའི་བར་འགྲིམ་འགྲུལ་བྱུར་ཉེས་བྱུང་ནས། རྐང་འཁོར་གཏོང་མཁན་དང་རྐང་ཐང་བར་ནོར་འཁྲུལ་མེད་ན། རླངས་འཁོར་ཕྱོགས་དེས་སྐྱོན་ཆབ་འཛལ་འགན་འཁུར་རྒྱུ། རྐང་འཁོར་གཏོང་མཁན་དང་རྐང་ཐང་བར་ནོར་འཁྲུལ་ཡོད་པའི་ར་སྤྲོད་དཔང་རྟགས་ཡོད་ན། ནོར་འཁྲུལ་བྱུང་ཚད་ལྟར་རླངས་འཁོར་གྱི་ཕྱོགས་དེའི་སྐྱོན་ཆབ་སྤྲོད་འགན་བཅའ་ཡང་ཞོས་འཚམ་གཏོང་རྒྱུ། རླངས་འཁོར་ཕྱོགས་སུ་ནོར་འཁྲུལ་མེད་ན། བརྒྱ་ཆ་བཅུ་ལས་མ་བརྒལ་བའི་སྐྱོན་ཆབ་འཛལ་འགན་འཁུར་རྒྱུ……དེར་བརྟེན། འདི་ག་ཁྲིམས་ཁང་ནས་ཐག་གཅོད་ལྟར་ཞའོ་ཧྲུའེ་ཡིས་ཞུ་སྐྱོར་ཐུ་

མར་སྨན་རིན་དང་ལས་ཐེབས་ཆག་པའི་གྱོང་གུན་ཁྱོན་སྒོར་ཁྲི་༨.༢ཁ་གསབ་བྱེད་དགོས།”ཁྲིམས་དཔོན་གྱི་ཁྲིམས་ཐག་བཅད་པ་བཞིན་ཞའོ་ཧྲུའེ་ཡིས་འཁྲིམ་འཁྲུལ་ལས་འཇོལ་འདིའི་བརྒྱ་ཆ་དགུ་བཅུ་འགན་འཁུར་དགོས།

“ཡིན་ནའང་། ངའི་འདི་ཡང་གློག་སྐྱུལ་འཁོར་ལོ་ཡིན།”ཞའོ་ཧྲུའེ་སེམས་སུ་དེ་ལྟར་བསམ་བཞིན་བློ་ཕམ་སྐྱེས།

“རང་རྒྱལ་གྱི«གློག་སྐྱུལ་རྐང་འཁོར་གྱི་སྤྱི་སྤྱོད་ལག་རྩལ་ཆ་རྐྱེན»ནང་‘གློག་གསོག་ཆས་དེ་རམ་འདེགས་ནུས་པ་ལ་བརྟེན་ནས་འཁོར་ལོ་གསུམ་དང་ལྡན་པ་གང་ཞིག　མིའི་ནུས་པ་ལ་བརྟེན་ནས་བསྐྱོད་ཆོག་པའམ་གློག་སྐྱུལ་ལ་བརྟེན་པ་ཡང་ན་གློག་ནུས་ཀྱིས་རམ་འདེགས་བྱེད་པའི་དམིགས་བསལ་གྱི་རྐང་འཁོར་དེ་ནི་གློག་སྐྱུལ་རྐང་འཁོར་ཡིན’འཁོར་རིགས་དེ་ཆེས་མགྱོགས་ཤོས་ལའང་ཆུ་ཚོད་རེ་ལ་སྤྱི་ལེ༢༠ལས་བརྒལ་མི་ཆོག་པ་དང་། འཁོར་རིགས་དེའི་ཁྱོན་ལྗི་ཚད་སྤྱི་ཀྲ༤༠ལས་བརྒལ་མི་ཆོག　ཁྱེད་ཀྱི་གློག་སྐྱུལ་འཁོར་ལོ་དེ་གཏན་འབེབས་ཀྱི་སྒྱུར་ཚད་དེ་ལས་བརྒལ་ཡོད་པས་འཕྲུལ་སྐྱུལ་ཐག་ཐག་འཁོར་ལོའི་ཁོངས་སུ་གཏོགས་ཡོད་པ་རེད།”ཁྲིམས་དཔོན་གྱིས་གནས་ལུགས་རྒྱུ་མཚན་དང་བཅས་བཤད།

ཞའོ་ཧྲུའེ་ནི་འགྱོད་པ་དྲག་པོ་སྐྱེས་ཤིང་སྐད་ཕྱིན་མི་ཡག་པོ་ཞིག་བྱེད་རྒྱུ་དང་། ལས་ཀ་ཧུར་ཐག་བྱེད་རྒྱུ་ལས་སྒྱུར་ཚད་ལས་བརྒལ་བའི་“འཚུབ་འཁོར”སྐོར་རྒྱུ་མིན་པའི་སེམས་ཐག་བཅད།

（རྩོམ་ཡིག་ཁྲིད་ཀྱི་མིའི་མིང་ནི་གསང་མིང་ཤ་སྟག་ཡིན）

ཁྲིམས་ལུགས་ཤེས་བྱ་འདྲེན་པ།

«འཕྲུལ་སྐྱུལ་འཁོར་ལོའི་འགྲུལ་སྐྱོད་བདེ་འཇགས་ལག་རྩལ་ཆ་རྐྱེན(GB7258-2012)»ཡི་ནང་གསེས3.5.2ཡི་ནང་སྤྱིར་བཏང་གི་སྟག་སྟག་འཁོར་ལོའི་དབྱེ་མཚམས་ནི་འདི་ལྟར་ཏེ། སྟག་སྟག་འཁོར་ལོ་གང་དེར་སྐྱུལ་འདེད་ཀྱི་མ་ལག་གང་ཞིག་སྤྱོད་རུང་ཆེས་མྱུར་ཤོས་ཀྱི་མགྱོགས་ཚད་དེ50km / hལས་བརྒལ་མི་ཆོག་པ་དང་། གལ་ཏེ་སྣུམ་གྱི་སྐྱུལ་འདེད་མ་ལག་ཡིན་ཚེ་ཤུགས་ཚད50mL ཡན་དང་གློག་གི་སྐྱུལ་འདེད་ཡིན་ཚེ་སྤྱིའི་ཤུགས་ཚད་དེ4KWཡན་ཡིན་དགོས། འདིའི་ཁོངས་སུ་འཁོར་གཉིས་སྟག་སྟག་འཁོར་ལོ་དང་འཁོར་གསུམ་སྟག་སྟག་འཁོར་ལོ། དྲང་ཐད་འཁོར་གསུམ་སྟག་སྟག་འཁོར་ལོ་སོགས་ཚུད་ཡོད།

«གཞུང་ལམ་འགྲིམ་འགྲུལ་བདེ་འཇགས་སྐོར་གྱི་བཅའ་ཁྲིམས»དོན་ཚན་ང་བརྒྱད་པའི་ནང་དབང་པོ་སྐྱོན་ཅན་གྱི་འཕྲུལ་སྐྱུལ་ཀུབ་སྟེགས་འཁོར་ལོ་དང་། གློག་སྐྱུལ་རྐང་འཁོར་ནི་རྐང་འཁོར་འགྲོ་སའི་ནང་དུ་བསྐྱོད་དགོས་པ་དང་། ཆུ་ཚོད་རེའི་མྱུར་ཚད་མཐོ་ཤོས་སྤྱི་ལེ་བཅོ་ལྔ་ལས་བརྒལ་མི་ཆོག

གཏམ་རྒྱུད་འདིའི་ནང་ཞའོ་ཧུའེ་ཡིས་བཞོན་པའི་གློག་སྐྱུལ་འཁོར་ལོ་དེ་མིང་དུ་གློག་སྐྱུལ་འཁོར་ལོ་ཡིན་རུང་དོན་དུ་ཁོའི་མགྱོགས་ཚད་ཆུ་ཚོད་རེའི་སྤྱི་ལེ༥༠ལས་བརྒལ་བས་ན་འཕྲུལ་སྐྱུལ་འཁོར་ལོའི་ཁོངས་སུ་གཏོགས་པ་ཡིན།

༢ “སྐྱུལ་དཔྱད་པ་”མགོ་འཐོམས་པ།

བྱ་རྒོད་རི་བོ་ནི་རྒྱལ་ཁབ་རིམ་པའི་རང་བྱུང་ཁོར་ཡུག་སྲུང་སྐྱོབ་ཁུལ་གྱི་ལྟེ་བའི་གནས་ཤིག་ཡིན་ཞིང་གནས་དེར་རི་མཐོ་ལ་ནགས་སྟུག་ཅིང་རང་བྱུང་གི་མཛེས་པ་ནི་རི་མོ་མཁན་གྱི་པིར་རྩེ་ལས་ཐོན་པ་དང་གཅིག་མཚུངས་རེད། ལོ་བཅུ་གྲངས་འགའི་སྔོན་དུ། གྲོང་མི་གཉིས་རི་སྟེང་དུ་སྨན་རྩ་བཙོ་བར་སོང་ནས་གར་སོང་ཆ་མེད་དུ་འགྱུར་བས་མི་རྣམས་ཀྱིས་རི་བོ་དེར་"སྲུ་མའི་དོང་ཆེན"ཞེས་པའི་མིང་བཏགས་ཡོད། གྲོང་མི་དག་གིས་བྱ་རྒོད་རི་བོར་གང་བྱུང་དུ་མི་འགྲོ་བར་འཛེམ་དོགས་བྱེད་ཀྱི་ཡོད་ནའང་སྐྱུལ་དཔྱད་པ་དག་གི་གོམ་སྟབས་ནི་འགོག་མི་ཐུབ་པ་ཞིག་རེད།

ཞའོ་མུའུ་དང་། ཞའོ་པོ། མ་ལྷེ་གསུམ་པོ་ནི་སྐྱུལ་དཔྱད་ལ་ཤིན་ཏུ་དགའ་ཞིང་ཆུང་དུས་ནས་སྐྱུལ་དཔྱད་པ་ཞིག་ཏུ་འགྱུར་རྒྱུའི་རེ་སེམས་བཅངས་གྱོང་། ཡིན་ནའང་། རྒྱུན་དུ་སློབ་སྦྱོང་གི་འཁུར་པོ་ལྗི་བས་རང་རང་གི་ཕྱུགས་འདུན་དེ་མངོན་འགྱུར་བྱེད་པའི་གོ་སྐབས་མ་བྱུང་། ཁོང་ཚོ་གསུམ་པོ་ལོ་བཅོ་བརྒྱད་ལ་སོན་པའི་དུས་དེར། མཐོ་འབྲིང་གི་ཡིག་རྒྱུགས་ཚར་རྗེས་སྔོན་གྱི་ཁ་ཆད་ལྟར་སྐྱུལ་དཔྱད་པའི་ལམ་དུ་ཞུགས།

ཁོང་ཚོ་གསུམ་པོས་ཡུན་རིང་སྔང་གཞོངས་དང་འབར་འབུར་གྱི་ལམ་འཕྲང་བརྒྱུད་ནས་བྱ་རྒོད་རི་བོའི་འདབས་རོལ་དུ་སླེབས། ཕར་བལྟས་ན་བྱ་རྒོད་རི་བོ་ནི་རི་བོ་གཞན་དང་མི་འདྲ་བ་ཅི་ཡང་མེད་པས་ཁོང་ཚོ་གསུམ་པོས་སླར་ཡང་བློ་ཁོག་ཆེན་པོས་མདུན་དུ་བསྐྱོད།

གདོང་མའི་ནགས་ཚལ་སྟུག་ཅིང་བྱ་བྱིའུ་ཡི་སྐད་སྙན་གང་སར་ཁྱབ། ཁོང་ཚོས་མུ་མཐུད་ལམ་དུ་བསྐྱོད་ཅིང་ཡོད། ཁོང་ཚོ་རི་སུལ་ཞིག་གི་གམ་དུ་སླེབས་དུས་ཞའོ་མུའུ་ཡིས་བློ་ཁུར་དུ"ང་ཚོས་ཇི་ལྟར་བསྐྱོད་ནའང་རི་སུལ་འདི་ལས་མི་ཐར་བ་གང་ཡིན་ནམ"ཞེས་དྲིས།

སྐབས་དེར་ཞའོ་པོ་དང་མ་ལྷེ་གཉིས་ཀྱིས་ཀྱང་ཁོང་ཚོ་ཐར་གྱི་རི་ སྲུལ་དེར་གནས་ཡོད་པ་ཚོར།

"ང་ཚོ་སྐྱ་འཕྲུལ་གྱི་དོང་ཆེན་དུ་ཚུད་པ་མ་ཡིན་ནམ།"ཞའོ་པོ་ཡིས་དངངས་སྐྲག་དང་བཅས་བཤད། མ་ལྷེ་ནི་ཁ་ཕྱོགས་ལ་ཚོར་བ་སྐྱེན་པོ་ཡོད་པས་ཁོས་སྔོ་ཁོག་ཆེན་པོས་དང་ཁོང་ཚོའི་ལམ་སྟོ་འཁྲིད་བཞིན་མདུན་དུ་བསྐྱོད།

ཞའོ་སྨའུ་དང་ཞའོ་པོ་ཡིས་མ་ལྷེ་ཡི་ཁ་ཕྱོགས་ཀྱི་ཚོར་བ་ལ་ཡིད་ཆེས་བརྟན་པོ་ཡོད་པས་ཁོ་གཉིས་ཀྱང་མ་ལྷེ་ཡི་རྗེས་འདེད་ནས་བསྐྱོད། སྔོ་ཕངས་སྐྱེས་དགོས་པ་ཞིག་ལ་མ་ལྷེ་ཡིས་ཐབས་ཤེས་ཡོད་རྒྱུ་རྩལ་དྲུག་བཏོན་ནའང་ཁོང་ཚོ་རི་སྲུལ་འདི་ལས་ཕྱིར་ཁྲིད་མ་ཐུབ། མ་ལྷེ་ལ་ཐབས་ཤེས་གཏན་ནས་མེད་པ་མ་ཡིན་ཏེ། ཁོས་སྔོན་ནས་གྲ་སྒྲིག་བྱས་པའི་ཕྱོགས་སྟོན་འཁོར་ལོ་ལ་བརྟེན་ནས་ཁོང་ཚོ་རི་སྲུལ་དེ་ལས་ཐར་ཐུབ་པའི་སྣ་གོན་བྱས། ཡིན་ནའང་ཁོ་པའི་བསམ་ཡུལ་ལས་འདས་པ་ཞིག་ནི་ཕྱོགས་སྟོན་འཁོར་ལོ་གང་དུ་ཕྱོགས་ཅུང་གནས་ངེས་མེད་དུ་ཁྲིད་པ་ན་ད་གཟོད་ཁོས་ཕྱོགས་སྟོན་འཁོར་ལོ་འདི་འཕྲོག་བཅླག་ཤོར་ཡོད་པ་ཤེས།

སྔོ་ཐུར་དུ་ཁོང་ཚོ་གསུམ་པོ་འཇིགས་དངངས་ཀྱི་གནས་སུ་གྱུར།

"མགྱོགས་པོ་རོགས་སྐྱོབ་ཁ་པར་རྒྱོབ་"ཁོང་ཚོ་གསུམ་པོའི་ཁྲོད་དུ་མ་ལྷེ་ནི་ཅུང་ཟད་སྙིང་ཞེང་ཞི་དུལ་ཅན་ཞིག་ཡིན་པས་ཁོས་ནང་མིར་ཁ་པར་རྒྱག་འགོ་བརྩམས། བསམ་ཡུལ་ལས་འདས་པ་ཞིག་ལ་ཁོའི་ཁ་པར་ལ་བརྡ་རྟགས་མེད་པ་ཤེས། དེར་ཁོས་ཞའོ་སྨའུ་དང་ཞའོ་པོ་ལ་ནང་མིར་ཁ་པར་རྒྱག་པར་སྐུལ་ནའང་ཁོ་གཉིས་ཀྱི་ཁ་པར་ལའང་བརྡ་རྟགས་མེད་པས་ཁོང་ཚོ་ཐབས་ཤེས་མེད་པར་ལུས།

"དཀྱ གང་འདྲ་བྱེད་དགོས་སམ།"མ་ལྷེ་ཡང་དངངས་འཚབ་སྐྱེས་བྱུང་། ཁོང་ཚོ་དངངས་སྐྲག་སྐྱེས་པས་གོ་རིམ་དང་འཆར་གཞི་མེད་པར་འོལ་ཚོད་ཀྱིས་མདུན་དུ་བསྐྱོད། ཡིད་སྐྱོ་བ་ཞིག་ལ་ཁོང་ཚོ་ནགས་ཁྲོད་དུ་ཇི་ལྟར་སོང་ནའང་སྔར་མུས་བཞིན་སྔོན་གྱི་ས་ཆ་དེ་རང་དུ་འཁོར་འོང་།

མུན་པ་ནི་ཇེ་ནག་ནས་ཇེ་ནག་ཏུ་འགྱུར། གདོད་མའི་ཤིང་སྡོང་དེ་དག་ཁོང་ཚོའི་མིག་ལམ་དུ་སྔར་གྱི་མཛེས་པ་ཅི་ཡང་མེད་པར་དེ་ལས་ལྡོག་སྟེ་གདོན་འདྲེའི་གཟུགས་བརྙན་ལྟར་སྣང་། ཁོང་ཚོ་ཧ་ཅང་ཐང་ཆད་ཡོད་པས་འགྲོ་མཚམས་བཞག

"ང་ཚོསsosལ་བརྟེན་ནས་རོགས་སྐྱོབ་ཚོད་བལྟ་ཞིག་བྱེད་ན་"ཞའོ་པོ་དུས་རྒྱུན་སྐྱུལ་ཞིབ་པའི་བརྩམས་སྒྲུང་ལ་དགའ་པོ་ཡོད་པ་དང་ཁོས་རྒྱལ་སྤྱིའི་མོར་སི་རོགས་སྐྱོབ་ཏར་རྟགས་ཀྱི་བརྡ་རྟགས་ཤེས་ཀྱི་ཡོད་པས་དེ་ལྟར་བཤད།

རོགས་སྐྱོབ་ཀྱི་བརྡ་རྟགས་འདི་བེད་སྤྱོད་ཚེ་ཉེན་ཁར་གནས་པའི་སྐྱེ་བོས་དངོས་པོ་གང་འདྲ་ལ་བརྟེན་ནས་བརྡ་འཕྲིན་གཏོང་མིན་དང་འབྲེལ་བ་ཡོད། དཔེར་ན། སྒྲ་ལ་བརྟེན་ནས་རོགས་སྐྱོབ་བརྡ་རྟགས་གཏོང་དགོས་ཚེ་སྔོན་ལ་སྒྲ་ཐུང་བ་གསུམ་དང་དེ་ནས་སྒྲ་རིང་བ་གསུམ་དེ་ནས་སླར་ཡང་སྒྲ་ཐུང་བ་གསུམ་གཏོང་དགོས། དེ་དང་ཆ་འདྲ་བར་གལ་ཏེ་རོགས་སྐྱོབ་བརྡ་རྟགས་གློག་བཞུའི་འོད་མདངས་ལ་བརྟེན་པ་ཡིན་ན་གློག་སྒོ་ལ་བརྟེན་ནས་སྔོན་ལ་ཡུན་ཐུང་གི་གློག་འོད་ལན་གསུམ་སྤར་དགོས་པ་དང་དེ་ནས་དེ་ལས་ཡུན་རིང་བའི་གློག་འོད་ལན་གསུམ་སྤར་དགོས་པ། མཐར་སླར་ཡང་ཡུན་ཐུང་གི་གློག་འོད་ལན་གསུམ་སྤར་དགོས་པ་ཡིན། སྐབས་དེར་ཏག་ཏག་ཞའོ་པོ་ལ་གློག་བཞུ་འཁྱེར་རྒྱུ་ཡོད་པས་ཁོས་མཚན་མོའི་མཁའ་དབྱིངས་སུ་གློག་བཞུའི་འོད་མདངས་བར་མེད་དུ་སྤར་

ནས་རོགས་སྐྱོབ་ཀྱི་བརྡ་རྟགས་བཏང་།

“ནམ་ཕྱེད་ཀྱི་མཚམས་སུ་རོགས་སྐྱོབ་ཙ་ཁག་སླེབས་བྱུང་།”ཁོང་ཚོས་གློག་འོད་ལ་བརྟེན་ནས་རོགས་སྐྱོབ་ཞེན་བརྡ་གཏོང་དུས་རི་གཤམ་གྱི་གྲོང་མིས་མཐོང་ནས་ཞེན་རྟོག་པར་ལན་བསྐྱལ་བས་ད་གཟོད་ཁོང་ཚོ་སྐྱོབ་པར་སླེབས་པ་རེད།

ང་ཚོ་གཞི་ནས་ནང་ལ་ཡོག་རྒྱུ་བྱུང་སོང་། ཁོང་ཚོ་གསུམ་པོའི་གདོང་ལ་ལྟོད་ཤིག་ཤིག་གི་ཉམས་ཤིག་ཤར་བ་དང་ཨ་ཁུ་ཞེན་རྟོག་པས་ཁོང་ཚོ་ཐྲ་ཙམ་ནང་ལ་བསྐྱལ་རྒྱུའི་རེ་བ་བྱས།

“ཁྱེད་ཚོ་གསུམ་པོ་ང་ཚོ་དང་མཉམ་དུ་འགྲོ་དགོས།”སྤྱལ་དཔྱད་པ་གསུམ་གྱི་གདོང་ལ་དོགས་མི་བདེ་བའི་མདངས་ཤིག་ཤར།

“སྤྱལ་དཔྱད་པ་”གསུམ་པོ་ས་གནས་དེ་གའི་རང་བྱུང་སྲུང་སྐྱོབ་ཁུལ་གྱི་དོ་དམ་ས་ཚིགས་སུ་ཁྲིད། ཨ་ཁུ་ཞེན་རྟོག་པས་ཁོང་ཚོ་གསུམ་གྱི་ཁྲིམ་བདག་འབོད་པ་དང་ཁྲིམ་བདག་སླེབས་རྗེས་དོ་དམ་མི་སྣས་ཁོང་ཚོ་མི་རེར་སྒོར་ལྔ་བརྒྱ་ཡིན་པའི་དངུལ་ཆད་འཛིན་ཤོག་རེ་སྤྲོད།

“འདི་ཨ་ཁུ་ཞེན་རྟོག་པས་ང་ཚོར་རོགས་སྐྱོབ་བྱས་པའི་རིན་ཡིན་ནམ།”སྤྱལ་དཔྱད་པ་གསུམ་དང་ཁོང་ཚོའི་ཁྲིམ་བདག་གིས་དེ་ལྟར་དྲིས།

“ཨ་ཁུ་ཞེན་རྟོག་པར་རོགས་སྐྱོབ་རིན་པ་སྤྲོད་དགོས་པ་མ་རེད། འདི་ནི་ཁྱེད་ཚོས་རང་བྱུང་སྲུང་སྐྱོབ་ཁུལ་གྱི་ལྟེ་གནས་སུ་རང་མཚམས་ཀྱིས་བསྐྱོད་པའི་ཆད་པ་རེད།”ཅེས་དོ་དམ་མི་སྣས་ཏ་ཅང་གཟབ་ནན་དང་བཤད།

“ང་ཚོས་སྤྱལ་དཔྱད་བྱས་པ་ཙམ་ཡིན། སུ་གང་ལ་ཡང་གནོད་འཚེ་གཏོང་མེད། འདི་

ཡང་མི་འགྲིག་པ་ཅི་ཡིན་ནམ།”ཞའོ་པོ་ཡིས་མི་འདོད་པས་རྣམ་འགྱུར་བསྟན་ནས་བཤད།

“རང་རྒྱལ་གྱི«རང་བྱུང་སྲུང་སྐྱོབ་ཁུལ་སྐོར་གྱི་སྒྲོལ་ཡིག»དོན་ཚན་ཉེར་བདུན་པའི་ནང་གསེས་དང་པོའི་ནང་གཏན་འབེབས་བྱས་དོན། མི་སུ་འདྲ་ཞིག་ཡིན་རུང་རང་བྱུང་སྲུང་སྐྱོབ་ཀྱི་ལྟེ་བའི་ཁུལ་དུ་བསྐྱོད་མི་ཆོག གལ་སྲིད་ཚན་རིག་གི་དགོས་མཁོའི་དབང་གིས་ངེས་པར་དུ་རང་བྱུང་སྲུང་སྐྱོབ་ཀྱི་ལྟེ་བའི་ཁུལ་དུ་བསྐྱོད་ནས་ཚན་རིག་གི་ལྟ་དཔྱད་ཚོད་ལེན་དང་བརྟག་དཔྱད་ཀྱི་བྱ་འགུལ་སྤེལ་དགོས་ཚེ། རང་བྱུང་སྲུང་སྐྱོབ་ཁུལ་དུ་མ་བསྐྱོད་སྔོན་ལ་རང་བྱུང་སྲུང་སྐྱོབ་ཁུལ་གྱི་དོ་དམ་ཚན་པར་བྱ་འགུལ་གྱི་འཆར་གཞི་སྔོན་ཞུ་འབུལ་དགོས་ཤིང་། ཞིང་ཆེན་རིམ་པ་ཡན་གྱི་མི་དམངས་སྲིད་གཞུང་གི་འབྲེལ་ཡོད་རང་བྱུང་སྲུང་སྐྱོབ་ཁུལ་གྱི་སྲིད་འཛིན་དོ་དམ་ཚན་པས་ཆོག་མཆན་ཐོབ་དགོས། གལ་སྲིད་རྒྱལ་ཁབ་རིམ་པའི་རང་བྱུང་སྲུང་སྐྱོབ་ཀྱི་ལྟེ་བའི་ཁུལ་དུ་བསྐྱོད་དགོས་ཚེ་ངེས་པར་དུ་རྒྱལ་སྲིད་སྲི་ཁྲབ་ཁང་གི་འབྲེལ་ཡོད་རང་བྱུང་སྲུང་སྐྱོབ་ཁུལ་གྱི་སྲིད་འཛིན་དོ་དམ་ཚན་པའི་ཆོག་མཆན་ཐོབ་དགོས།”ལས་དོན་མི་སྣ་དེས་བཅའ་ཁྲིམས་ཀྱི་དཔེ་དེབ་ཅིག་ཁོ་ཚོར་བསྟན་ནས་དེ་ལྟར་བརྗོད།

རང་མཚམས་ཀྱིས་རང་བྱུང་སྲུང་སྐྱོབ་ཀྱི་ལྟེ་བའི་ཁུལ་དུ་བསྐྱོད་པའི་དབང་རྟགས་ཁྱེར་བཙན་ཡིན་པས་ཁོ་ཚོ་གསུམ་པོར་སྐད་ཆ་ཤོད་རྒྱུ་མེད་པར་མགོ་བོ་སྒྱུར་ནས་བསྡད་འདུག

“«རང་བྱུང་སྲུང་སྐྱོབ་ཁུལ་སྐོར་གྱི་སྒྲོལ་ཡིག»དོན་ཚན་སོ་བཞི་པའི་ནང་གཏན་འབེབས་བྱས་དོན། གལ་སྲིད་མི་སྒེར་དང་ཚན་པས་གཏན་འབེབས་ལས་བརྒལ་ནས་རང་མཚམས་ཀྱིས་རང་བྱུང་སྲུང་སྐྱོབ་ཁུལ་གྱི་མཚམས་རྟགས་སྤོས་པ་དང་གཏོར་སྐྱོན་གཏོང་

པ། ཆོག་མཆན་མ་ཐོབ་པར་རང་བྱུང་སྲུང་སྐྱོབ་ཀྱི་ལྟེ་བའི་ཁུལ་དུ་བསྐྱོད་པའམ་རང་བྱུང་སྲུང་སྐྱོབ་ཁུལ་གྱི་ཚན་པའི་དོ་དམ་གྱི་བཀོད་པར་མི་ཉན་པའི་གནས་ཚུལ་ཐོན་རིགས་ལ་རང་བྱུང་སྲུང་སྐྱོབ་ཁུལ་གྱི་དོ་དམ་ཚན་པས་མི་སྐེར་དང་ཚན་པ་གང་དེའི་བྱས་ཉེས་ལ་ཡོ་བསྲང་བྱེད་དུ་འཇུག་དགོས་པ་དང་། ཉེས་ཚབས་ལ་གཞིགས་ནས་དངུལ་ཆད་སྒོར་༧༠༠ཡན་ནས་སྒོར་༥༠༠༠མན་བར་གྱི་ཆད་པ་གཅོད་རྒྱུ།" ཞེས་འགྲེལ་བཤད་བྱས་པ་དང་ལས་དོན་མི་སྣས་པོ་ཚོར་བཤད་དོན་དངུལ་ཆད་ནི་བྱ་ཐབས་ཙམ་རེད། དེ་བས་གལ་ཆེ་བ་ཞིག་ནི་ང་ཚོས་རང་བྱུང་ཁམས་ལ་གཅེས་སྲུས་བྱེད་དགོས་ཟེར།

"ང་ཚོས་བཅའ་ཁྲིམས་ལ་མཐོང་ཆེན་བྱེད་དགོས་པ་ཞིག་ཡིན།" ཁྱིམ་བདག་དག་གིས་མོས་མཐུན་ཡོད་པའི་མགོ་བོ་ནང་དུ་ལྡེམ་བྱུང་།

"ཁྲིམས་ལུགས་ཤེས་པར་བྱ་རྒྱུ་ནི་ད་ཅང་གི་གལ་ཆེན་པོ་རེད།" "སྐྱུལ་དཔྱད་པ" ཆུང་ཆུང་གསུམ་གྱིས་རང་གི་ལོ་གསར་སྐབས་གསོག་པའི་དངུལ་དག་དངུལ་ཆད་དུ་ཕུལ། ད་ཐེངས་ཀྱི་སྤྱོད་པ་དེ་བརྒྱུད་ནས་ཁོང་ཚོ་གསུམ་པོས་བཅའ་ཁྲིམས་ལ་སྔར་བས་ངེས་ཤེས་དང་རྒྱུས་མངའ་བྱུང་ཡོད།

(རྩོམ་ཡིག་ཁྲོད་ཀྱི་མིའི་མིང་ནི་གསང་མིང་ཤ་སྟག་ཡིན)

ཁྲིམས་ལུགས་ཤེས་བྱ་འདྲེན་པ།

«རང་བྱུང་སྲུང་སྐྱོབ་ཁུལ་སྐོར་གྱི་སྒྲོལ་ཡིག»དོན་ཚན་ཞེར་བདུན་པའི་ནང་གསེས་དང་པོའི་ནང་གདན་འབེབས་བྱས་དོན། མི་སུ་འདྲ་ཞིག་ཡིན་རུང་རང་བྱུང་སྲུང་སྐྱོབ་ཀྱི་ལྟེ་བའི་ཁུལ་དུ་བསྐྱོད་མི་ཆོག གལ་སྲིད་ཚན་རིག་གི་དགོས་མཁོའི་དབང་གིས་ངེས་པར་དུ་རང་བྱུང་སྲུང་སྐྱོབ་ཀྱི་ལྟེ་བའི་ཁུལ་དུ་བསྐྱོད་ནས་ཚན་རིག་གི་ལྟ་དཔྱད་ཚོད་ལེན་དང་བརྟག་དཔྱད་ཀྱི་བྱ་འགུལ་སྤེལ་དགོས་ཚེ། རང་བྱུང་སྲུང་སྐྱོབ་ཁུལ་དུ་མ་བསྐྱོད་སྔོན་ལ་རང་བྱུང་སྲུང་སྐྱོབ་ཁུལ་གྱི་དོ་དམ་ཚན་པར་བྱ་འགུལ་གྱི་འཆར་གཞི་སྙན་ཞུ་འབུལ་དགོས་ཤིང་། ཞིང་ཆེན་རིམ་པ་ཡན་གྱི་མི་དམངས་སྲིད་གཞུང་གི་འབྲེལ་ཡོད་རང་བྱུང་སྲུང་སྐྱོབ་ཁུལ་གྱི་སྲིད་འཛིན་དོ་དམ་ཚན་པས་ཆོག་མཆན་ཐོབ་དགོས། གལ་སྲིད་རྒྱལ་ཁབ་རིམ་པའི་རང་བྱུང་སྲུང་སྐྱོབ་ཀྱི་ལྟེ་བའི་ཁུལ་དུ་བསྐྱོད་དགོས་ཚེ་ངེས་པར་དུ་རྒྱལ་སྲིད་སྤྱི་ཁྱབ་ཁང་གི་འབྲེལ་ཡོད་རང་བྱུང་སྲུང་སྐྱོབ་ཁུལ་གྱི་སྲིད་འཛིན་དོ་དམ་ཚན་པའི་ཆོག་མཆན་ཐོབ་དགོས།

«རང་བྱུང་སྲུང་སྐྱོབ་ཁུལ་སྐོར་གྱི་སྒྲོལ་ཡིག»དོན་ཚན་སོ་བཞི་པའི་ནང་གདན་འབེབས་བྱས་དོན། གལ་སྲིད་མི་སྒེར་དང་ཚན་པས་རང་མཚམས་ཀྱིས་གདན་འབེབས་ལས་འགལ་ནས་གཤམ་གྱི་གནས་ཚུལ་ཐོན་རིགས་ལ་རང་བྱུང་སྲུང་སྐྱོབ་ཁུལ་གྱི་དོ་དམ་ཚན་པས་མི་སྒེར་དང་ཚན་པ་གང་དེའི་བྱས་ཉེས་ལ་ཡོ་བསྲང་བྱེད་དུ་འཇུག་དགོས་པ་དང་། ཉེས་ཚབས་ལ་གཞིགས་ནས་དངུལ་ཆད་སྒོར་༧༠༠ཡན་ནས་སྒོར་༥༠༠༠མན་བར་གྱི་ཆད་པ་གཏོང་རྒྱུ།

（གཅིག） རང་མཚམས་ཀྱིས་རང་བྱུང་སྲུང་སྐྱོབ་ཁུལ་གྱི་མཚམས་རྟགས་སྒྲོས་པ་དང་གཏོར་སྐྱོན་གཏོང་བ།

（གཉིས） ཚོག་མཚན་མ་ཐོབ་པར་རང་མཚམས་ཀྱིས་རང་བྱུང་སྲུང་སྐྱོབ་ཀྱི་ལྟ་བའི་ཁུལ་དུ་བསྐྱོད་པ་ཡང་ན་རང་བྱུང་སྲུང་སྐྱོབ་ཁུལ་གྱི་ཚན་པའི་དོ་དམ་གྱི་བཀོད་པར་མི་ཉན་པ།

……

གཏམ་རྒྱུད་འདིའི་ནང་དུ་ཞའོ་སུའུ་དང་ཞའོ་པོ། མ་ལྷེ་བཅས་ཀྱིས་སྐྱུལ་དཔྱད་ཀྱི་ཆེད་དུ། རང་མཚམས་ཀྱིས་རང་བྱུང་སྲུང་སྐྱོབ་ཀྱི་ལྟ་བའི་ཁུལ་དུ་བསྐྱོད་པ་དེ་ནི«རང་བྱུང་སྲུང་སྐྱོབ་ཁུལ་སྐོར་གྱི་སྲོལ་ཡིག»དང་འགལ་ཡོད་པས་འབྲེལ་ཡོད་གཏན་འབེབ་གཞིར་བཟུང་ཆད་པ་གཅོད་རྒྱུ་ཡིན།

༤ སྐེའུ་ཁྲོང་སྙེང་གི་"མདེལ་ཁྲུང"

སྨན་ཁང་སོང་། ཉིན་མོ་ལས་ལ་བྲེལ་བའི་མི་དག་ཀྱང་སོ་སོའི་ཁྱིམ་དུ་ལོག་པས་གྲོང་ཁྱེར་ཆུང་ཆུང་དེ་ཡང་རིམ་བཞིན་དབེན་ཐིང་ཐིང་དུ་གནས། གདོང་ལེན་ལམ་སློབ་ཆུང་གི་སྒོ་སྲུང་མི་སྣ་ལའོ་ལི་ཡང་མལ་སར་འཇུལ་ནས་བདེ་བའི་གཉིད་དུ་ཡུར། སྒོ་བུར་དུ་ཕྱི་རོལ་ནས་མེ་མདའི་སྒྲ་ཞིག་གྲག་པས་ལའོ་ལི་གཉིད་ལས་སད། ད་ནི་ཁོ་པར་གཉིད་ཉལ་བའི་བསམ་པ་གཏན་ནས་མི་འདུག ལའོ་ལི་མལ་ལས་ལངས་ནས་སློབ་གྲྭའི་ནང་ནན་ཏན་དང་སྐོར་བསྐྱོད་བྱེད་པའི་སྐབས་སུ་སློབ་གྲྭའི་ཉལ་ཁང་གི་ཤེལ་སྒོའི་སྟེང་དུ་མདེལ་ཁུང་ཞིག་ཡོད་པ་མཐོང་། "མདེའུ་ལ་མིག་མེད་པས་མི་ལ་ཕོག་ན་དཔེ་བསགས་པ་རེད" ལའོ་ལི་ཡིས་དེ་ལྟར་བསམ་བཞིན་སྔར་ལས་འཛིགས་དངངས་སྐྱེས་འོང་བས་ཁོས་ཉེན་རྟོག་པར་ཁ་པར་བརྒྱབ་ནས་གནས་ཚུལ་སྙན་སེང་ཞུས།

ཉིན་རྟོག་པ་ཞའོ་ཤའོ་ཡིས་ལའོ་ལི་ཡི་ཁ་པར་ལ་ཉན་རྗེས་དེ་མ་ཐག་ཏུ་སློབ་གྲྭའི་ནང་དུ་སླེབས། ཉིན་རྟོག་པ་ཞའོ་ཤའོ་ཡིས་སྒེའུ་ཁུང་སྟེང་གི་མདེལ་ཁུང་གི་ཆེ་ཆུང་དང་། བཟོ་དབྱིབས། གཏོར་སྐྱོན་བྱུང་བའི་ཉེན་ཚབས་སོགས་ལ་ཞིབ་ཚགས་ནན་ཏན་དང་བརྟག་དཔྱད་ཐེན་རྗེས་མེ་མདའ་ནི་སློབ་གྲྭའི་རྒྱལ་སྒོའི་ཕར་ཕྱོགས་ནས་ཚུར་བརྒྱབ་ཡོད་པ་གཏན་ཁེལ་བྱུང་།

སློབ་གྲྭའི་ཕར་ཕྱོགས་ཀྱི་ཁང་པ་དེ་ནི་ཕན་མེད་གོག་རྡུལ་ཞིག་ཡིན་པས་དུས་རྒྱུན་དེར་འགྲོ་མི་ཤིན་ཏུ་ཉུང་། དེར་ཉིན་རྟོག་པ་ཞའོ་ཤའོ་ཡི་བསམ་པར་མེ་མདའ་རྒྱག་མཁན་དེས་མེ་མདའ་བརྒྱབ་རྗེས་ཁང་པ་གོག་རྡུལ་དེའི་ནང་དུ་གབ་སྲིད་པས་ཉིན་རྟོག་པ་ཞའོ་ཤའོ་ཡིས་ཁང་པ་གོག་རྡུལ་དེའི་ཐོག་བརྩེགས་རེ་རེ་བཞིན་ཞིབ་དཔྱད་བྱས། ཡིད་ཕངས་པ་ཞིག་ལ་ཉིན་རྟོག་པ་ཞའོ་ཤའོ་ལ་དོགས་ཡོད་མི་སྣ་གཅིག་ཀྱང་མ་ཐུག་ལ་མེ་

མདའ་རྒྱག་མཁན་གྱི་རྗེས་ཤུལ་ཙམ་ཡང་མ་རྙེད།

ཉེན་རྟོག་པ་ཞའོ་ཤའོ་ཡིས་བློ་སེམས་རྣལ་དུ་ཕབ་ནས་བསམ་གཞིག་བྱེད་དུས། གལ་ཏེ་མེ་མདའ་དེ་སློབ་གྲྭའི་ཕར་ཕྱོགས་ནས་བརྒྱབ་ཡོང་བ་ཡིན་ན་མེ་མདའི་མདེའུ་ཏན་ཏན་སློབ་གྲྭའི་ཉལ་ཁང་དུ་ཡོད་སྲིད་སྙམ་ཏེ་སློབ་གྲྭའི་ཉལ་ཁང་དུ་ཡོང་ནས་ཇི་ལྟར་བཙལ་འཚོལ་བྱས་ནའང་མེ་མདའི་མདེལ་གྱི་གྲིབ་མ་ཙམ་ཡང་མ་རྙེད།

"ངས་ད་གིན་མེ་མདའི་སྒྲ་གསལ་པོ་ཐོས་བྱུང་། ད་དུང་སློབ་གྲྭའི་ཤེལ་སྒོའི་སྟེང་དོན་མེད་དུ་མདེལ་ཁུང་ཞིག་ཡོང་དོན་མེད"ལའོ་ལི་ཡིས་རང་གིས་ད་གིན་མཐོང་ཐོས་བྱུང་བའི་གནས་ཚུལ་དག་ཉེན་རྟོག་པ་ཞའོ་ཤའོ་ལ་བསྐྱར་བཤད་ཅིག་བྱས། ཉེན་རྟོག་པ་ཞའོ་ཤའོ་ཡི་སྐད་ཆ་དེ་དག་གོ་མ་ཐག་མེ་མདའི་མདེའུ་སློབ་གྲྭའི་ཉལ་ཁང་དུ་ཡོད་པ་ཡིད་ཆེས་བརྟན་པོ་བྱས་ཏེ་ཁོ་གཉིས་སླར་ཡང་སློབ་གྲྭའི་ཉལ་ཁང་དུ་ཞིབ་བཤེར་བྱེད་པར་བསྐྱོད། ཐེངས་འདིར་ཁོ་གཉིས་ཀྱིས་སྒྲོག་ཅེའི་གས་ཁའི་གསེང་ནས་ལྷགས་ཀྱི་མདེལ་རིལ་ཞིག་རྙེད།

"སྒྲོག་ཅེའི་གས་ཁའི་གསེང་དུ་བརྩུད་པའི་ལྕགས་ཀྱི་མདེལ་རིལ་གྱི་རྗེས་ཤུལ་ལ་བལྟས་ན་མེ་མདའི་ཤུགས་ཚད་ཤིན་ཏུ་ཆེ་བ་ཞིག་ཡིན་པ་རྟོགས་ཐུབ། མེ་མདའ་རྒྱག་མཁན་གྱིས་ལྕགས་ཀྱི་མདེལ་རིལ་བེད་སྤྱོད་གཏོང་དོན་ནི་གཅིག་བྱས་ན་ཁོ་པར་མེ་མདའ་ཡོད་པ་ལས་མདེའུ་མེད་པའི་རྐྱེན་གྱིས་ད་གཟོད་ཁོས་ལྕགས་ཀྱི་མདེལ་རིལ་གྱིས་མེ་མདའི་མདེའུ་ཡི་ཚབ་བྱས་པ་ཡིན་ངེས། ང་ཚོས་ལྕགས་ཀྱི་མདེལ་རིལ་གྱི་ཡོངས་ཁུངས་རྩད་ཆོད་ན་དོགས་ཡོད་མི་སྣ་རྙེད་པ་དང་གཅིག་པ་རེད"ཉེན་རྟོག་པ་ཞའོ་ཤའོ་ཡིས་ལྕགས་ཀྱི་མདེལ་རིལ་དེ་དང་སྐེའུ་ཁུང་སྟེང་གི་མདེལ་ཁུང་དབར་ལ་གཤིབ་བསྡུར་བྱས་པས་དེ་

གཉིས་ཀྱི་ཆེ་ཆུང་དང་བཟོ་དབྱིབས་གཅིག་མཚུངས་སུ་ཡོད་པས་ཁོས་སྐེའུ་ཁྲུང་སྐེད་གི་མདེལ་ཁྲུང་དེ་ལྕགས་ཀྱི་མདེལ་རིལ་དེའི་ཡིན་པ་གཏན་ཁེལ་བྱས།

ཉེན་རྟོག་པ་ཞའོ་ཤའོ་ཡིས་ལྕགས་ཀྱི་མདེལ་རིལ་དེར་ཞིབ་ཏུ་བརྟག་དཔྱད་བྱས་པས་ལྕགས་རིལ་སྟེང་སྨུམ་དྲིག་ཡོད་པ་ཤེས་པ་དང་། ལྕགས་རིལ་དེ་རིགས་ནི་དུས་རྒྱུན་རླངས་འཁོར་བཟོ་མཁན་དག་གིས་རླངས་འཁོར་གྱི་འཁོར་རྟེན་ལ་བེད་སྤྱོད་བྱེད་པའི་ལྕགས་རིལ་དེ་རིགས་ཡིན་པ་ཤེས་པས་ཁོས་ཉེ་འཁོར་གྱི་རླངས་འཁོར་བཟོ་མཁན་དག་ལ་ནན་ཏན་དང་ཞིབ་བཤེར་བྱས།

ཡུན་རིང་མ་སོང་བར་རླངས་འཁོར་བཟོ་མཁན་གྱི་སྒྲིན་བདག་ཞིག་གིས་ཉེན་རྟོག་པ་ཞའོ་ཤའོ་ལ་ཁྲུངས་སྐྱེ་གལ་ཆེན་ཞིག་མཁོ་འདོན་བྱས། རླངས་འཁོར་སྒྲིན་བདག་དེས་དེ་སྔོན་ལོ་བཅུ་བདུན་ལ་སོན་པའི་གླ་པ་ཞིག་ཉར་སྐྱོང་། ཁོ་པའི་མིང་ལ་ཙུན་ཙའུ་ཟེར། ཙུན་ཙའུ་ཡིས་དུས་རྒྱུན་ལས་ཀ་བྱེད་ཞོར་དུ་འཁོར་རྟེན་གྱི་ལྕགས་རིལ་དེ་འདྲ་འཁྱེར་འགྲོ་གི་ཡོད་ཅིང་ལྕགས་རིལ་རེ་གཉིས་ལ་རིན་གོང་ཅི་ཡང་མེད་པས་སྒྲིན་བདག་གིས་ཀྱང་ཁོ་པར་དེའི་སྐོར་སྐད་ཆ་འདྲི་མ་སྐྱོང་།

ཉེན་རྟོག་པ་ཞའོ་ཤའོ་ཡིས་དེ་དོན་རྟོགས་རྗེས་རླངས་འཁོར་བཟོ་མཁན་གྱི་སྒྲིན་བདག་བརྒྱུད་དེ་ཙུན་ཙའུ་འཚོལ་བར་བསྐྱོད། ཉེན་རྟོག་པ་ཞའོ་ཤའོ་ཡིས་ཙུན་ཙའུ་ཡི་སྡོད་གནས་སུ་འདྲ་བཟོ་བྱས་པའི་མེ་མདའ་གསུམ་དང་ལྕགས་ཀྱི་མདེལ་རིལ་མང་པོ་རྙེད།

ཙུན་ཙའུ་ཡིས་འདྲ་བཟོ་བྱས་པའི་མེ་མདའ་གསུམ་པོ་དང་ལྕགས་ཀྱི་མདེལ་རིལ་དེ་དག་ཁོ་པའི་ཡིན་པ་ཁས་ལེན་བྱས་པ་དང་། གནས་ཚུལ་ཐོན་པའི་དགོང་མོ་དེར་ཁོ་པ་ཁང་པ་གོག་རྡུལ་དེའི་གམ་དུ་ལས་རྒྱུ་མེད་པར་གང་བྱུང་དུ་རྩེད་མོ་རྩེ་བའི་སྐབས་སུ་མེ་

མདའ་ཁ་ཤོར་བའི་དངོས་དོན་དེ་ཡང་ཁས་ལེན་བྱས།

"ཁྱེད་ང་དང་མཉམ་དུ་འགྲོ་དགོས"ཉེན་རྟོག་པ་ཞའོ་ཤའོ་ཡིས་རྣམ་འགྱུར་ནན་ཏན་ངང་བཤད།

ཙུན་ཉུའུ་ཡིས་མི་གཞན་ལ་གནོད་སྐྱོན་གཏོང་འདོད་མེད་ཅིང་རང་ཉིད་ཀྱིས་གཞན་གྱི་ཤེལ་སྒོ་བཅག་པའི་དོན་དེར་སེམས་འཛིན་བྱེད་ཀྱི་ཡོད་པས་ཁོས"ཤེལ་སྒོ་གཅོག་མཁན་ང་ཡིན། ངས་ཤེལ་སྒོའི་རིན་པ་སྐྱིན་ཚབ་འཇལ་ན་མི་ཆོག་གམ"ཞེས་བཤད།

ཉེན་རྟོག་པ་ཞའོ་ཤའོ་ཡིས་ཙུན་ཉུའུ་ཡི་འདྲ་བཟོས་མི་མདའ་ལ་ཞིབ་ཏུ་བརྟག་རྗེས་དོན་དག་ཆུང་ཆུང་མིན་པར་ཤེས་ནས"ཁྱེད་ཀྱིས་མི་མདའ་ཉར་བ་དེས་ཉེས་ཁྲིམས་དང་འགལ་བ་རེད"ཅེས་བཤད།

"མི་མདའ་འདི་དག་མི་མདའ་དངོས་གནས་མ་རེད། འདྲ་བཟོས་བྱས་པའི་རྩེད་ཆས་ཙམ་རེད"ཙུན་ཉུའུ་ཡིས་འདྲ་བཟོས་བྱས་པའི་མི་མདའ་འདི་དག་མི་མདའ་རྫུན་མར་རློམ་བཞིན་ཉེན་རྟོག་པར་དེའི་སྐོར་ལ་འགྲེལ་བཤད་བྱེད་འདོད་ནའང་ཉེན་རྟོག་པས་ཁོ་པའི་འགྲེལ་བཤད་ལ་མི་ཉན་པར་ཁོ་པ་ཁྲིད་ནས་ལམ་དུ་བསྐྱོད།

ཉེན་ཤས་ཀྱི་རྗེས་སུ། ས་གནས་དེ་གའི་ཞིབ་དཔྱོད་ཁང་གིས་ཙུན་ཉུའུ་ཡིས་ཁྲིམས་འགལ་ཐོག་མི་མདའ་ཉར་ཡོད་པ་ཁྱུལ་མི་དམངས་ཁྲིམས་ཁང་དུ་གཏུག་བཤེར་བྱས།

ཁྲིམས་ཁང་དུ་ཁྲིམས་དཔོན་གྱིས་ཙུན་ཉུའུ་ལ་འདྲ་བཟོས་མི་མདའ་དེ་དག་གི་ཡོངས་ཁུངས་ཐད་ནན་ཏན་གྱི་འདྲི་རྩད་བྱས།

"ང་རང་དམག་མི་ལ་དགའ་པོ་ཡོད། དེ་བས་མི་མདའི་རིགས་ལ་ཧ་ཅང་དགའ། ད་ལོའི་དབྱར་གསེང་སྐབས་སུ་ངས་དམག་མིའི་ཁྱིམ་ཚང་ཞེས་པའིQQཚོགས་པ་ཞིག་གི་ནང་

དུ་ཞུགས་པ་ཡིན། ཁོ་ཚོ་དང་འབྲེལ་བ་བྱས་པ་བརྒྱུད་ཚོགས་གཙོ་ལ་འདྲ་བཟོས་མི་མདའ་དེ་འདྲ་འཚོང་རྒྱུ་ཡོད་པ་ཤེས་བྱུང་། དེར་ངས་དབྱར་གསེང་སྐབས་སུ་གླ་པ་བྱས་ནས་བསགས་པའི་དངུལ་དག་གིས་ཚོགས་གཙོའི་གམ་ནས་འདྲ་བཅོས་མི་མདའ་དེ་འདྲ་གསུམ་ཉོས་པ་ཡིན”ཧྲུན་ཙུའུ་ཡིས་ཐ་ཕྱི་བར་གསུམ་དུ་རང་ཉིད་ཀྱིས་རྩེད་ཆས་འགའ་ཉོས་ཡོད་བསམ་པ་ལས་འདྲ་བཟོས་མི་མདའ་དེ་དག་ཉར་བ་ཁྲིམས་འགལ་ཡིན་པ་བསམ་པའི་ཡུལ་ལས་འདས།

“«ཉེས་ཁྲིམས»དོན་ཚན་བརྒྱ་དང་ཉེར་ལྔ་པའི་ནང་གསེས་དང་པོར། མི་མདའ་དང་། རྫས་མདེལ། འབར་རྫས་བཅས་ཁྲིམས་འགལ་གྱིས་བཟོ་བ་དང་། ཉོ་ཚོང་། དཔོར་འདྲེན། སྦྲག་ཐོག་སྐྱུར་བ། ཉར་ཚགས་བཅས་བྱེད་མཁན་ལ་དུས་བཙོན་ལོ་གསུམ་ཡན་ནས་ལོ་བཅུ་མན་བར་གྱི་ཉེས་ཆད་གཅོད་རྒྱུ་དང་། ཉེས་ཚབས་ཆེ་བའི་རིགས་ལ་དུས་བཙོན་ལོ་བཅུ་ཡན་ནས་ཚེ་བཙོན་གྱི་ཉེས་ཆད་དམ་ཡང་ན་སྲོག་ཁྲིམས་གཅོད་རྒྱུ། ཡིན་ནའང་ཧྲུན་ཙུའུ་ལོ་བཅུ་བདུན་ལས་མ་སོན་པས་ཁྲིམས་ཁང་ནས་ཁོ་པར་དུས་བཀག་བཙོན་འཇུག་ཟླ་བ་བརྒྱད་ཀྱི་ཆད་པ་བཅད་ཡོད”ཁྲིམས་ཁང་ནས་ཧྲུན་ཙུའུ་ཡི་འདྲ་བཅོས་མི་མདའ་དེ་དག་གི་ཡོངས་ཁུངས་གསལ་པོར་ཤེས་རྗེས་ཁོ་པར་དུས་བཀག་བཙོན་འཇུག་ཟླ་བ་བརྒྱད་ཀྱི་ཆད་པ་བཅད།

“མི་མདའ་རྫུན་མ་རེད། གང་འདྲ་བྱས་ནས་ཁྲིམས་དང་འགལ་བ་རེད”ཧྲུན་ཙུའུ་ཡི་བསམ་པར་རང་ཉིད་ལ་མ་ཉེས་ཁག་གཡོག་བྱས་བྱུང་སྙམ་ནས་དེ་ལྟར་བཤད།

“«ཀྲུང་ཧྭ་མི་དམངས་སྤྱི་མཐུན་རྒྱལ་ཁབ་ཀྱི་མི་མདའ་དོ་དམ་བྱེད་ཕྱོགས་སྐོར་གྱི་བཅའ་ཁྲིམས»ཀྱི་དོན་ཚན་བཞི་དྲུག་ནང་། བཅའ་ཁྲིམས་འདིར་འགོད་པའི་མི་མདའ་ཞེས་

པ་ནི་མི་རྫས་སམ་རླུང་གཟུགས་གནོན་བཙིར་སོགས་སྐྱུལ་ཤུགས་སུ་བྱས་ཤིང་། སྦྲུག་དབྱིབས་ལྡན་པའི་ཡོ་བྱད་སྒྲུད་དེ་ལྕགས་རིགས་སོགས་ཀྱི་མདེལ་རིལ་ལམ་དངོས་རྫས་གཞན་དག་འཕེན་པ་དང་། མི་ཤི་རྨས་ཏན་ཏན་གཏོང་ཐུབ་པའམ་དབང་པོ་ཤོར་དུ་འཇུག་ཐུབ་ངེས་ཡིན་པའི་མི་མདའི་རིགས་སྣ་ཚོགས་ལ་ཟེར། ཁྱེད་ཀྱི་འདྲ་བཅོས་མི་མདའ་དེ་མ་གཞི་རླུང་དང་གློག་ནུས་ལ་བརྟེན་ནས་མི་མདའ་ངོ་མ་དང་མི་འདྲ་བ་ཡོད་ནའང་འདྲ་བཟོས་མི་མདའ་ལས་བརྒྱུབ་པའི་ལྕགས་རིགས་ཀྱི་མདེལ་རིལ་དེ་དག་གི་རྨས་སྐྱོན་གཏོང་ཚད་ནི་ཁྲིམས་ལུགས་སུ་གཏན་འབེབས་བྱས་པའི་མི་མདའི་ཚད་གཞི་དང་མཐུན་ཡོད། མི་མདའ་དོ་དམ་སྐོར་ལ་ཆེས་མཐོའི་མི་དམངས་ཁྲིམས་ཁང་ཁྲིམས་འཛིན་ནས་གཏན་འབེབས་ལྟར། ཁྲིམས་འགལ་ཐོག་རླུང་གཟུགས་གནོན་བཙིར་སོགས་སྐྱུལ་ཤུགས་སུ་བྱས་པའི་མི་མདའ་གཉིས་ཡན་ཉོ་ཚོང་དང་ཉར་ཚགས་བཅས་བྱེད་མཁན་ལ་ཁྲིམས་འགལ་གྱིས་ཐོག་ནས་མི་མདའ་ཉོ་ཚོང་དང་ཉར་ཚགས་བྱས་པའི་ནག་ཉེས་ཀྱི་ཆད་པ་གཅོད་རྒྱུ་ཡིན། ཁྱེད་ལ་མི་མདའ་དེའི་རིགས་གསུམ་ཡོད་པས་ཉེས་ཁྲིམས་དང་འགལ་ཡོད”ཁྲིམས་དཔོན་གྱིས་ཧ་ཅང་དོ་ནན་ངང་བཤད་པ་དང་ལྷན་དུ་འབྲེལ་ཡོད་ཚན་པས་ཅུན་ཙུའུ་ཡི་འདྲ་བཟོས་མི་མདའ་གསལ་འབྱེད་བྱེད་པའི་དཔང་ཡིག་དག་ཀྱང་ཁོ་པར་བསྟན།

“མི་མདའ་རྩེད་མོ་རྩེ་ཆེ་ཁ་ཤོར་ཉེན་ཡོད། གནས་སྐབས་ཀྱི་བདེ་བ་ཆུང་ཆུང་ལ་གཡེང་ནས་ཁྲིམས་འགལ་གྱི་བྱ་བ་མ་བརྩམ”ཁྲིམས་ཐག་བཅད་ཟིན་རྗེས་ཅུན་ཙུའུ་ཡིས་རང་གི་བྱས་ཉེས་ལ་འགྱོད་གདུང་དྲག་པོ་སྐྱེས་ཤིང་སེམས་སྡུག་གི་མིག་ཆུ་ལྷུང་ལྷུང་དུ་ཤོར།

（རྩོམ་ཡིག་ཁྲོད་ཀྱི་མིའི་མིང་ནི་གསང་མིང་ཤ་སྟག་ཡིན）

ཁྲིམས་ལུགས་ཤེས་བྱ་འདྲེན་པ།

«ཉེས་ཁྲིམས»ཀྱི་དོན་ཚན་བརྒྱ་དང་ཉེར་ལྔ་པའི་ནང་གསེས་དང་པོར། མི་མདའ་དང་། རྫས་མདེལ། འབར་རྫས་བཅས་ཁྲིམས་འགལ་གྱིས་བཟོ་བ་དང་། ཉོ་ཚོང་། དགོར་འདྲེན། སྦྲག་ཐོག་སྐྱུར་བ། ཉར་ཚགས་བཅས་བྱེད་མཁན་ལ་དུས་བཙོན་ལོ་གསུམ་ཡན་ནས་ལོ་བཅུ་མན་བར་གྱི་ཉེས་ཆད་གཅོད་རྒྱུ་དང་། ཉེས་ཚབས་ཆེ་བའི་རིགས་ལ་དུས་བཙོན་ལོ་བཅུ་ཡན་ནམ་ཚེ་བཙོན་གྱི་ཉེས་ཆད་དམ་ཡང་ན་སྲོག་ཁྲིམས་གཅོད་རྒྱུ།

«མི་མདའ་དོ་དམ་བྱེད་ཐབས་སྐོར་གྱི་བཅའ་ཁྲིམས»བཅའ་ཁྲིམས་འདིར་འཁོད་པའི་མི་མདའ་ཞེས་པ་ནི་མི་རྫས་སམ་རླུང་གཟུགས་གནོན་བཙིར་སོགས་སྐྱུལ་ཤུགས་སུ་བྱས་ཤིང་། སྦུག་དབྱིབས་ལྡན་པའི་ཡོ་བྱད་སྤྱད་དེ་ལྕགས་རིགས་སོགས་ཀྱི་མདེལ་རིལ་ལམ་དངོས་རྫས་གཞན་དག་འཕེན་པ་དང་། མི་ཤི་རྨས་ཏན་ཏན་གཏོང་ཐུབ་པའམ་དབང་པོ་ཤོར་དུ་འཇུག་ཐུབ་ངེས་ཡིན་པའི་མི་མདའ་རིགས་སྣ་ཚོགས་ལ་ཟེར།

«ཆེས་མཐོའི་མི་དམངས་ཁྲིམས་ཁང་གི་མི་མདའ་དང་། རྫས་མདེལ། འབར་རྫས་སོགས་ཁྲིམས་འགལ་གྱིས་བཟོ་བ་དང་། ཉོ་ཚོང་། དགོར་འདྲེན་བྱས་པའི་ཉེས་དོན་ཀྱོད་གཞིར་འདྲི་ཞིབ་བྱེད་པའི་ཐད་ལ་ཞིབ་ཐྲའི་བཅའ་ཁྲིམས་སྤྱོད་ཐབས་སྐོར་གྱི་གནད་དོན་འགའ་ཞིག་གི་འགྲེལ་བཤད»ཀྱི་དོན་ཚན་དང་པོའི་ནང་གཏན་འབེབས་བྱས་དོན། མི་སྒེར་དང་ཚན་པས་མི་མདའ་དང་། རྫས་མདེལ། འབར་རྫས་བཅས་ཁྲིམས་འགལ་གྱིས་བཟོ་བ་དང་། ཉོ་ཚོང་། དགོར་འདྲེན། སྦྲག་ཐོག་སྐྱུར་བ། ཉར་ཚགས་སོགས་གཤམ་གྱི་གནས་ཚུལ་ཐོན་རིགས་ལ«ཉེས་ཁྲིམས»ཀྱི་དོན་ཚན་བརྒྱ་དང་ཉེར་ལྔ་པའི་གཏན་

འབེབས་བཞིན་ཚད་པ་གཙོད་རྒྱུ་སྟེ།

（གཅིག）མི་མདའ་དང་། རྫས་མདེལ། འབར་རྫས་བཅས་ཁྲིམས་འགལ་གྱིས་བཟོ་བ་དང་། ཉོ་ཚོང་། དབོར་འདྲེན། སྦྲག་ཐོག་སྐུར་བ། དམན་སྤྱོད་མི་མདའ་ཞར་ཚགས་བྱེད་པ།

（གཉིས）མི་མདའ་དང་། རྫས་མདེལ། འབར་རྫས་བཅས་ཁྲིམས་འགལ་གྱིས་བཟོ་བ་དང་། ཉོ་ཚོང་། དབོར་འདྲེན། སྦྲག་ཐོག་སྐུར་བ། ཞར་ཚགས་སོགས་བྱེད་པ་དང་། མི་རྫས་སྐྱུལ་ཤུགས་སུ་བྱས་པའི་དམག་སྤྱོད་མ་ཡིན་པའི་མི་མདའ་གཅིག་ཡན་ཞར་བའམ་ཡང་ན་རླུང་གཟུགས་གནོན་བཙིར་སོགས་སྐྱུལ་ཤུགས་སུ་བྱས་པའི་དམག་སྤྱོད་མ་ཡིན་པའི་མི་མདའ་གཉིས་ཡན་ཞར་བ།

གཏམ་རྒྱུད་འདིའི་ནང་དུ་ཙུན་ཙའུ་ཡིས་འདྲ་བཟོས་བྱས་པའི་མི་མདའ་དེ་ནི་མ་གཞི་རླུང་གཟུགས་དང་སློག་ནུས་ལ་བརྟེན་ནས་སྐྱུལ་ཤུགས་སུ་བྱས་པ་དེ་མི་མདའ་དངོས་དང་མི་འདྲ་བ་རེད། ཡིན་ནའང་མི་མདའ་དེ་རིགས་ཀྱིས་འཕེན་པའི“ལྕགས་ཀྱི་མདེལ་རིལ”དེ་དག་གིས་མིར་རྨས་སྐྱོན་བཟོ་བའི་ཤུགས་ཚད་དེ་ཁྲིམས་ཁང་ནས་གཏན་འཁེལ་བྱས་པའི་མི་མདའི་ཚད་གཞི་དང་མཐུན་ཡོད་པས་འབྲེལ་ཡོད་ཚན་པས་མི་མདའ་དངོས་ལྟར་ངོས་འཛིན་བྱེད་དགོས་ཤིང་ཙུན་ཙའུ་ཡིས་ད་དུང་དམག་སྤྱོད་མ་ཡིན་པའི་མི་མདའ་གཉིས་ཞར་ཚགས་བྱས་ཡོད། དེ་ནི་ཉེས་ཁྲིམས་དང་འགལ་ཡོད་པས་ངེས་པར་དུ་བཅའ་ཁྲིམས་ཀྱི་འགན་འཁྲི་འཁུར་དགོས།

༤ བྱེད་མི་རུང་བའི་“ལས་ཞོར་ལས་ཀ”

ཤའུ་ནི་སློབ་ཆེན་ལོ་རིམ་དང་པོའི་སློབ་མ་ཞིག་ཡིན། ཁོ་མོའི་ཁྱིམ་ཚང་གི་ཆ་རྐྱེན་ཧ་ཅང་སྐྱོ་པོ་ཡོད། ཁོ་མོས་དུས་རྒྱུན་སློབ་ཁོར་དུ་ལས་ཀ་བཙལ་ནས་རང་གི་འཚོ་བའི་འགྲོ་སོང་འཚོལ་གྱི་ཡོད། ལོ་ཕྱེད་རིང་། ཁོ་མོས་ཁྱིམ་ཚང་གི་དགེ་རྒན་དང་ཟ་ཁང་གི་ཞབས་ཞུ་མ་སོགས་སློབ་ཁོར་དུ་ལས་ཀ་འདྲ་མིན་སྣ་ཚོགས་ལས་སྒྱོང་། སློབ་ཁོར་དུ་ལས་ཀ་འཚོལ་བ་ནི་དཀའ་ཚེགས་ཆེ་བ་ཞིག་ཡིན་ནའང་ཁོ་མོས་གཞན་གྱི་སྐྱུལ་བའི་ལས་ཀ་དག་གཡོ་ཟོལ་ཅི་ཡང་མེད་པར་སྒྲུབ་ཀྱི་ཡོད། ཡུན་རིང་མ་སོང་བའི་སྔོན་ལ་ཁོ་མོར་སློབ་ཁོར་གྱི་ལས་ཀ་ཞིག་བྱུང་བ་དང་ལས་ཀ་དེས་ཁོ་མོ་ཐེ་ཚོམ་གྱི་རྒྱ་ཏུ་ཚུད་སོང་།

ཟླ་བ་གསུམ་སྔོན་གྱི་ཉིན་ཞིག་ལ། ཁོ་མོས་ཟ་ཁང་དུ་ཚལ་བསྐྱལ་བའི་སྐབས་སུ་དོ་སྣང་མ་བྱེད་པའི་རྐྱེན་གྱིས་མགྲོན་པོ་ཞིག་དང་ཐུང་ཁ་ཐེབས་ནས་ཚལ་གྱི་ཁུ་བ་དག་མགྲོན་པོ་དེའི་སྟོད་གོས་སྟེང་འགོས། མགྲོན་པོ་དེས་ཁོ་མོར་ཁ་ཐུང་མ་གཏོང་བའི་སྔོན་དུ་ཁོ་མོས་ང་རང་ནི་སློབ་ཆེན་སློབ་མ་ཞིག་ཡིན། འདིར་སློབ་ཁོར་དུ་ལས་ཀ་བཙལ་ནས་ཉིན་ཤས་ལས་ཕྱིན་མེད་པས་ལས་ཀའི་ཐད་རྒྱུས་མངའ་མེད་ཚུལ་གྱི་འགྲེལ་བཤད་བྱས་པ་དང་། འགྱུལ་པ་དེར་དགོངས་དག་ཞུས་པ་དང་རང་ཉིད་ལ་བསམ་ཤེས་ཡོད་པའི་རེ་བ་བྱས།

མགྲོན་པོ་དེས་ཁོ་མོའི་འགྲེལ་བཤད་ལ་ཉན་རྗེས་དགའ་བའི་རྣམ་འགྱུར་དང་བཅས་ཁོ་མོར་ཁོ་པ་ནི་སློབ་འབྲིང་ག་གེ་མོའི་དགེ་རྒན་ཡིན་ཚུལ་གྱི་ངོ་སྤྲོད་བྱས། དགེ་རྒན་དེས་ཟེར་ན་ཁོ་མོ་ཟ་ཁང་དུ་ཟླ་བ་བྱས་ནས་བསྡད་ན་མདུན་ལམ་མེད་པས་དེ་ལས་ཁོ་པས་ཁོ་མོར་ལས་ཀ་དེ་ལས་ཡག་པའི་སློབ་ཁོར་ལས་ཀ་ཞིག་འཚོལ་ཡོད་ཟེར་ནས་ཁོ་པའི་ཁ་པར་ཨང་གྲངས་ཀྱང་བཞག

ཤའུ་ནི་དགེ་རྒན་ལ་དད་སེམས་དང་ཡིད་ཆེས་ཡོད་པས“དགེ་རྒན”དེས་བཞག་

པའི་ཁ་པར་ཨང་གྲངས་བརྒྱུད་ནས་ཁོ་པར་འབྲེལ་བ་བྱས།

ཉིན་གཉིས་པར་དགེ་རྒན་ལིས་ཡིས་ཤའུ་ཁྲིད་དེ་སློབ་ཞོར་ལས་ཀའི་ཡིག་རྒྱུགས་གཏོང་དུ་བཙུག ཤའུ་ཡིས་ཡང་སྙིང་ལས་ཀ་གང་བྱེད་དགོས་སམ་ཞེས་རྟེང་འདྲི་བྱེད་དུས། དགེ་རྒན་ལིས་ཡིས་ལས་གནས་དེ་རག་ཁག་པོ་རེད། གཞན་ལ་རྒྱ་ཁྱབ་བྱེད་མི་ཉན་ཞེས་པ་ལས་ཁོ་མོའི་དྲི་བར་ལན་མ་བརྒྱབ་པས་ཁོ་མོས་ཀྱང་སྐད་ཆ་གཞན་འདྲི་མ་ཐོད། དེ་ནས་དགེ་རྒན་ལིས་ཀྱིས་ཤའུ་སྡེ་ཁུལ་ག་གེ་མོའི་ཁང་པ་ཆུང་ཆུང་ཞིག་ཏུ་ཁྲིད། ཁང་ཆུང་དེར་སླེབས་རྗེས་ཤའུ་ཡིས་དེར་དགེ་རྒན་གཉིས་དང་རང་དང་ལོ་མཉམ་གྱི་སློབ་མ་ཁ་ཤས་ཡོད་པ་མཐོང་།

ཐོག་མའི་ཡིག་རྒྱུགས་ཀྱི་ནང་དོན་དག་ཤའུ་ཡིས་དེ་སྔོན་མཐོ་འབྲིང་སྐབས་སུ་སྦྱང་སྦྱོང་བའི་ཤེས་བྱ་ཡིན་པས་ཁོ་མོས་བདེ་བླག་ངང་རྒྱུགས་འཐོད། དགེ་རྒན་ལིས་ཀྱིས་སླར་ཡང་ཤའུ་ལ་བསྐྱར་སྦྱོང་གི་སློབ་དེབ་འགའ་སྤྲོད་པ་དང་ཉིན་ཤས་ཀྱི་རྗེས་སུ་ཁོ་མོར་བསྐྱར་རྒྱུགས་སུ་ཞུགས་དགོས་པའི་སྐུལ་མ་བྱས།

ཤའུ་ཡི་སེམས་སུ་ཡང་སྙིང་སློབ་ཞོར་ལས་ཀ་གང་བྱེད་དགོས་སམ་སྙམ་ནས་དོགས་གནད་ཧ་ཅང་མང་ན་ཡང་དགེ་རྒན་ལིས་ཀྱིས་ཡིག་རྒྱུགས་ཚར་རྗེས་འགྲེལ་བཤད་བརྒྱབ་ཆོག་ཟེར། ཉིན་ཤས་ཀྱི་རྗེས་སུ། དགེ་རྒན་ལིས་ཀྱིས་སྐྱེ་ཁྲིད་འོག་ཤའུ་ཡིས་ས་གནས་མི་འདྲ་བ་ཁག་གཉིས་ནས་བསྐྱར་རྒྱུགས་བཏང་བ་དང་ཡིག་རྒྱུགས་ཏུ་ཞུགས་མཁན་ནི་སྔར་དང་མི་འདྲ་བར་ཇེ་ཉུང་དུ་ཕྱིན་ཡོད།

དགེ་རྒན་ལིས་ཀྱིས་ཚོད་ལྟའི་ཡིག་རྒྱུགས་སུ་ཚུད་པའི་སློབ་མ་དག་ཕྱོགས་གཅིག་ཏུ་བོས་ནས་ཁོ་ཚོ་ཡིག་རྒྱུགས་སུ་ཞུགས་ཆོག་པའི་ཁྱབ་བསྒྲགས་བྱས། ཡིན་ནའང་ཤའུ་ཡིས་

ཡང་སྙིང་སློབ་ཁོར་དུ་ལས་ཀ་གང་ཞིག་བྱེད་དགོས་མིན་གཏན་ནས་མི་ཤེས།

"ང་ཚོས་སློབ་མ་གཞན་གྱི་ཚབ་བྱས་ནས་མཐོ་འཁྲིད་ཡིག་རྒྱུགས་སུ་ཞུགས་དགོས"སློབ་མ་ཞིག་གིས་སྐད་ཆུང་ངུས་ཤའུ་ལ་དེར་ལྟར་བཤད།

"ག་རེ། ཚབ་རྒྱུགས"ཤའུ་ཡི་སེམས་སུ"དགེ་རྒན"ལིས་ཀྱིས་ཕོ་མོར་སློབ་ཁོར་དུ་ལས་ཀ་འདི་འདྲ་ཞིག་བྱེད་དུ་བཅུག་པར་ཕངས་སེམས་སྐྱེས་པ་དང་ལྷན་དུ་གར་ཡོང་མི་ཤེས་པའི་དངངས་སྐྲག་ཅིག་ཀྱང་སྐྱེས་འོང་།

"དངངས་སྐྲག་སྐྱེས་དགོས་དོན་མེད། ཚོད་རྒྱུགས་མ་ལོན་པའི་སློབ་མ་དག་ཡིག་རྒྱུགས་སུ་ཞུགས་དགོས་བསམ་ན་ཡང་གོ་སྐབས་ཡོད་མ་རེད""དགེ་རྒན"ལིས་ཀྱིས་སློབ་མ་རེའི་ལག་ཏུ་དངུལ་སྨར་སྒོར་ཁྲི་གཅིག་རེ་བཞག་ནས་དེ་ལྟར་བཤད།

ཤའུ་ཡི་སེམས་སུ"སློབ་ཁོར་གྱི་ལས་ཀ"འདི་བློ་སེམས་མི་བདེ་བ་ཞིག་ཡིན་ནའང་དངུལ་སྨར་སྒོར་ཁྲི་གཅིག་དེར་འགོག་ཏུ་མེད་པའི་བསླུ་བྲིད་ཅིག་ཡོད་པས་ཕོ་མོ་སྨར་ཡང་ཐེ་ཚོམ་གྱི་རྒྱ་ཏུ་ཚུད།

"མཐོ་འཁྲིད་གི་ཡིག་རྒྱུགས་སུ་ཞུགས་ནས་སྦྱང་འབྲས་ཐོན་རྗེས། སྤྱིར་བཏང་གི་སློབ་ཆེན་དུ་ཚུད་ན་སྒོར་ཁྲི་གསུམ་དང་སློབ་ཆེན་རྩེ་གྲ་ཏུ་ཚུད་ན་སྒོར་ཁྲི་ལྔ་ཡི་རྔན་པ་ཡོད"དགེ་རྒན་ལིས་ཀྱིས་ཤའུ་ཡི་བསམ་དོན་རྟོགས་ནས"སློབ་ཁོར་གྱི་ལས་ཀ"འདིའི་རྒྱབ་ཏུ་ད་དུང་དེ་བས་མང་བའི་ཁེ་བཟང་ཡོད་པར་བཤད།

སློབ་ཁོར་གྱི་ལས་ཀ་འདིའི་བསླུ་བྲིད་ལས་ཤའུ་ཡི་སེམས་ལ་གཡོ་འགུལ་ཙུང་ཙམ་ཐེབས་ཡོད་པ་དང་། ཡང་ཕྱོགས་གཅིག་ནས་ཕོ་མོའི་སེམས་སུ་མཐོ་འཁྲིད་ཡིག་རྒྱུགས་སྐབས་སུ་རྒྱུགས་དཔོན་དགེ་རྒན་གྱིས་སློབ་མའི་མཚུབ་རིས་དང་ཐོབ་ཐང་ལག་འཁྱེར་ལ་

ཞིབ་དཔྱད་བྱེད་ཀྱི་ཡོད་པས་ཕོ་མོས་དགེ་རྒན་ལིས་ལ“མཐོ་རྒྱུགས་ཀྱི་སྒྲིག་ལམ་ཧ་ཅང་དམ་པོ་ཡོད་པས་ང་རང་ཡིག་རྒྱུགས་སུ་ཞུགས་ཐུབ་བམ”ཞེས་དྲིས།

དགེ་རྒན་ལིས་ཀྱིས“སྐབས་དེ་དུས། ངས་མཇུབ་རིས་དང་ཐོབ་ཐང་ལག་འཁྱེར་ཐབས་ཤེས་བྱས་ནས་ཁྱེད་ཚོ་སློབ་ཁང་དུ་འཛུལ་བཅུག་ངེས་ཡིན། རྒྱུགས་དཔོན་ལ་ངས་ཞུས་ནས་མངགས་ཟིན་པས་ཁྱེད་ཚོ་སེམས་ཁྲལ་བྱེད་མི་དགོས”ཟེར་བ་དང་། ཕོ་པ་ནི་ཉམས་མྱོང་ཕུན་སུམ་ཚོགས་པོ་ཡོད་པའི་ཚབ་རྒྱུགས་སྒྲིག་འཛུགས་པ་ཞིག་ཡིན་པས་ཕོའི་ངོ་གདོང་ལ་རྒྱལ་ཁའི་རང་མདངས་ཤིག་མངོན་ནས་འདུག

ཤའུ་ཡི་སེམས་སུ་མཐོ་འབྲིང་ཡིགས་རྒྱུགས་ཚར་རྗེས་ཕོ་མོར་དངུལ་མང་པོ་ཞིག་རག་ངེས་རེད་སྙམ་ནས་དགེ་རྒན་ལིས་ལ་ཕོ་མོ་ཡིག་རྒྱུགས་སུ་ཞུགས་རྒྱུའི་ཁས་ལེན་བྱས།

ཤའུ་ཡི་ལག་ཏུ་སྒོར་མོ་ཁྲི་གཅིག་ཡོད་ཅིང་ཕོ་མོའི་འཚོ་བར་སེམས་ཁྲལ་མེད་པས་ཕོ་མོས་ཟ་ཁང་གི་སློབ་ཞོར་ལས་ཀར་མ་སོང་བ་དང་ཉིན་རྒྱུན་ནང་དུ་བསྡད་ནས་ཡིག་རྒྱུགས་ཀྱི་བསྐྱར་སྦྱོང་ལ་བྲེལ་ནས་གནས། སྐབས་དེ་དག་གི་རིང་དུ། དགེ་རྒན་ལིས་ཀྱིས་ཕོ་མོར་ཚོད་ལྟའི་ཡིག་རྒྱུགས་ཁ་ཤས་ཤིག་གཏོང་དུ་འཇུག་ནའང་ཕོ་མོས་བདེ་བླགས་ངང་རྒྱུགས་འཕྲོད།

ཟླ་བ་གསུམ་གྱི་དུས་ཚོད་ནི་མིག་ཡུད་ཙམ་ཞིག་ལ་འདས་སོང་། མཐོ་རྒྱུགས་གཏོང་ལ་ཉེ་བའི་ཉིན་གཉིས་ཀྱི་སྔོན་དུ། དགེ་རྒན་ལིས་ཀྱིས་ཤའུ་གྲོང་ཁྱེར་གཞན་ཞིག་ཏུ་བཏང་ནས་ཡིག་རྒྱུགས་སྔོན་གྱི་གྲ་སྒྲིག་བྱེད་དུ་བཅུག སྐབས་དེར་ཤའུ་ཡི་སེམས་སུ་སྔར་བྱུང་མ་མྱོང་བའི་དངངས་སྐྲག་ཅིག་སྐྱེས།

“མིག་སྔར་རང་རྒྱལ་དུ་ཡིག་རྒྱུགས་སྐོར་ལ་དམིགས་སུ་བཀར་བའི་བཅའ་ཁྲིམས་

ཤིག་མེད་པས་གལ་སྲིད་ཚབ་རྒྱུགས་གཏོང་བ་ཤེས་པ་ཡིན་ན་འང་ཁྲིམས་ཆད་ཀྱི་ཉེས་པ་ཡོད་མ་རེད། རང་ལ་ད་དུང་ང་ཚོའི་རྒྱབ་བརྟེན་ཡོད་པས་སེམས་ཁྲལ་བྱེད་མི་དགོས”ཞེས་དགེ་རྒན་ལིས་ཀྱིས་ཤའུ་ལ་སེམས་གསོ་བཏང་།

“ཚབ་རྒྱུགས་ཀྱི་གནས་ཚུལ་རྒྱ་ཁྱབ་ཏུ་འགྲོ་དོན་ཅི་ཡིན་ནམ། འདི་ལྟར་བྱས་ན་སློབ་མ་གཞན་གྱི་ངོས་ནས་བཤད་ན་དྲང་གཞག་ཅིག་ཡིན་ནམ”དགེ་རྒན་ལིས་ཀྱིས་མངོན་སུམ་འཛེམ་མེད་དང་ངན་པ་ལངས་ཤོར་གྱི་བྱེད་སྟངས་དེ་དག་ལས་ཤའུ་ཡིས་འདི་ནི་ཚབས་ཆེ་བའི་སྤྱི་ཚོགས་ཀྱི་གནད་དོན་ཞིག་ཡིན་པ་ཤེས།

མཚན་མོ་དེར་ཕོ་མོ་གཉིད་ཡེ་ནས་མ་ཁུག   ཕོ་མོས“ང་ཚོས་དངུལ་གྱི་དོན་དུ་སྣང་ཚུལ་འདི་འདྲ་རྒྱ་ཡན་དུ་འགྲོ་རུ་བཅུག་དགོས་སམ”ཞེས་པའི་དྲི་བ་འདི་རང་ཉིད་ལ་ཡང་སྐོར་བསྐྱར་སྐོར་གྱིས་དྲིས།

“སློབ་ཞོར་གྱི་ལས་ཀ་འདི་འདྲ་ངས་གཏན་ནས་བྱེད་མི་རུང“ཤའུ་ཡིས་དེ་ལྟར་བསམ་གཞིག་ནན་ཏན་བྱས་རྗེས་ཉེན་རྟོག་པར་དེ་དོན་སྙན་སེང་ཞུས་པའི་ཁ་པར་བརྒྱབ།

ཤའུ་ནི་ཏ་ཁ་གཡང་གཙུ་དང་ཉེས་དོན་སྙན་སེང་ཞུས་པའི་བྱས་རྗེས་ཡོད་པས་ཕོ་མོས་དགེ་རྒན་ལིས་ཡིས་སྤྲོད་པའི་སྒོར་ཁྲི་གཅིག་དེ་གོང་ལ་རྩིས་འབུལ་ཞུས་དགོས་པ་ལས་དེ་མིན་གྱི་ཆད་པ་གཅོད་མེད།   དགེ་རྒན་ལིས་སོགས་ནི་ཉེས་དོན་སྒྲིག་འཛུགས་བྱེད་མཁན་དང་།   ཐོབ་ཐང་ལག་འཁྱེར་དང་རྒྱལ་ཁབ་ཀྱི་འབྲེལ་ཡོད་ཚན་པའི་ཡིག་ཆ་རྫུན་མ་བཟོ་བ་དང་། དེ་མིན་སྤྱི་ཚོགས་ཀྱི་སྒྲིག་ལམ་གཏོར་སྐྱོན་བཟོ་བའི་བྱས་ཉེས་ཡོད་པས«ཉེས་ཁྲིམས»ཀྱི་དོན་ཚན་ཉེས་བརྒྱ་བརྒྱད་ཅུ་པའི་དོན་ཚན་གདན་འབེབས་གཞིར་བཟུང་། “གྲོང་མིའི་ཡུལ་མིའི་ཐོབ་ཐང་ལག་ཁྱེར་དང་། ལམ་ཡིག སྤྱི་ཚོགས་འགན་སྲུང་བྱང་བུ། ཁ་

ལོ་བའི་འཛིན་ཡིག་བཅས་ཁྲིམས་ལྟར་ཐོབ་ཐང་བདེན་དཔང་བྱེད་ཐུབ་པའི་ལག་ཁྱེར་རྫུན་བཟོ་དང་བསྒྱུར་བཟོ། ཉོ་འཚོང་བཅས་བྱས་རིགས་ལ་དུས་བཙོན་ལོ་གསུམ་མན་ནམ་བཙན་ཉར་ལས་བསྐྱལ་ལམ་རྩིས་སྐྱོད་དོ་དམ་གྱི་ཉེས་ཆད་དམ་ཆབ་སྲིད་ཀྱི་ཁེ་དབང་བཙན་འཕྲོག་གི་ཉེས་ཆད་གཅོད་རྒྱུ་དང་སྦྲགས་དངུལ་ཆད་གཅོད་རྒྱུ། ཉེས་ཚབས་ཆེ་རིགས་ལ་དུས་བཙོན་ལོ་གསུམ་ཡན་ནས་ལོ་བདུན་མན་བར་གྱི་ཉེས་ཆད་གཅོད་རྒྱུ་དང་སྦྲགས་དངུལ་ཆད་གཅོད་རྒྱུ”ཞེས་གཏན་འབེབས་བྱས་ཡོད་པས་ཉེས་གསོག་མི་སྣ་ལིས་ལ་དུས་བཙོན་ལོ་གསུམ་གྱི་ཆད་པ་གཅོད་རྒྱུ།

“དངུལ་གྱི་བསླུ་བྲིད་ལས་ཐར་ཏེ་ཚབ་རྒྱུགས་ཀྱི་ནག་ཉེས་འཐེར་འདོན་བྱས་པས”ཤའུ་ཁྲིམས་ཁང་གི་རྒྱལ་སྒོ་ནས་ཕྱིར་ཐོན་དུས་ལུས་སེམས་ལྷོད་ཤིག་ཤིག་ཏུ་འགྱུར།

(རྩོམ་ཡིག་ཁྲོད་ཀྱི་མིའི་མིང་ནི་གསང་མིང་ཤ་སྟག་ཡིན)

ཁྲིམས་ལུགས་ཤེས་བྱ་འདྲེན་པ།

༢༠༡༥ལོའི་ཟླ་༡༡པའི་ཚེས་༡སྔོན་དུ«ཉེས་ཁྲིམས»ཀྱི་ནང་དུ་མཐོ་རྒྱུགས་ཁྲོད་ཚབ་རྒྱུགས་བྱེད་མཁན་ལ་དམིགས་སུ་བཀར་བའི་གཏན་འབེབས་མེད། ཡིག་རྒྱུགས་ཁྲོད་ཁུ་བཤུ་བྱེད་མཁན་ལ་སློབ་གྲྭ་ནས་ཕུད་པ་དང་སྲིད་འཛིན་བཀག་ཉར་བྱེད་པ་དང་མི་གཞན་འཚོལ་ནས་ཚབ་རྒྱུགས་བྱེད་མཁན་ལ་སྦྱང་འབྲས་མེད་པ་བཟོ་བ་དང་ལོ་གཅིག་ནས་གསུམ་བར་རྒྱལ་ཁབ་སློབ་གསོའི་ཡིག་རྒྱུགས་སྣ་ཚོགས་ལ་ཞུགས་མི་ཆོག་པའི་ཆད་པ་གཅོད་རྒྱུ།

༢༠༡༥ལོའི་ཟླ་༡༡པའི་ཚེས་༡ནས་བཟུང་«ཉེས་ཁྲིམས་དག་བཅོས་འཆར་ཟིན་

（དགུ་པ）»ནང“རྒྱུགས་སྦྱོད་པར་གཡོ་ལས་བྱེད་པ”དེ་བཅའ་ཁྲིམས་སུ་གཏན་ལ་ཕབ་ཡོད། «ཉེས་ཁྲིམས»ཀྱི་དོན་ཚན་ཉེས་བརྒྱ་གྱ་བཞི་པའི་ནང་གསེས་དང་པོའི་ནང་གཏན་འབེབས་བྱས་དོན། བཅའ་ཁྲིམས་སུ་གཏན་ལ་ཕབ་པའི་རྒྱལ་ཁབ་ཀྱི་རྒྱུགས་ལེན་བྱེད་རིམ་ཁྲོད་དུ་གཡོ་ལས་རྩ་འཛུགས་བྱས་རིགས་ལ་དུས་བཙོན་ལོ་གསུམ་མན་ནམ་བཙན་ཞར་ལས་བསྐུལ་གྱི་ཉེས་ཆད་གཅོད་རྒྱུ་དང་སྦྲགས་དངུལ་ཆད་མཉམ་གཅོད་དང་གཅིག་པུར་གཅོད་རྒྱུ། ཉེས་ཚབས་ཆེ་རིགས་ལ་དུས་བཙོན་ལོ་གསུམ་ཡན་ནས་ལོ་བདུན་མན་བར་གྱི་ཉེས་ཆད་གཅོད་རྒྱུ་དང་སྦྲགས་དངུལ་ཆད་གཅོད་རྒྱུ། མི་གཞན་གྱིས་གོང་གསལ་བྱས་ཉེས་བསགས་པར་གཡོ་ལས་ཡོ་བྱད་འདོན་སྤྲོད་དམ་ཡང་ན་རོགས་རམ་གཞན་དག་བྱས་རིགས་ལ་གོང་གསལ་ནང་གསེས་དོན་ཚན་གྱི་གཏན་འབེབས་ལྟར་ཉེས་ཆད་གཅོད་རྒྱུ། རྒྱུགས་སྦྱོད་པར་གཡོ་ལས་བྱེད་ཆེད་མི་གཞན་ལ་ནང་གསེས་དོན་ཚན་དང་པོར་གཏན་ལ་ཕབ་པའི་རྒྱུགས་ལེན་གྱི་ཁ་བྱང་དང་དྲིས་ལན་ཁྲིམས་འགལ་གྱིས་བསྟོང་བའམ་ཡང་ན་འདོན་སྤྲོད་བྱེད་རིགས་ལ་ནང་གསེས་དོན་ཚན་དང་པོའི་གཏན་འབེབས་ལྟར་ཉེས་ཆད་གཅོད་རྒྱུ། མི་གཞན་གྱི་ཚབ་བྱེད་པའམ་ཡང་ན་གཞན་ལ་རང་ཉིད་ཀྱི་ཚབ་བྱེད་དུ་བཅུག་ནས་ནང་གསེས་དོན་ཚན་དང་པོའི་རྒྱུགས་ལེན་ལ་ཞུགས་རིགས་ལ་བཙན་ཞར་ལས་བསྐུལ་ལམ་ཡང་ན་རྩིས་སྐྱོད་དོ་དམ་གྱི་ཉེས་ཆད་གཅོད་རྒྱུ་དང་སྦྲགས་དངུལ་ཆད་མཉམ་གཅོད་དང་གཅིག་པུར་གཅོད་རྒྱུ།

གཏམ་རྒྱུད་འདི་ནི«ཉེས་ཁྲིམས་དག་བཅོས་འཆར་ཟིན་（དགུ་པ）»ཡི་

ཀྲོན་ཏུ་ཡིན་པ་དང་ཤའུ་ནི་ཧྭ་ཁ་གཡང་གཙུ་དང་ཉེས་དོན་སྐན་སེང་ཞུས་པའི་བྱུས་རྗེས་ཡོད་པས་ཁོ་མོར་ཁྲིམས་ཀྱི་ཆད་པ་མ་བཅད་ནའང་འགྱོད་འབྲེལ་མི་སྣའི་ཉེས་འགན་ལས་གཡོལ་ཐབས་མེད། གལ་ཏེ་གཏམ་རྒྱུད་འདི༢༠༡༥ལོའི་ཟླ་བ༡༡པའི་ཚེས༡ཉིན་གྱི་རྗེས་སུ་བྱུང་བ་ཞིག་ཡིན་ན་གྱོད་འབྲེལ་མི་སྣར«ཉེས་ཁྲིམས»ཀྱི་ཆད་པ་ཐོག་སྲིད།

༥ "བདེན་དོན་སྐྱོང་བར་"གཟབ་དགོས།

ཀྲང་བདེན་སྐྱོང་ནི་ད་ལོ་ལོ་བཅོ་བརྒྱད་ལ་སོན་པ་དང་། ཕོ་པའི་མིང་ལ་བདེན་སྐྱོང་ཞེས་པ་ནི་ཕོ་པར་མཚོན་ན་མིང་དོན་མཚུངས་པའི་མིང་ཞིག་རེད། ཕོ་པ་ནི་མི་ཧ་ཅང་སེམས་བཟང་ཅན་ཞིག་རེད་དེ། ཕོའི་སྐོར་གྱི"འཛམ་གླིང་ཞི་བདེ་སྲུང་བ"དང"འོད་སྟོང་འཕྲོ་བའི་བྱམས་རྗེས"དེ་དག་གི་སྐོར་ནི་ཉེན་མཚན་འགའ་ཞིག་བཤད་ནའང་བཤད་མི་ཚར་བ་ཞིག་རེད།

དེ་དག་སྐོར་གྱི་དོན་དག་འགའ་ཞིག་ནི་ཕོ་པས་ཐུར་ནས་བརྗོད་ཟིན་ནའང་དོན་དག་གཅིག་ནི་ཕོའི་སེམས་ནང་གསལ་པོར་ངེས་ཡོད།

ཁ་བ་ལྷབ་ལྷུབ་ཏུ་འབབ་པའི་ས་སྲོད་ཅིག་ལ། སློབ་མ་བདེན་སྐྱོང་བྲེལ་བྲེལ་འཚུབ་འཚུབ་ངང་ནང་དུ་ལོག་པའི་ལམ་དུ་བསྐྱོད་བཞིན་ཡོད། སྲང་ལམ་གྱི་མདོར་སླེབས་དུས་ཁོས་གོས་རྒྱལ་གྱོན་པའི་མི་འགའ་ཞིག་སྐོར་སྐོར་དུ་བྱས་ནས་བསྡད་ཡོད་པ་དང་དེ་དག་ལས་མི་གཅིག་ནི་ཀྲང་རྗེན་ཡིན་པ་མཐོང་བས་ཁོའི་བསམ་པར་ཕོ་ཚོའི་རྣམ་པ་ནི་དྲག་རྒྱལ་བརྩམས་སྒྲུང་ནང་གི"སྤྲང་པོའི་དགེ་ཕྲུག"དང་ཨ་ན་མ་ན་རེད་སྙམ།

"གནམ་གཤིས་གྲང་མོ་འདི་འདྲར་ཁྱེད་ཚོ་ནང་དུ་མི་ལོག་དོན་ཅི་ཡིན"སློ་བུར་དུ་བདེན་སྐྱོང་ལ་སྙིང་རྗེ་སྐྱེས་ཤིང་རང་གི་སྐྱེ་དཀྲིས་དེ་མི་ཀྲང་རྗེན་དེར་དཀྲིས་ཞོར་དུ་དེ་ལྟར་དྲིས།

"ལོ་གསར་སླེབས་གྲབས་འདུག སྤྱིན་བདག་གིས་ང་ཚོར་ད་དུང་གླ་ཆ་སྤྲད་མ་བྱུང"བདེན་སྐྱོང་གིས་སྐད་ཆ་དེ་དག་གོ་བ་དང་ཕོ་ཚོ་ནི་གླ་པ་རྒྱུག་མཁན་ཡིན་པ་ཤེས་པ་དང་གནམ་གཤིས་གྲང་མོ་འདི་འདྲར་སྲང་མདོར་འཛོམས་ནས་བསྡད་དགོས་པའི་རྒྱུ་མཚན་ཡང་རྟོགས།

གཏམ་དེ་དག་ཐོས་རྗེས་བདེན་སྐྱོང་གིས་པོ་ཚོའི་སྤྱིན་བདག་གི་སྟེང་ལ་འཚོག་པ་ཟ་བ་དང་། པོའི་སེམས་སུ་ད་ནི་ས་ཉུབ་གྲབས་ཡོད་པས་གཅིག་བྱས་ན་སྤྱིན་བདག་དེ་ནང་དུ་ལོག་པའི་ལམ་བར་དུ་ཡོད་སྲིད་སྙམ་ནས་པོ་ཚོ་དེ་གར་སྒུག་ཏུ་བཅུག

ཉིན་གཉིས་པའི་ཞོགས་པར། བདེན་སྐྱོང་ནང་ནས་ཕྱི་རོལ་དུ་ཐོན་དུས་པོས་མདང་ནུབ་སྤྱིན་བདག་གི་སླ་ཆ་ལ་བསྒུགས་ནས་བསྡད་ཡོད་པའི་མི་དག་མཐོང་། པོས་པོ་ཚོར་སྐད་ཆ་འདྲི་དུས་པོ་ཚོ་དེ་གར་མཚན་གང་སྤྱིན་བདག་ལ་བསྒུགས་ནས་བསྡད་ཡོད་པ་ཤེས།

དགུན་གཞུང་གྲང་མོ་འདིར་ལོ་གསར་ཡང་སླེབས་ལ་ཉེ་བས་པོ་ཚོར་སླ་ཆ་མ་བྱུང་ཚེ་ལོ་གསར་ཇི་ལྟར་གཏོང་དགོས་སམ། བདེན་སྐྱོང་གིས་དེ་ལྟར་བསམ་པ་དང་པོས་པོ་ཚོའི་སེམས་འཚབ་ཀྱི་ཚོར་འདུ་ཡང་ཚོར་ཐུབ། ཡིན་ནའང་སྤྱིན་བདག་གི་འཁྲིས་ནས་སླ་ཆ་ཚུར་ལེན་གྱི་ཐད་བདེན་སྐྱོང་ལའང་ཐབས་ཤེས་མེད་པས་པོ་པས་ཁུ་སིམ་སིམ་ངང་གནས་དེ་ནས་ཁ་གྱེས་དགོས་བྱུང་། ཉིན་གང་པོར་བདེན་སྐྱོང་གི་སེམས་སུ་སླ་པ་རྒྱུག་མཁན་དག་གི་ཡ་ང་བའི་གཟུགས་བརྙན་དག་འཁོར་ནས་བདེ་བར་གནས་མི་ཐུབ། པོས་ཟླ་ཐོག་ནས་གནད་དོན་དེ་དག་གི་སྐོར་ལ་བཙལ་འཚོལ་བྱས་པས་མཐར་གནས་ཚུལ་དེ་རིགས་ཀྱང་མི་ཉུང་བ་ཞིག་ཡོད་པ་ཤེས།

"ངས་པོ་ཚོའི་ཆེད་དུ་ངེས་པར་དུ་བདེན་པ་མཐའ་སྐྱོང་ངེས་ཡིན"སློབ་མ་བདེན་སྐྱོང་གིས་དེ་ལྟར་བསམ་བཞིན་ཡོད་ནའང་པོ་པར་ཐབས་ཤེས་དྲག་པ་གང་ཡང་མ་རྙེད།

སློབ་མ་བདེན་སྐྱོང་གིས་ཡུན་རིང་བསམ་བློ་གཏོང་མཐར་འདི་ལྟར"ཤིང་སྡོང་འོག་ཏུ་རི་བོང་སྒུག་པ་ལས"རང་འགྱུལ་གྱིས་ཐོག་ནས་པོ་ཚོའི་སྤྱིན་བདག་འཚོལ་བར་འགྲོ་ན་དགའ་སྙམ། ཡིན་ནའང་པོས་གང་སར་པོ་ཚོའི་སྤྱིན་བདག་བཙལ་འཚོལ་བྱས་ནའང་པོ་པ་

གཏན་ནས་མ་རྙེད།

"སྤྲིན་བདག་ཏན་ཏན་གབ་ཟིན་པ་རེད། ཁོ་པ་ལས་སླ་པོར་རྙེད་ཀྱི་ཡོད་ན་ང་ཚོས་འདིར་སྒུག་དགོས་དོན་མེད"སྣ་པ་རྒྱུག་མཁན་དག་གིས་ཡི་ཐང་ཆད་པའི་ངང་ནས་དེ་ལྟར་བརྗོད།

"ང་ཚོས་ཐབས་ཤེས་བྱས་ནས་སྤྲིན་བདག་ཝ་ཐུག་ནས་ཕྱིར་འདོན་དུ་འཇུག་དགོས"སློབ་མ་བདེན་སྐྱོང་གིས་དེ་ལྟར་བསམ་ཡོད། ཁོས་ཇི་ལྟར་བྱས་ཏེ་སྤྲིན་བདག་དེ་ཝ་ཐུག་ནས་ཕྱིར་འདོན་དུ་འཇུག་དགོས་སམ།

སློབ་མ་བདེན་སྐྱོང་ནང་དུ་སླེབས་མ་ཐག་བརྙན་འཕྲིན་དུ་གྲོང་ཁྱེར་སྲིད་གཞུང་གིས་མང་ཚོགས་ཀྱི་དངོས་དོན་ཞིག་ཐག་གཅོད་བྱེད་པའི་གསར་འགྱུར་ཞིག་མཐོང་བས་ཁོ་པར་དེ་མ་ཐག་ཐབས་ཤེས་ཤིག་རྙེད་པ་ལྟར་ཕྱིར་རྒྱུགས་ནས་སྣ་ཆར་བསྒུགས་ནས་བསྡད་པའི་མི་དག་འཚོལ་བར་སོང་།

"སང་ཉིན་སྣ་ཆ་ཆད་པའི་མི་ཡོངས་སྐོང་ནས་ང་ཚོས་བྱ་འགུལ་སྤེལ་དགོས" བདེན་སྐྱོང་གིས་སྣ་ཆར་བསྒུགས་ནས་བསྡད་པའི་མི་དག་ལ་དེ་ལྟར་ཟེར་བ་དང་། ཁོའི་བཟོ་ལྟར་བལྟས་ན་ཁོ་པ་ནི་དོ་ནན་དང་"དམག་འཐབ་སྔོན་གྱི་བཀོད་འདོམས"བྱེད་པ་དང་ཤིན་ཏུ་མཚུངས།

ཉིན་གཉིས་པར་སློབ་མ་བདེན་སྐྱོང་དང་སྣ་ཆ་ཆད་པའི་ཞིང་པ་མང་ཚོགས་བཞི་བཅུ་ཙམ་ཞིག་རྒྱུག་མ་འདུར་གྱིས་གྲོང་ཁྱེར་སྲིད་གཞུང་གི་རྒྱལ་སྐོར་མདུན་དུ་སླེབས། ཡིན་ནའང་ཉིན་དེར་གྲོང་ཁྱེར་སྲིད་གཞུང་དུ་ཇ་དྲག་གི་ཚོགས་འདུ་ཞིག་ཡོད་པས་སྐྱུ་སྲུང་མི་སྣས་ཁོ་ཚོ་དེ་ནས་གནས་སྐབས་ཁ་བྲལ་དགོས་པ་དང་སྣ་ཆ་ཆད་པའི་དོན་དེ་རྗེས་

སུ་ཐག་གཅོད་བྱ་ཡོང་ཟེར།

"དོན་དག་ཐག་གཅོད་མ་བྱས་ན་ང་ཚོ་འདི་ནས་ཁ་བྲལ་མི་སྲིད"བླ་ཆ་ཆད་པའི་ཞིང་པ་མང་ཚོགས་སྟེར་ལས་དངངས་འཚབ་ལངས་ཤིང་གྲོང་ཁྱེར་སྲིད་གཞུང་གི་རྒྱལ་སྒོ་བཀག།

གནས་ཚུལ་འདི་འདི་ལྟར་འཕེལ་རྒྱས་ཕྱིན་པ་ནི་བདེན་སྐྱོང་གི་བསམ་པའི་ཡུལ་ལས་འདས། སྐབས་དེར་མི་དམངས་ཉེན་རྟོག་པ་སླེབས་ནས་བླ་ཆ་ཆད་པའི་ཞིང་པ་མང་ཚོགས་དག་ལ་འཁུར་ཟིང་མི་བརྒྱབ་པའི་ཁ་ཏ་བྱས། ཡིན་ནའང་ཞིང་པ་མང་ཚོགས་དག་གིས་ཉེན་རྟོག་པའི་སྐད་ཆར་མི་ཉན་པ་མ་ཟད་ད་དུང་ཉེན་རྟོག་པ་དང་ཁ་རྩོད་བརྒྱབ།

མཐར་ཉེན་རྟོག་པ་དག་ཡུ་ཐུག་ནས་ཕོ་ཚོའི་ཁྲོད་ནས་མི་ཁ་ཤས་ཤིག་འཛིན་བཟུང་བྱས་པ་དང་དེའི་ཁྲོད་དུ་སློབ་མ་བདེན་སྐྱོང་ཡང་ཚུད་ཡོད།

མི་རྣམས་གནས་དེ་ནས་རིམ་བཞིན་ཁ་གྱེས་པ་དང་གྲོང་ཁྱེར་སྲིད་གཞུང་གི་སྒྲིག་རིམ་ཡང་སྟེར་རྒྱུན་བཞིན་གནས།

"ཁྱེད་ཚོའི་བླ་ཆ་ཆད་པའི་དོན་དེར་ང་ཚོས་བསམ་ཤེས་ཐུབ་ཀྱི་འདུག ཡིན་ནའང་ཁྱེད་ཚོའི་བྱེད་སྟངས་འདི་ནི་ཁྲིམས་འགལ་རེད"ཉེན་རྟོག་པ་དེས་ཏ་ཙང་གཟབ་ནན་དང་བཤད་པས་དེར་ཡོད་ཀྱི་ཞིང་པ་མང་ཚོགས་དག་སྟེར་ལས་སེམས་འཚབ་ལངས།

"ངས་བདེན་པ་སྲུང་བ་ཡིན། ངས་ཁྲིམས་དང་འགལ་མེད"བདེན་སྐྱོང་གི་སེམས་སུ་དེ་ལྟར་བསམས།

"ཁྱེད་ཚོས་མི་མང་མཉམ་ཅུབ་ཀྱི་འཛུགས་སྐྲུན་གྱི་ཐབས་ལ་བརྟེན་ནས་རྒྱལ་ཁབ་གཞུང་གི་ལས་ཁུངས་ཀྱི་ལས་བྱེད་པས་བྱ་བ་སྒྲུབ་པར་བཀག་འགོག་བྱས་པ་དེ་ནི་སྤྱི་པའི་

སྒྲིག་ལམ་དཀྲུགས་པའི་བྱས་ཉེས་བསགས་པ་རེད།   དེས་མི་ཚོད་ཉེན་རྟོག་པར་ལག་པ་བཀྱག་པ་དེ་བྱས་ཉེས་ཚབས་ཆེན་རེད། «ཉེས་ཁྲིམས»ཀྱི་དོན་ཚན་ཉེས་བརྒྱ་དོན་བདུན་པའི་ནང་གསེས་དང་པོའི་ནང་གཏན་འབེབས་བྱས་དོན། རྒྱལ་ཁབ་གཞུང་གི་ལས་ཁུངས་ཀྱི་ལས་བྱེད་པས་བཅའ་ཁྲིམས་ལྟར་ལས་སྒྲུབ་བྱེད་པར་དྲག་ཐབས་དང་འཇིགས་བསྐུལ་གྱིས་བཀག་འགོག་བྱས་རིགས་ལ་དུས་བཙོན་ལོ་གསུམ་མན་དང་། ཡང་ན་བཙོན་ཞར་ལས་བསྐུལ། ཡང་ན་རྩིས་སྐྱོད་དོ་དམ། ཡང་ན་དངུལ་ཆད་ཀྱི་ཉེས་ཆད་གཏོང་རྒྱུ"རེད་ཅེས་ཉེན་རྟོག་གློ་མཐུན་དེས་འཇིགས་སྐུལ་མེད་པར་དོ་ནན་ངང་བཤད།

"བྱེད་ཚོས་ང་ཚོ་སློད་རོགས"བདེན་སྐྱོང་དང་ཞིང་པ་མང་ཚོགས་དག་གིས་གནད་དོན་གྱི་ཉེས་ཚབས་ཤེས་ནས་ཉེན་རྟོག་པར་ཞུ་བ་བྱས།

"མཐའ་མཇུག་གི་ཞུ་སྐྱོར་བྱེད་མ་བྱེད་དེ་ཞིབ་དཔྱོད་ཁང་གིས་ཐག་གཅོད་བྱེད་ཀྱི་རེད།   ང་ཚོ་ལ་ཞུ་སྐྱོར་དང་ཐག་གཅོད་བྱེད་པའི་དབང་ཆ་ཡོད་པ་མ་རེད"ཉེན་རྟོག་པ་དེས་ཁོ་ཚོར་འགྲེལ་བཤད་བྱས།

མི་དམངས་ཞིབ་དཔྱོད་ཁང་ནས་གྱོད་དོན་དེར་འདྲི་དཔྱོད་བྱེད་པའི་བརྒྱུད་རིམ་ནང་གཅིག་ནས་གྱོད་དོན་འདི་ལོ་གསར་དང་ཉེན་བཙུའི་དུས་ཚོད་ལས་མེད་པ་དང་གྱོད་དོན་འདི་ནི་ཞིང་པ་མང་ཚོགས་དག་གིས་ལས་དཔོན་སྒྲིན་བདག་གི་གམ་ནས་རང་གི་གླ་ཆ་ལེན་པར་བྲེལ་བ་ལངས་པ་ལས་བྱུང་བ་ཞིག་ཡིན་པ་དང་།   གཉིས་ནས་ཞིང་པ་མང་ཚོགས་དག་ཉམ་ཆུང་གི་ཚོགས་པ་ཞིག་ཡིན་ཞིང་ལོ་གསར་འཆར་ལ་ཉེ་བའི་མཚམས་འདིར་སྒྲིན་བདག་གི་གམ་ནས་རང་གི་གླ་ཆ་ལེན་པ་འདི་ཡང་ལུགས་དང་མཐུན་ཡོད་ཐོག་ད་ཐེངས་ཀྱི་གནས་ཚུལ་འདིས་ཁྲིམས་འགལ་ཉེས་གསོག་གི་བྱ་བ་ཆེ་གྲས་གང་ཡང་

བརྩམ་མེད་པར་དམིགས་ཏེ་བདེན་སྐྱོང་དང་ཞིང་པ་མང་ཚོགས་དག་འཛིན་བཟུང་མི་བྱེད་པའི་ཐག་གཅོད་བྱེད།

"བདེན་པ་སྐྱོང་བར་ངེས་པར་དུ་གཟབ་དགོས་འདུག"སློབ་མ་བདེན་སྐྱོང་ཡང་འཇིགས་དངངས་ཀྱི་གྲང་འདར་ཞིག་ཤོར།

"ཁྲིམས་ལུགས་ཤེས་པར་བྱ་རྒྱུ་ནི་ཧ་ཅང་གི་གལ་ཆེན་པོ་རེད"མི་དམངས་ཉེན་རྟོག་པས་སྐར་ཡང་གསལ་བཤད་བྱས།

(རྩོམ་ཡིག་ཁྲིད་ཀྱི་མིའི་མིང་ནི་གསང་མིང་ཤ་སྟག་ཡིན)

ཁྲིམས་ལུགས་ཤེས་བྱ་འདྲེན་པ།

སྤྱི་པའི་སྤྲིག་ལམ་དཀྱུགས་པའི་བྱས་ཉེས་ཞེས་པ་ནི་རྒྱལ་ཡོངས་མི་དམངས་འཐུས་མིའི་ཚོགས་ཆེན་དང་ས་གནས་མི་དམངས་འཐུས་མིའི་ཚོགས་ཆེན་རིམ་པ་ཁག་གི་འཐུས་མིས་བཅའ་ཁྲིམས་ལྟར་འཐུས་མིའི་ལས་འགན་སྒྲུབ་པ་དང་། ཡང་ན་རང་བྱུང་གནོད་སྐྱོན་དང་གློ་བུར་དུ་དོན་རྐྱེན་བྱུང་བའི་སྐབས་སུ་རྒྱ་གྲམ་དམར་པོའི་ཚོགས་པའི་ལས་བྱེད་པས་བཅའ་ཁྲིམས་ལྟར་འགན་འཁྲིའི་ལས་འགན་སྒྲུབ་པར་བསམ་བཞིན་དུ་བཀག་འགོག་བྱས་ཚེ། དྲག་ཐབས་དང་འཇིགས་བསྐུལ་གྱི་བྱ་ཐབས་སྤྱད་མེད་ཙང་། ངན་འབྲས་ཚབས་ཆེན་བཟོས་པའི་རིགས་ལ་གོ་བ་ཡིན།

«ཉེས་ཁྲིམས»ཀྱི་དོན་ཚན་ཉེས་བརྒྱ་དོན་བདུན་པའི་ནང་གསེས་དང་པོའི་ནང་གཏན་འབེབས་བྱས་དོན། རྒྱལ་ཁབ་གཞུང་གི་ལས་ཁུངས་ཀྱི་ལས་བྱེད་པས་བཅའ་ཁྲིམས་ལྟར་ལས་སྒྲུབ་བྱེད་པར་དྲག་ཐབས་དང་འཇིགས་བསྐུལ་གྱིས་བཀག་

འགོག་བྱས་རིགས་ལ་དུས་བཙོན་ལོ་གསུམ་མན་དང་། ཡང་ན་བཙན་ཉར་ལས་བསྐུལ། ཡང་ན་རྩིས་སྐྱོད་དོ་དམ། ཡང་ན་དངུལ་ཆད་ཀྱི་ཉེས་ཆད་གཅོད་རྒྱུ། དོན་ཚན་དེའི་ནང་གསེས་གཉིས་པའི་ནང་། རྒྱལ་ཡོངས་མི་དམངས་འཐུས་མིའི་ཚོགས་ཆེན་དང་ས་གནས་མི་དམངས་འཐུས་མིའི་ཚོགས་ཆེན་རིམ་པ་ཁག་གི་འཐུས་མིས་བཅའ་ཁྲིམས་ལྟར་འཐུས་མིའི་ལས་འགན་སྒྲུབ་པར་དྲག་ཤུགས་དང་འཇིགས་སྐུལ་གྱིས་བཀག་འགོག་བྱས་རིགས་ལ་གོང་གསལ་གྱི་ནང་གསེས་དོན་ཚན་གྱི་གཏན་འབེབས་ལྟར་ཉེས་ཆད་གཅོད་རྒྱུ།

གཏམ་རྒྱུད་འདིའི་ནང་དུ་ཀྲང་བདེན་སྐྱོང་གིས་ཞིང་པ་དག་ལ་རོགས་པ་བྱས་ནས་ཁོ་ཚོའི་ལས་གླ་ལེན་ཐབས་བྱས། ཡིན་ནའང་ཁོས་མི་མང་མཉམ་རུབ་ཀྱིས་རྒྱལ་ཁབ་གཞུང་གི་ལས་ཁུངས་ཀྱི་ལས་བྱེད་པས་བཅའ་ཁྲིམས་ལྟར་ལས་སྒྲུབ་བྱེད་པར་དྲག་ཤུགས་དང་འཇིགས་སྐུལ་གྱིས་བཀག་འགོག་བྱས་པས་ཁོའི་དམིགས་ཡུལ་ནི་བདེན་པ་སྐྱོང་བ་ཞིག་ཡིན་ནའང་དོན་དུ་སྤྱི་པའི་སྒྲིག་ལམ་དཀྲུགས་པའི་ཉེས་པ་བསགས་པ་རེད།

༤ "ལག་ཞོར་གཏོང་བ"ཡང་ཀྲུ་བརྒྱབ་པ་རེད།

རི་གྲོང་གི་མི་དག་ནི་སེམས་རྩ་འཕོལ་ཞིང་ཕོག་རྒྱ་ཆེ་ལ་དུས་རྒྱུན་གྲོང་པ་ཁྱིམ་མཆེས་བར་ལ་སྤྲོ་ཚལ་དང་ཤིང་ཏོག་སོགས་ཕར་འཁྱེར་ཚུར་འཁྱེར་བྱེད་པ་ནི་རྒྱུན་ལྡན་གྱི་གནས་ཚུལ་ཞིག་ཡིན་ཞིང་། ད་དུང་གྲོང་མི་དག་གིས་གནས་ཚུལ་དེ་རིགས་ལ“ལག་ཞོར་གཏོང་བ་ནི་རྒྱ་བརྒྱབ་པ་མིན”ཞེས་པའི་ཤོད་རྒྱུན་ཡང་ཆགས་ཡོད། ཕང་ཁྲང་ནི་རི་གྲོང་ནས་ཡོང་བ་ཡིན་ཞིང་དུས་རྒྱུན་ལས་ཀ་བྱེད་པའི་སྐབས་སུ་ཁོ་པ་ནི་ཏོལ་རྒྱུག་ཚ་བའི་མི་ཞིག་ཀྱང་རེད།

ལོ་དེའི་སྟོན་ཁར། གྲོང་ཁྱེར་གྱི་ལས་གཉེར་ཀུང་སི་ཞིག་རི་གྲོང་དུ་ལས་མི་བསྡུ་བར་སླེབས་པ་དང་ཕང་ཁྲང་ཡང་ལས་མི་བསྡུ་བའི་ཁོངས་སུ་ཚུད་དེ་གྲོང་ཁྱེར་དུ་སླེབས། ཕང་ཁྲང་ནི་གཟུགས་སྟོབས་ཆེ་ཞིང་ཤེད་ཤུགས་ལྡན་པ་ཞིག་ཡིན་པས་ཡུན་རིང་མ་སོང་བར་ཁོ་པར་སྒྱུར་སྐྱེལ་དཔོར་འདྲེན་གྱི་ལས་ཀ་ཞིག་བཀོད་སྒྲིག་བྱས།

ཕང་ཁྲང་གི་ལས་རོགས་ནི་ཨ་ཧྲུང་ཟེར་བའི་ལོ་ན་སུམ་ཅུ་ལ་སོན་པའི་སྐྱེས་པ་དར་མ་ཞིག་ཡོད། དུས་རྒྱུན་ཨ་ཧྲུང་གིས་ཀླངས་འཁོར་བཏང་ནས་ཕང་ཁྲང་ཁྲིད་དེ་སྒྱུར་སྐྱེལ་ཀུང་སི་ཏུ་ཅ་ལག་ལེན་པར་སོང་བ་དང་ཡང་ཅ་ལག་རེ་རེའི་ས་གནས་གཞིར་བཟུང་ཁོ་གཉིས་ཀྱིས་བསྐྱལ་བར་འགྲོ་གི་ཡོད། ཕང་ཁྲང་གིས་ཀླངས་འཁོར་གཏོང་མི་ཤེས་པས་ཤུགས་ལས་ཚང་མ་ཁོ་པས་བྱེད་དགོས་ཀྱི་ཡོད། ཨ་ཧྲུང་གིས་སྒྱུར་སྐྱེལ་ཅ་ལག་གི་ཁ་གྲངས་རྩིས་ལེན་གྱི་ལས་ཀ་ལས་འགན་འཁུར་གྱི་མེད་པས་རྣམ་ཀུན་ཕང་ཁྲང་གཅིག་པོས་སྒྱུར་སྐྱེལ་ཅ་ལག་རེ་རེ་བཞིན་ཀླངས་འཁོར་དུ་དཔོར་བ་དང་མཚམས་རེ་ཅ་ལག་བསྐྱལ་བར་འགྲོ་དགོས་ཚེ་ཨ་ཧྲུང་གིས་རྐང་པ་གཅིག་ཐོག་གཅིག་བཞག་ནས་འཁོར་སྒྲོམ་དུ་འཛུལ་ནས་བསྡད་པ་ལས་ཅ་ལག་དཔོར་འདྲེན་ཐད་ཁ་ཡ་གཏན་ནས་བྱེད་ཀྱི་མེད་པས་ཕང་

ཁྲང་གིས་དཀའ་ལས་མང་པོ་མྱུང་དགོས་པ་རེད།

ཕང་ཁྲང་གི་སེམས་སུ་ཨ་ཧྲང་གི་བྱེད་སྟངས་དེར་ཡིད་མ་རངས་ནའང་རང་ཉིད་ནི་ལས་མི་གསར་པ་ཡིན་པ་དང་ཕྱིན་རྗེས་ཨ་ཧྲང་ལ་རེ་བ་བྱེད་དགོས་པའི་དོན་དག་ཡོད་ངེས་སྙམ་སྟེ་བཟོད་སྒོམ་བྱས་ནས་སྡོད་ཀྱི་ཡོད།

ཉིན་ཞིག་ལས་ཀ་ཚར་རྗེས། ཨ་ཧྲང་གིས་འཁོར་སྐྱོམ་ནས་ཕང་ཁྲང་ལ་མྱུར་སྐྱེལ་ཅ་ལག་ཅིག་སྤྲད། ཕང་ཁྲང་གི་བསམ་པར་ཅ་ལག་ས་གནས་བཞིན་བསྐྱལ་བར་འགྲོ་དགོས་བསམ་དུས་ཨ་ཧྲང་གིས་ཁོ་པ་དམ་དུ་བཟུང་ནས་འདི་ངས་ཁྱེད་ལ་དམིགས་བསལ་དུ་སྤྲོད་པའི་བྱ་དགའ་ཡིན་ཟེར།

"འདི་མི་གཞན་གྱི་ཅ་ལག་རེད"ཕང་ཁྲང་གིས་སེམས་ཁྲལ་བྱེད་བཞིན་དེ་སྐད་བཤད།

"གནས་ཚུལ་ཐོན་མི་སྲིད། ཁྱེད་སེམས་ཁྲལ་བྱེད་མི་དགོས"ཨ་ཧྲང་གིས་དེ་སྐད་བཤད་པ་དང་ཅ་ལག་དེ་རང་གི་ཡིན་པ་སྐད་ཁ་ཕྱེ་པས་ཕང་ཁྲང་གྱིས་དེའི་ནང་དུ་ཁྲིག་ལེ་སླུགས་ཡོད་པ་མཐོང་།

"ཕྱིན་རྗེས་ཀུང་སི་ཊུ་ཅ་ལག་ལེན་པར་འགྲོ་དུས་བདེ་ཐག་འཁྲུག་ཙམ་བྱེད་དགོས"ཨ་ཧྲང་གིས་ཕང་ཁྲང་ནི་གོ་སྐབས་བསྟུན་མཁན་ཞིག་ཡིན་པ་ཤེས་ནས་ཁོ་པར་ཅ་ལག་མང་ཙམ་ཞིག་ཐངས་འཁོར་དུ་སླུགས་སུ་བཅུག

ཕང་ཁྲང་གིས་དེ་སྐད་གོ་མ་ཐག་ཞེད་སྣང་སྐྱེས།

"ཚང་མས་གཞན་གྱི་ཅ་ལག་དེ་སྐད་ལག་ཞོར་གཏོང་གི་ཡོད་པ་རེད། མ་འཁྱེར་ན་སྡུག་གྱོང་རེད"ཉིན་དེ་དག་གི་རིང་ལ། ཁོ་གཉིས་ཀུང་སིར་ཅ་ལག་ལེན་པར་བསྐྱོད་དུས་ཨ་ཧྲང་གིས་སྐོག་ཏུ་ཅ་ལག་འགའ་འཁྱེར་ཡོད་ནའང་དེ་དག་ཕང་ཁྲང་གིས་ཤེས་ཀྱི་མེད།

དེས་མི་ཚོད་དུས་རྒྱུན་ཕང་ཁྲང་གིས་གཞན་གྱི་ཅ་ལག་བསྐྱལ་བར་འགྲོ་སྐབས་ཨ་རྟང་གིས་ཅ་ལག་ལྷག་མ་དག་འཁོར་སྐྱོམ་དུ་ཉར་ནས་རང་ཉིད་ཀྱི་ཁྱིམ་དུ་འཁྱེར་འགྲོ་གི་ཡོད།

ཕང་ཁྲང་གིས་གནས་ཚུལ་འདི་མི་འགྲིག་པ་ཤེས་ཀྱི་ཡོད་ནའང་མི་ཚང་མས་དེ་ལྟར་བྱེད་ཀྱི་ཡོད་པས་ཁོས་ཀྱང་ཅང་མ་ལབ། བློ་བུར་དུ་ཕང་ཁྲང་གི་སེམས་སུ་བྱིས་དུས་སུ་རང་དང་རང་གི་རོགས་པ་དག་གིས་གྲོང་པ་ཁྱིམ་མཆེས་ཀྱི་སྡོ་ཚལ་དང་ཤིང་ཏོག་སོགས་ལག་ཞོར་བཏང་བའི་རྣམ་པ་དག་གཅིག་རྗེས་གཉིས་མཐུད་དུ་གློག་བརྙན་སྟོན་པར་ལྟར་འཆར།

ཕང་ཁྲང་གིས་ཞིམ་མངར་ལྡན་པའི་ཁྲིག་ལེ་ཞིག་བཟས་རྗེས"ངེད་གཉིས་མཉམ་སྒྲིལ་བྱས་ན་ཅ་ལག་དེ་བས་མང་བ་འཁྱེར་ཐུབ"ཟེར།

དེ་ལྟར་རིམ་བཞིན་ཨ་རྟང་དང་ཕང་ཁྲང་གིས་ཀུང་སི་ཙ་སྒྱུར་སྐྱེལ་ཅ་ལག་ལེན་པར་འགྲོ་དུས་ཅ་ལག་མང་པོ་ཞིག་སྐོག་ཏུ་ཉར་གྱི་ཡོད་ཅིང་ལག་ཏུ་ཐེབས་པའི་ཅ་ལག་དག་པོ་གཉིས་ཕྱེད་ཀ་བྱས་ནས་ཉར་གྱི་ཡོད། པོ་གཉིས་ཉིན་ལྟར་འཛེགས་དངངས་དང་ཞེད་སྣང་ཁྲོད་འཚོ་དགོས་ནའང་པོ་གཉིས་ཀྱི་འཚོ་བའི་ཆ་རྐྱེན་ཐར་ལས་ཇེ་བཟང་དུ་འགྱུར་ཡོད།

ཉིན་ཞིག་ཨ་རྟང་དང་ཕང་ཁྲང་གིས་སྐོག་ཏུ་སྒྱུར་སྐྱེལ་ཅ་ལག་ཅིག་ཉར་ནས་ཁ་ཕྱེ་སྐབས་དེའི་ནང་དུ་གསེར་གྱི་མགུལ་རྒྱན་ཞིག་དང་གསེར་གྱི་ལག་གདུབ་ཅིག་ཡོད་པ་མཐོང་། ཕང་ཁྲང་གི་སེམས་སུ་ཅ་ལག་འདི་དག་ནི་གྲོང་ཁྱེར་གྱི་ཕྱུག་བདག་དག་གི་ཡིན་པ་དང་ཅ་ལག་གོང་ཆེན་ཡིན་པས་ཁོ་པར་ཞེད་སྣང་སྐྱེས་ཏེ"འདི་དག་སྐོག་ཏུ་ཉར་ན་གནས་ཚུལ་མི་ལེགས་སམ"ཞེས་ཨ་རྟང་ལ་དྲིས།

"སྐྱུག་པ་རང་ཡིན་ན། ལག་ཞོར་གཏོང་བ་ནི་རྐུ་བརྐྱབ་པར་རྩི་གི་མ་རེད"ཨ་རྟའང་གིས་གནས་ཚུལ་དེར་སྣང་བ་སྤྲ་ཙམ་མི་གཏོང་བར་གསེར་གྱི་ལག་གདུབ་དེ་རང་གིས་ཉར་བ་དང་གསེར་གྱི་མགུལ་རྒྱན་དེ་ཕང་ཁྲང་ལ་སྤྲད།

ཨ་རྟའང་གིས་དེ་ལྟར་བཤད་པས་ཕང་ཁྲང་བློ་བདེ་ཏུ་སོང་སྟེ་ཁོས་གསེར་གྱི་མགུལ་རྒྱན་དེ་ཉེ་འཁོར་གྱི་གསེར་ཚས་ཚོང་ཁང་ཞིག་ཏུ་སྒོར་གསུམ་སྟོང་ལ་བཙོངས་ནས་དངུལ་སྨར་དུ་བརྗེས།

ཉིན་ཤས་ཀྱི་རྗེས་སུ། གསེར་ཚས་ཚོང་ཁང་གི་སྤྱིན་བདག་གིས་ཕང་ཁྲང་གིས་བཙོངས་པའི་གསེར་གྱི་མགུལ་རྒྱན་དེར་གནས་ཚུལ་ཡོད་པ་ཤེས་ནས་ཉེན་རྟོག་པར་སྙན་སེང་ཞུས། ཨ་རྟའང་དང་ཕང་ཁྲང་དུས་རྒྱུན་ལྟར་ཀུང་སི་ཁུ་ཅ་ལག་ལེན་པར་བསྐྱོད་པའི་སྐབས་སུ་ལམ་བར་དུ་ཉེན་རྟོག་པས་ཁོ་གཉིས་འཛིན་བཟུང་བྱས།

"ངས་ལག་ཞོར་གཏོང་བ་ཙམ་ཡིན"ཕང་ཁྲང་གིས་ད་དུང་ཡང་གནས་ཚུལ་ཇ་དྲག་ཇི་ལྟར་ཡིན་མིན་མི་ཤེས།

"ཁྱེད་ཀྱིས་ཁྲིམས་རྙོད་པ་སྐད་རྒྱག་ནའང་འགྲིག་གི་རེད། ཡིན་ན་ཁྱེད་ཀྱི་ནག་ཉེས་ཡང་དུ་འགྲོ་མི་སྲིད"བསམ་ཤེས་མེད་པའི་གཞོན་ནུ་དེར་ཉེན་རྟོག་པས་གང་ཞིག་བཤད་དགོས་མིན་ཡང་མི་ཤེས།

ཁྲིམས་ཁང་དུ་འདྲི་ཞིབ་བྱེད་པའི་བརྒྱུད་རིམ་ནང་ཕང་ཁྲང་གིས་རང་གིས་མྱུར་སྐྱེལ་ཀུང་སི་ཁུ་ཅ་ལག་ཇི་ལྟར་སྐོག་ཉར་བྱེད་པའི་སྐོར་དྲང་པོར་བཤད།

"ངའི་དོ་བདག་གིས་ལས་ཀའི་བརྒྱུད་རིམ་ནང་ལས་གནས་ཀྱི་སྟབས་བདེ་དང་

བསྟུན་ནས་སྒྱུར་སྐྱེལ་དངོས་པོ་ཁ་ཕྱེ་བའི་སྐབས་དེར་རྒྱུ་ནོར་བསླུ་བྲིད་ལས་མགུལ་རྒྱན་དེ་ཉར་བ་ཙམ་ལས་རྐང་བཙུགས་ནས་དངོས་པོ་རྙོག་ཉར་བྱེད་པ་མིན། སྣང་ཚུལ་འདི་ནི་ཚུལ་མིན་གྱི་དངོས་པོ་ཉར་བ་ཙམ་ལས་རྐུ་འཕྲོག་གི་གྱོད་དོན་མ་རེད”ཞང་ཁྲང་གི་ཁྲིམས་རྩོད་པར་གདེང་ཚོད་མེད་ནའང་དེ་ལྟར་དག་ཐེར་བྱེད་བཞིན་ཡོད།

“«ཉེས་ཁྲིམས»ཀྱི་དོན་ཚན་ཉིས་བརྒྱ་རེ་བཞི་པའི་ནང་། གཞུང་སྒེར་གྱི་ནོར་རྫས་འབོར་ཆེ་ཙམ་མམ་ཡང་ན་ཐེངས་མང་རྐུ་འཕྲོག་བྱས་པ། ཡང་ན་ཁྱིམ་ཚང་དུ་འཛུལ་ནས་འཕྲོག་བཅོམ་བྱས་པ་དང་། ཡང་ན་མཚོན་ཆ་ཁྱེར་ཏེ་བཙན་འཕྲོག་བྱས་རིགས་ལ་དུས་བཙོན་ལོ་གསུམ་མན་ནམ་བཙན་ཉར་ལས་བསྐུལ་ལམ་ཡང་ན་རྩིས་སྐྱོད་དོ་དམ་གྱི་ཉེས་ཆད་གཅོད་རྒྱུ་དང་། དངུལ་ཆད་ཆབས་སྒྲིགས་སུ་གཅོད་རྒྱུའམ་གཅིག་པུར་གཅོད་རྒྱུ། རྒྱུ་ནོར་འབོར་ཆེན་རྐུ་འཕྲོག་བྱས་པའམ་ཉེས་ཚབས་ཆེ་བའི་གནས་ཚུལ་གཞན་ཡོད་རིགས་ལ་དུས་བཙོན་ལོ་གསུམ་ཡན་ནས་ལོ་བཅུ་མན་བར་གྱི་ཉེས་ཆད་གཅོད་རྒྱུ་དང་། དངུལ་ཆད་ཀྱང་ཆབས་སྒྲིགས་སུ་གཅོད་རྒྱུ། གོང་གསལ«ཉེས་ཁྲིམས»ཀྱི་དོན་ཚན་གཞིར་བཟུང་། ཞུ་སྙོར་ཕྱི་མའི་བྱ་སྤྱོད་དེ་རྐུ་འཕྲོག་གི་ཉེས་པ་བསགས་པ་རེད”ཁྲིམས་ཁང་ནས་ཞང་ཁྲང་གི་ཁྲིམས་རྩོད་པའི་དག་ཐེར་ལ་དང་ལེན་མ་བྱས་པར་མཐར་ཨ་ཧྭང་ལ་དུས་བཀག་བཙོན་འཇུག་ལོ་གསུམ་དང་ཟླ་བ་དྲུག་དང་། ཞང་ཁྲང་ལ་དུས་བཀག་བཙོན་འཇུག་ལོ་གཅིག་དང་ཟླ་བ་དྲུག་གི་ཁྲིམས་ཐག་བཅད།

“རྐུ་འཕྲོག་གི་ཉེས་པ་དང་ཚུལ་མིན་ཁེ་ཐོབ་ཀྱི་རྩ་བའི་ཁྱད་པར་ནི། རྐུ་འཕྲོག་གི་ཉེས་པ་ནི་བྱ་སྤྱོད་སྤེལ་མཁན་གྱིས་རང་འགུལ་གྱི་ཐོག་ནས་གཞན་གྱི་དངོས་པོ་རྙོག་ཏུ་ཐོབ་པར་བྱས་པ་དང་། ཚུལ་མིན་གྱི་ཁེ་ཐོབ་ནི་བྱ་སྤྱོད་སྤེལ་མཁན་ནི་གཞན་དབང་དུ་

འགྱུར་པའི་ཁྱད་པར་རེད། གྲོད་དོན་འདིའི་ནང་དུ་ཞུ་སྦྱོར་ཕྱི་མས་རང་འགྲུལ་གྱིས་ཐོག་ནས་གཞན་གྱི་དངོས་པོ་རྙོག་ཏུ་ཉར་བ་ཡིན་པས་ཀ་འཁྲོག་གི་ཉེས་པ་བསགས་པ་རེད" ཁྲིམས་དཔོན་གྱིས་དེ་ལྟར་འགྲེལ་བཤད་བྱས།

"ལག་ཞོར་གཏོང་བ་ནི་ཁྲིམས་དང་འགལ་བ་རེད"ཞང་ཁྲང་མགོ་བོ་སྣད་ནས་འདུག

(རྩོམ་ཡིག་ཁྲོད་ཀྱི་མིའི་མིང་ནི་གསང་མིང་ཤ་སྟག་ཡིན)

ཁྲིམས་ལུགས་ཤེས་བྱ་འདྲེན་པ།

«ཉེས་ཁྲིམས»ཀྱི་དོན་ཚན་ཉིས་བརྒྱ་རེ་བཞི་པའི་ནང་། གཞུང་སྒེར་གྱི་ནོར་རྫས་འབོར་ཆེ་ཙམ་ཡང་ན་ཐེངས་མང་ཀ་འཁྲོག་བྱས་པ། ཡང་ན་ཁྱིམ་ཚང་དུ་འཛུལ་ནས་འཁྲོག་བཅོམ་བྱས་པ་དང་། ཡང་ན་མཚོན་ཆ་ཁྱེར་ཏེ་བཙན་འཁྲོག་བྱས་རིགས་ལ་དུས་བཙོན་ལོ་གསུམ་མན་བཙན་ཉར་ལས་བཀྲུལ་ལམ་ཡང་ན་རྩིས་སྐྱོད་དོ་དམ་གྱི་ཉེས་ཆད་གཅོད་རྒྱུ་དང་། དངུལ་ཆད་ཆབས་སྦྲགས་སུ་གཅོད་རྒྱུའམ་གཅིག་པུར་གཅོད་རྒྱུ། རྒྱུ་ནོར་འབོར་ཆེན་ཀ་འཁྲོག་བྱས་པའམ་ཉེས་ཚབས་ཆེ་བའི་གནས་ཚུལ་གཞན་ཡོད་རིགས་ལ་དུས་བཙོན་ལོ་གསུམ་ཡན་ནས་ལོ་བཅུ་མན་པར་གྱི་ཉེས་ཆད་གཅོད་རྒྱུ་དང་། དངུལ་ཆད་ཀྱང་ཆབས་སྦྲགས་སུ་གཅོད་རྒྱུ། རྒྱུ་ནོར་ལྷག་པར་འབོར་ཆེན་ཀ་འཁྲོག་བྱས་པའམ་ཉེས་ཚབས་ལྷག་པར་ཆེ་བའི་གནས་ཚུལ་གཞན་དག་ཡོད་རིགས་ལ་དུས་བཙོན་ལོ་བཅུ་ཡན་ནམ་ཚེ་བཙོན་གྱི་ཉེས་ཆད་གཅོད་རྒྱུ་དང་། དངུལ་ཆད་དམ་རྒྱུ་ནོར་གཞུང་བཞེས་གཏོང་རྒྱུའི་ཉེས་ཆད་ཀྱི་ཉེས་ཆད་ཆབས་སྦྲགས་སུ་

གཙོད་རྒྱུ།

«དམངས་ཁྲིམས་སྤྱི་སྒྲོལ»གྱི་དོན་ཚན་གོ་གཉིས་པའི་ནང་། ཁྲིམས་མཐུན་གྱི་ཁུངས་གཞི་མེད་པར་རྒྱལ་མིན་ཁེ་ཕོབ་ལ་འཇུག་ནས་མི་གཞན་ལ་གྱོང་གུན་བཟོས་ཚེ་གྱོང་གུན་བཟོས་པའི་རིན་པ་དག་ཆད་ལྷགས་མེད་པར་གསོད་འཚེ་ཕོག་མཁན་ལ་འཇལ་དགོས།

གདམ་རྒྱུད་འདིའི་ནང་ཨ་སྟང་དང་ཕང་ཁྲང་གིས་སྒྱུར་སྐྱེལ་ཅ་ལག་ཀུ་བ་དེ་ནི“རང་འགུལ་གྱིས་ཕོག་ནས་སློག་ཏུ་གཞན་གྱི་རྒྱུ་དངོས་ཀུ་བའི་བྱ་སྤྱོད”ཅིག་ཡིན་པས་ཀུ་འཕྲོག་ནག་ཉེས་ཀྱི་གདན་འབེབས་ལྟར་ཐག་གཅོད་བྱེད་པ་རེད།

༧ གང་བྱུང་དུ་སྒྲོག་མི་རུང་བའི་“སྒྲང་གཏམ”

ཞའོ་ཐུང་ལོ་༧པ་ལ་སོན་ཡོད་ཅིང་དམའ་འབྲིང་ལོ་རིམ་གསུམ་པའི་སློབ་མ་ཞིག་ཡིན། ཞའོ་ཐུང་གི་སྐད་བརྡའི་ནུས་པ་ཡག་པོ་ཡོད་པ་མ་ཟད་སློབ་མའི་དབར་གྱི་གནས་ཚུལ་གསར་པ་ལ་ཚོར་བ་སྐྱེན་པོ་ཡོད་པས་སློབ་གྲྭའི་ནང་དུ་ཕོ་མོས་མ་ཤེས་པའི་གནས་ཚུལ་གཅིག་ཀྱང་མེད། གལ་ཏེ་ཕོ་མོས་ཤེས་པའི་གནས་ཚུལ་ཞིག་ཡིན་ཚེ་ཕོ་མོས་མགྱོགས་མྱུར་ངང་གནས་ཚུལ་དེ"ཁྱབ་གདལ"བྱེད་ཀྱི་ཡོད་པས་སློབ་མ་དག་གི་ཕོ་མོར"གསར་འགྱུར་གྱི་དུང་ཆུང་ཆུང"ཞེས་འབོད་ཀྱི་ཡོད། ཡིན་ནའང་ཉིན་ཤས་ཀྱི་སྔོན་དུ་ཕོ་མོས་སྒྲིག་མི་ཐུང་བའི་"སྲང་གཏམ"ཞིག་གཞན་ལ་བཤད་པས་ཕོ་མོར་བརྗེད་པར་དཀའ་བའི་བསླབ་བྱ་ཞིག་ཐོབ་བྱུང་།

ཞའོ་ཐུང་གི་ཨ་ནེ་འབྲིང་བ་ནི་གྲོང་ཁྱེར་མཐའ་ཁུལ་དུ་བསྡད་ཡོད་པ་དང་ཨ་ནེའི་སྡོད་ཁང་དང་ཐག་མི་རིང་བའི་ས་ན་བཙོན་ཁང་ཞིག་ཡོད་ཅིང་བཙོན་ཁང་དེའི་ནང་དུ་ཉེས་པ་སྒྱི་བའི་བཙོན་པ་མང་པོ་བཙོན་འཛུག་བྱས་ཡོད། ཞའོ་ཐུང་ཨ་ནེ་འབྲིང་བའི་ནང་ལ་སོང་ཚེ་བཙོན་ཁང་དུ་འགྲོ་བའི་ལམ་དེ་ངེས་པར་དུ་བསྐྱོད་དགོས་པ་དང་དུས་རྒྱུན་ཞའོ་ཐུང་ཨ་ནེའི་ནང་ལ་འགྲོ་དུས་ལམ་ནས་བཙོན་པར་ཐུག་འཕྲད་བྱེད་དུ་ཡོང་མཁན་གྱི་མི་མང་པོ་མཐོང་རྒྱུ་ཡོད།

གཟའ་ཉི་མའི་ཉིན་ཞིག་ལ་ཞའོ་ཐུང་ཨ་ནེའི་ནང་ལ་རྩེད་མ་རྩེ་བར་སོང་། ཞའོ་ཐུང་གིས་ལམ་ནས་རྒྱུས་མངའ་ཡོད་པའི་རྒྱབ་གཟུགས་ཤིག་མཐོང་བ་དང་ཕོ་མོས་ཞིབ་ཏུ་བལྟས་པས་དེ་ནི་ཕོ་ཚོའི་འཛིན་གྲྭའི་སློབ་མ་ཞའོ་ཡུན་ཡིན་པ་ཤེས། ཞའོ་ཡུན་ནི་སློབ་སྦྱོང་གི་སྒྲུང་འབྲས་བཟང་ཐོག་ཕོ་མོ་ནི་དགེ་རྒན་དང་སློབ་མ་དག་གི་སེམས་སུ་སྤྱོད་བཟང་གཉིས་ལྡན་གྱི་སློབ་མ་ཡག་པོ་ཞིག་ཡིན་པས་ཕོ་མོ་བཙོན་ཁང་དུ་བསྐྱོད་དོན་གང་ཡིན་

ནམ། ཞའོ་ཐུང་གིས་དེ་ལྟར་བསམ་བཞིན་ཡ་མཚན་སྐྱེས་ནས་གནས།

ཞའོ་ཐུང་གིས་གནས་ཚུལ་དེ་ཡང་སྙིང་གང་འདྲ་ཡིན་མིན་བརྟག་ཞིབ་ཆེད་པོ་མོས་ཞའོ་ཡུན་གྱི་རྒྱབ་ནས་ཁུ་སིམ་སིམ་དང་རྗེས་དེད་བཏང་ནས་ཡོང་། ཐུང་ཙམ་ནས་ཞའོ་ཡུན་བཙོན་ཁང་གི་རྒྱལ་སྒོའི་ནང་དངོས་སུ་འཛུལ་བ་ཞའོ་ཐུང་གིས་མཐོང་། བཙོན་ཁང་དེའི་སྒོ་སྲུང་ཧ་ཅང་དམ་པོ་ཡོད་པས་གལ་ཏེ“དམིགས་བསལ་གྱི་དབང་ཆ”མེད་ན་བཙོན་ཁང་དུ་འཛུལ་མི་ཐུབ་པས་ཞའོ་ཐུང་གིས་ཀྱང་བཙོན་ཁང་སྒོ་འགྲམ་ནས་འགྲོ་མཚམས་བཞག་ཡིན་ནའང་ཞའོ་ཐུང་གིས་ཞའོ་ཡུན་གྱི་གནས་ཚུལ་དེའི་སྐོར་འོལ་ཚོད་བྱེད་ཀྱི་ཡོད། ཞའོ་ཐུང་གི་སེམས་སུ“དེ་སྔོན་གྱི་ཁྲིམ་བདག་ཚོགས་འདུ་དེ་དག་ནང་ཞའོ་ཡུན་གྱི་ཨ་མ་མ་གཏོགས་ཞའོ་ཡུན་གྱི་ཨ་ཕ་ཡོང་མཁན་མི་འདུག་པས། ད་ལྟ་ཞའོ་ཡུན་ཨ་ཕ་བཙོན་ཁང་དུ་ཚུད་ཡོད་ངེས་རེད”ཞའོ་ཐུང་གིས་དེ་ལྟར་བསམ་བཞིན་ཚོད་དཔག་བྱས།

“གནས་ཚུལ་དེ་ནི་སློབ་གྲོགས་དག་གི་ངོས་ནས་བཤད་ན་ཇོ་དྲག་གི་གསར་འགྱུར་ཞིག་རེད”གཟའ་ཟླ་བའི་ཞོགས་པར་ཞའོ་ཐུང་གིས“ཞའོ་ཡུན་གྱི་ཨ་ཕ་ནི་ནག་ཉེས་ལྡེ་མོ་བསགས་པའི་ཉེས་ཅན་པ”ཡིན་པའི“སྲང་གཏམ”དེ་ཞའོ་ཡུན་ཕུད་པའི་སློབ་མ་ཚང་མར་བཤད་པ་དང་ད་དུང་སློབ་མ་དག་ལ་སྲང་གཏམ་དེ“ཕྱིར་མི་གྱུར་བའི”བཙལ་གཏམ་བྱེད།

ཞའོ་ཐུང་གིས“སྲང་གཏམ”དེ་སློབ་མ་དག་ལ་བཤད་རྗེས་སློབ་མ་དག་གིས་ཞའོ་ཡུན་ལ་བལྟ་བའི་མིག་མདངས་སྔར་དང་མི་འདྲ་བར་འགྱུར་འདུག

སློབ་མ་དག་གིས་ཞའོ་ཡུན་ལ་དུས་རྒྱུན་དང་མི་འདྲ་བའི་རྣམ་འགྱུར་སྟོན་ནའང་ཞའོ་ཡུན་གྱིས་དེའི་རྒྱུ་རྐྱེན་སྐོར་གཏིང་འདྲི་མི་བྱེད་པས་ཞའོ་ཐུང་གི་སེམས་སུ་དེ་ནི་རྒྱུན་ལྡན་གྱི་གནས་ཚུལ་ཞིག་མ་རེད་སྙམ་ནས་བསྡད། ཉིན་ཤས་རིང་རྒྱུན་མཐུད་ནས་གནས་

ཚུལ་འགག་ཐོན་བྱུང་། ཞའོ་ཧུང་གི་སེམས་སུ་དེ་སྔོན་རང་ཉིད་ཀྱིས་ཞའོ་ཡུན་སྐོར་གྱི་"སྲང་གཏམ"འགག་སློབ་གྲོགས་དག་ལ་བཤད་མྱོང་བ་དང་ད་ལྟ་བསམ་ན་"སྲང་གཏམ"དེ་དག་རང་གིས་བརྟག་དཔྱད་མ་བྱེད་པར་གང་བྱུང་དུ་སློབ་གྲོགས་དག་ལ་བཤད་པ་ནི་རང་གི་ནོར་འདུག་སྙམ།

དེ་ཉིན་ལུས་རྩལ་སློབ་ཚན་ཡིན་པ་དང་ཞའོ་ཡུན་གྲོད་ཁོག་ན་ནས་ཡོད་པས་ཁོ་མོ་སློབ་ཁང་དུ་བསྡད་ཡོད། ལུས་རྩལ་སློབ་ཚན་གྲོལ་ནས་ཞའོ་ཧུང་སློབ་ཁང་དུ་སླེབས་དུས་རང་ཉིད་ཀྱི་ལྟུགས་སྨྱུག་ཅིག་མེད་པ་མཐོང་བ་དང་སློབ་ཁང་ནང་ཞའོ་ཡུན་ལས་མེད་པས་ཁོ་མོའི་སྨྱུ་གུ་རྐུ་མཁན་གྱི་"དོགས་ཡོད་ཉེས་ཅན"ནི་ཞའོ་ཡུན་ཡིན་པ་གཏན་འཁེལ་བྱས།

"སུས་ངའི་ལྟུགས་སྨྱུག་བརྐུས་པ་ཡིན། རང་འགུལ་ངང་རྩིས་སྤྲོད་བྱེད་དགོས"ཞའོ་ཧུང་གིས་སློབ་ཁང་ནང་དུ་སྐད་ཤུགས་ཆེན་པོས་དེ་ལྟར་བཤད། ཞའོ་ཧུང་གི་སེམས་སུ་ཞའོ་ཡུན་གྱིས་རང་ཉིད་ཀྱི་སྨྱུ་གུ་དེ་རང་འགུལ་ངང་རྩིས་སྤྲོད་བྱེད་ངེས་རེད་སྙམ་ནའང་ཞའོ་ཡུན་གྱིས་སྐད་ཆ་ཚིག་གཅིག་ཀྱང་མ་བཤད།

ཞའོ་ཡུན་གྱི་བྱེད་སྟངས་དེར་ཞའོ་ཧུང་འཚིག་པ་ཟ་ནས་ཡོད་ཅིང་གོ་སྐབས་ཤིག་བཙལ་ནས་ཞའོ་ཡུན་ལ་ལན་སློག་དགོས་སྙམ། ཞའོ་ཧུང་ལ་གོ་སྐབས་རག་བྱུང་། ཁོ་མོས་ཤོག་བུ་ཞིག་གི་སྟེང་དུ"ཞའོ་ཡུན་ནི་རྐུ་མ་རེད། མོའི་ཨ་ཕ་ནི་ཇག་པ་རེད"ཅེས་པའི་ཡི་གེ་འགག་བྲིས་ནས་ཞའོ་ཡུན་གྱིས་དོ་སྣང་མ་བྱེད་པའི་སྐབས་དང་བསྟུན་ནས་ཁོ་མོའི་སྒལ་པའི་སྟེང་དུ་སྦྱར། དེར་བརྟེན་ཞའོ་ཡུན་ས་ཆ་གང་དུ་སོང་ནའང་སློབ་མ་དག་གིས་ཁོ་མོར་མཛུབ་མོ་བཙུགས་ནས་འཕྱ་སྨོད་བྱེད་བཞིན་ཡོད།

ཞའོ་ཡུན་སེམས་སྡུག་གི་མིག་ཆུ་གཏོང་བཞིན་འདུག པོ་མོས་དོན་དེ་འཛིན་གྲྭའི་ཀྲུའུ་རེན་ལ་གཏུག་བཤེར་བྱས། འཛིན་གྲྭའི་ཀྲུའུ་རེན་གྱིས་ཞའོ་རུང་དང་ཞའོ་ཡུན་གཉིས་རང་གི་གཞུང་ལས་ཁང་དུ་བོས་ནས་དོན་དག་དེའི་འབྱུང་ལུགས་འབྱུང་རྐྱེན་སྐོར་སྐད་ཆ་དྲིས།

"པོ་མོས་ངའི་ལྷུགས་སྨྱུག་བརྐུས་ཚོག་ན་ངས་པོ་མོར་རྩེད་མོ་རྩེ་མི་ཚོག་པ་གང་ཡིན་ནམ"ཞའོ་རུང་གི་སེམས་སུ་དེ་ནི་རང་ཉིད་ཀྱིས་ཞའོ་ཡུན་ལ་ཀུ་རེ་བྱས་པ་ཙམ་ཡིན་སྙམ་ནས་དེ་ལྟར་བཤད།

"རྩེད་མོ་དེ་འདྲ་རྩེ་རུང་ངམ། ཞའོ་ཡུན་གྱིས་རང་གི་སྨྱུ་གུ་བརྐུས་སོང་ངམ། རང་ལ་དཔང་རྟགས་ཡོད་དམ"འཛིན་གྲྭའི་ཀྲུའུ་རེན་གྱིས་བསྟུད་མར་དྲི་བ་འགའ་བཏོན་པས་ཞའོ་རུང་ལ་སྐད་ཆ་ཤོད་རྒྱུ་མེད་པར་འགྱུར།

ཞའོ་རུང་གིས་བསམ་གཞིག་ནན་ཏན་བྱེད་དུས་ཞའོ་ཡུན་གྱིས་རང་ཉིད་ཀྱི་སྨྱུ་གུ་དངོས་སུ་བརྐུས་པ་མཐོང་མེད་པས་རང་ཉིད་ཀྱིས་ཚོད་དཔག་བྱས་པ་ཙམ་གྱིས་བདེན་དཔང་གང་ཡང་བྱེད་ཐུབ་ཀྱི་མ་རེད་སྙམ།

"ཁྱེད་ཀྱིས་ངའི་རྒྱབ་ལ་གཤེ་གཤེ་བཏང་བར་ང་འཚོག་པ་ཟ་གི་མི་འདུག ཡིན་ནའང་ཁྱེད་ཀྱིས་ངའི་ཨ་ཕར་སྐྱོན་འདོགས་བྱེད་མི་ཚོག"ཞའོ་ཡུན་གྱིས་མིག་ཆུ་གཏོང་གིན་དུ་དེ་ལྟར་བཤད་པ་དང་ཞའོ་རུང་གིས་རང་ཉིད་ལ་དགོངས་དག་ཞུ་དགོས་ཟེར།

"ཡིན་ནའང་དེ་ཉིན་ཁྱེད་བཙོན་ཁང་དུ་འཛུལ་བ་ངས་དངོས་སུ་མཐོང་བྱུང"ཞའོ་རུང་གི་སེམས་སུ་འདྲི་རྟགས་མང་པོ་འཁོར་ནས་ཡོད་པས་པོ་མོས་དེ་ལྟར་བཤད།

"ངའི་ཨ་ཕ་བཙོན་ཁང་དུ་གཙང་སྦྲ་བྱེད་མཁན་རེད། ཁོང་གིས་རང་གི་ལག་གཉིས་

ལ་བརྟེན་ནས་དཀའ་ལས་མང་པོ་བརྒྱབ་སྟེ་དངུལ་གསོག་བཞིན་ཡོད། ཁྱེད་ཀྱིས་ངའི་ཨ་ཕ་ཉེས་ཅན་པ་རེད་ཅེས་སྐྱོན་འདོགས་བྱེད་དོན་གང་ཡིན་ནམ”ཞའོ་ཡུན་གྱི་སེམས་སུ་རང་གི་ཨ་ཕར་མ་ཉེས་ཁག་གཡོགས་བྱས་བྱུང་སྙམ་ནས་དེ་ལྟར་བཤད།

“ག་རེ……”གནས་ཚུལ་འདི་དེ་འདྲ་ཞིག་ཡིན་པ་ཞའོ་ཊང་གི་བསམ་ཡུལ་ལས་འདས་པས་ཁོ་མོས་མགྱོགས་མྱུར་ངང་ཞའོ་ཡུན་ལ་ངས་ཀུ་རེ་དང་བཅས་བཤད་པ་ཡིན་རང་གིས་སེམས་འཛིན་མ་བྱེད་རོགས་ཟེར།

“ཁྱེད་ཀྱིས་ངའི་མཚན་སྙན་ལ་གནོད་འཚེ་བཏང་བྱུང་། ཁྱེད་ཀྱིས་དགོངས་དག་མ་ཞུ་ན་ངས་ཁྲིམས་ཁང་ལ་གཏུག་བཤེར་བྱ་རྒྱུ་ཡིན”ཞའོ་ཡུན་གྱིས་བཤད།

“«དམངས་ཁྲིམས་སྤྱི་སྒྲོལ»གྱི་དོན་ཚན་བརྒྱ་དང་གཅིག་གི་ནང་དུ། སྤྱི་དམངས་དང་ཁྲིམས་མིར་མིང་གྲགས་ཀྱི་བདག་དབང་ཡོད། སྤྱི་དམངས་ཀྱི་མིའི་ངོ་དང་ལ་རྒྱར་བཅའ་ཁྲིམས་ལས་སྲུང་སྐྱོང་བྱ་རྒྱུ་དང་། དམའ་འབེབས་དང་སྐྱུར་འདེབས་སོགས་བྱས་ནས་སྤྱི་དམངས་དང་། ཁྲིམས་མིའི་མིང་གྲགས་ལ་གནོད་འཚེ་གཏོང་རིགས་གཏན་ནས་མི་ཆོག «དམངས་ཁྲིམས་སྤྱི་སྒྲོལ»གྱི་དོན་ཚན་བརྒྱ་དང་ཉི་ཤུ་པའི་ནང་གསེས་དོན་ཚན་དང་པོའི་ནང་། སྤྱི་དམངས་ཀྱི་རང་མིང་བདག་དབང་དང་། བརྙན་པར་གྱི་བདག་དབང་། མིང་གྲགས་ཀྱི་བདག་དབང་། གཟི་བརྗིད་མཚན་སྙན་གྱི་བདག་དབང་བཅས་ལ་བཙན་གནོད་བྱུང་ན་བཙན་གནོད་བྱེད་མཚམས་འཛོག་རྒྱུ་དང་། མིང་གྲགས་སླར་གསོ་བྱ་རྒྱུ། མིག་ལྟོས་ཤས་རྐྱེན་བསལ་རྒྱུ། དགོངས་སེལ་ཞུ་དགོས་རྒྱུ་བཅས་ཀྱི་བླང་བྱ་འདོན་དབང་ཡོད་པར་མ་ཟད། གུན་གསབ་དགོས་པའི་བླང་བྱ་ཡང་བཏོན་ཆོག ”འཛིན་གྲྭའི་ཀྲུའུ་རེན་གྱིས་ཞའོ་ཊང་ལ་སྐྱོན་བརྗོད་བྱས་པ་དང་ཁོ་མོར་ཞའོ་ཡུན་གྱི་མཚན་སྙན་སླར་གསོ་བྱེད་དགོས་

པའི་སྐྱོལ་མ་བྱས།

འཛིན་གྲྭའི་ཀྲུའུ་རེན་གྱི་སློབ་གསོའི་འོག་ཞའོ་རུང་གིས་ཞའོ་ཡུན་ལ་དགོངས་དག་ཞུས། གནས་ཚུལ་དེ་བརྒྱུད་ནས་ཞའོ་རུང་དང་ཞའོ་ཡུན་གཉིས་པོས་ཕན་ཚུན་བསམ་ཤེས་བྱ་རྒྱུ་དེ་ནི་ཧ་ཅང་གལ་ཆེན་པོ་ཡིན་པ་རྟོགས་པ་དང་མཐར་པོ་གཉིས་གྲོགས་མོ་ཡག་ཤོས་སུ་འགྱུར།

（རྩོམ་ཡིག་ཁྲིད་ཀྱི་མིའི་མིང་ནི་གསང་མིང་ཤ་སྟག་ཡིན）

ཁྲིམས་ལུགས་ཀྱི་འབྲེལ་ཡོད་ཤེས་བྱ།

«དམངས་ཁྲིམས་སྤྱི་སྲོལ»གྱི་དོན་ཚན་བརྒྱ་དང་གཅིག་གི་ནང་དུ། སྤྱི་དམངས་དང་ཁྲིམས་མིར་མིང་གྲགས་ཀྱི་བདག་དབང་ཡོད། སྤྱི་དམངས་ཀྱི་མིའི་ངོ་དང་ལ་རྒྱར་བཅའ་ཁྲིམས་ལས་བྱུང་སྐྱོང་བྱ་རྒྱུ་དང་། དམའ་འབེབས་དང་སྐྱུར་འདེབས་སོགས་བྱས་ནས་སྤྱི་དམངས་དང་། ཁྲིམས་མིའི་མིང་གྲགས་ལ་གནོད་འཚེ་གཏོང་རིགས་གཏན་ནས་མི་ཆོག «དམངས་ཁྲིམས་སྤྱི་སྲོལ»གྱི་དོན་ཚན་བརྒྱ་དང་ཉི་ཤུ་པའི་ནང་གསེས་དོན་ཚན་དང་པོའི་ནང་། སྤྱི་དམངས་ཀྱི་རང་མིང་བདག་དབང་དང་། བརྙན་པར་གྱི་བདག་དབང་། མིང་གྲགས་ཀྱི་བདག་དབང་། གཟི་བརྗིད་མཚན་སྙན་གྱི་བདག་དབང་བཅས་ལ་བཙན་གནོད་བྱུང་ན་བཙན་གནོད་བྱེད་མཚམས་འཛོག་རྒྱུ་དང་། མིང་གྲགས་སླར་གསོ་བྱ་རྒྱུ། མིག་ལྟོས་ཤས་རྐྱེན་བསལ་རྒྱུ། དགོངས་སེལ་ཞུ་དགོས་རྒྱུ་བཅས་ཀྱི་བླང་བྱ་འདོན་དབང་ཡོད་པར་མ་ཟད། གུན་གསབ་དགོས་པའི་བླང་བྱ་ཡང་བཏོན་ཆོག

གཏམ་རྒྱུད་འདིའི་ནང་དུ་ཞའོ་ཙུང་གིས་ཞའོ་ཡུན་གྱི་ཨ་ཕ་ཉེས་ཅན་པ་ཡིན་མིན་ར་སྤྲོད་མ་བྱས་པར་འཛིན་གྲྭའི་སློབ་མའི་མདུན་དུ་ཞའོ་ཡུན་གྱི་ཨ་ཕ་ནི་ཉེས་ཅན་པ་རེད་ཅེས་དཀྲོག་གཏམ་བཤད་པའི་བྱ་སྤྱོད་དེས། ཞའོ་ཡུན་གྱི་མིང་གྲགས་ལ་གནོད་འཚེ་དང་ཕོ་མོར་ཤུགས་རྐྱེན་ངེས་ཅན་ཞིག་བཟོས་ཡོད། ཞའོ་ཙུང་གི་བྱེད་སྟངས་དེ་ནི་སྤྱི་དམངས་ཀྱི་མིང་གྲགས་ལ་གནོད་འཚེ་བཏང་བའི་བྱ་སྤྱོད་ཅིག་ཡིན་པས་ཞའོ་ཙུང་གི་བྱ་སྤྱོད་དེ་མཚམས་འཛོག་བྱེད་དགོས་པ་དང་། ཞའོ་ཡུན་ལ་དགོངས་སེལ་ཞུ་དགོས།

༨ དོགས་གཞན་ཡོད་པའི་གཅེན་པོ།

ཞའོ་ལིན་མཐོ་འབྲིང་སློབ་གྲྭ་རུ་འགྲོ་བར་སྐབས་བདེ་ཡོང་བའི་ཆེད་དུ་ཁོའི་ཕ་མ་གཉིས་པོས་སློབ་གྲྭ་དང་ཐག་ཉེ་ས་ཞིག་ནས་ཁང་པ་ཞིག་ཉོས། ཁང་པ་སྤོས་ཟིན་རྗེས་གྲོང་གསེབ་ཀྱི་སྤུན་མཆེད་དག་གཅིག་རྗེས་གཉིས་མཐུད་དུ་ཡོང་བའི་སྣང་ཚུལ་ནི་རྒྱུན་ལྡན་གྱི་རྣམ་པ་ཞིག་ཏུ་གྱུར། ཞའོ་ལིན་ཡང་གྲོང་གསེབ་ཀྱི་སྤུན་མཆེད་དག་ཀུང་ངོ་ཤེས་ནས་གོམས་འདྲིས་སུ་གྱུར། ཡིན་ནའང་ཁོ་པའི་མ་སྤུན་གྱི་གཅེན་པོ་ཞའོ་ཧོའུ་སླེབས་པ་ནས་ཁོ་པར་དོགས་མི་བདེ་བའི་ཚོར་སྣང་ཞིག་སྐྱེད། ཞའོ་ལིན་ལ་རྒྱུ་མཚན་བཤད་རྒྱུ་མེད་རུང་ཉིན་རྒྱུན་དེ་ལྟར་གྱི་དོགས་མི་བདེ་བའི་ཚོར་སྣང་ཞིག་ཡོང་གིན་ཡོད།

དངོས་གནས་བྱས་ན་གཅེན་པོ་ཞའོ་ཧོའུ་སླེབས་པའི་ཉིན་དེར་ཞའོ་ལིན་གྱིས་དོགས་པ་སྐྱེས་ཡོད།

ཁུ་སིམ་སིམ་གྱི་ཕྱི་དྲོ་ཞིག་ལ། ཞའོ་ལིན་ནང་དུ་སློབ་ཚན་བསྐྱར་སྦྱོང་བྱས་ནས་བསྡད་ཡོད། གློ་བུར་དུ་སྒོ་རྡུང་བའི་སྒྲ་ཞིག་གྲགས། ཞའོ་ལིན་གྱིས་སྒོ་གསེབ་ནས་བལྟ་དུས་མི་དེ་མཐོང་མྱོང་བའི་སྣང་བ་ཞིག་ཤར་བ་དང་ཡུན་རིང་བསམ་བློ་གཏོང་མཐར་མི་དེ་ནི་ལོ་མང་མ་ཐུག་པའི་མ་སྤུན་གྱི་གཅེན་པོ་ཞའོ་ཧོའུ་ཡིན་པ་ངོ་ཤེས། ཞའོ་ཧོའུ་ནི་ཨ་ཞང་འབྲིང་བའི་བུ་ཡིན་པ་དང་ད་ལོ་ལོ་ཉི་ཤུ་སོན་ལ་ཉེ། ལོ་བཅུའི་སྔོན་དུ་ཨ་ཞང་འབྲིང་བ་དང་ཁོ་པའི་ཟླ་བོ་ཁག་ཁག་བྱས་པས་ཞའོ་ཧོའུ་རང་གི་ཨ་མ་དང་མཉམ་དུ་ཀོང་ཀྲའུ་རུ་ཕྱིན་པ་རེད། ལོ་དེ་དག་གི་རིང་ལ་ཞའོ་ལིན་གྱིས་གཅེན་པོ་ཞའོ་ཧོའུ་སྐོར་གྱི་གནས་ཚུལ་གང་ཡང་གོ་མྱོང་མེད།

གཅེན་པོ་ཞའོ་ཧོའུ་སླེབས་རྗེས་ཞའོ་ལིན་དགའ་ཚོར་ཆེན་པོ་སྐྱེས། དུས་རྒྱུན་ཞའོ་ལིན་གྱིས་ཞའོ་ཧོའུ་ལ་ཇི་ལྟར་བསྟུན་མཁས་བྱས་ནའང་ཞའོ་ཧོའུ་ཡིས་ཞའོ་ལིན་ལ་ཁ་ཡ

བྱེད་འདོད་མེད་པའི་རྣམ་འགྱུར་གྲང་ཤུར་ཤུར་དག་སྟོན་འོང་། ཐོག་མར་ཞའོ་ལིན་གྱི་སེམས་སུ་དེ་ནི་ཁོ་གཉིས་ལོ་མང་རིང་མ་ཐུག་པའི་རྐྱེན་རེད་བསམ་ནའང་ཉིན་ཤས་སོང་རྗེས་ཞའོ་ལིན་གྱིས་གནས་ཚུལ་འདི་དེ་ལྟར་སྟབས་བདེ་མིན་པ་ཤེས།

ཞའོ་ལིན་གྱིས་རང་གི་གཅེན་པོ་ལག་རྩེད་སྤོ་ལོ་རྩེ་རྒྱུར་དགའ་པོ་ཡོད་པ་ཤེས་ནས་རང་གི་གྲོགས་པོ་དག་བོས་ནས་ཁོ་པ་དང་མཉམ་དུ་ལག་རྩེད་སྤོ་ལོ་རྩེ་རྒྱུའི་ཁ་ཆད་བྱས། ཡིན་ནའང་མི་ཚང་མ་འཛོམས་རྗེས་ཞའོ་ཏོའུ་ཡིས་ལས་ཀ་གཞན་དག་ཡོད་པར་ཁག་དགྲིས་ནས་མ་ཡོང་། རྗེས་སུ་ཞའོ་ལིན་གྱིས་རང་གི་གཅེན་པོ་ལས་ཀ་གང་ཡང་མེད་པར་ཉིན་གང་ནང་དུ་བསྡད་ཡོད་པ་ཤེས།

ཞའོ་ལིན་གྱི་སེམས་སུ་གཅེན་པོ་ཞའོ་ཏོའུ་དང་རང་གི་རོགས་པ་དག་གི་བར་ལ་ལོ་ཆེ་ཆུང་གི་ཁྱད་པར་ཤོར་ནས་ཕན་ཚུན་མཐུན་པའི་ཆ་མེད་པ་རེད་སྙམ་པ་དང་། ལག་རྩེད་སྤོ་ལོ་མིན་པའི་རྩེད་མོ་གཞན་དག་རྩེ་བར་ཨུ་ཚུགས་བྱས་ནའང་ཞའོ་ཏོའུ་ཡིས་དང་ལེན་མ་བྱས།

ཞའོ་ལིན་གྱིས་ཇི་ལྟར་བྱས་ནས་གཅེན་པོ་ཞའོ་ཏོའུ་དང་འབྲེལ་འདྲིས་བྱེད་དགོས་སྙམ་པའི་སྐབས་དེར། གྲོང་གསེབ་ནས་འགྲུལ་པ་འགའ་སླེབས་བྱུང་། ཞའོ་ལིན་གྱི་བསམ་ཡུལ་ལས་འདས་པ་ཞིག་ལ་ནང་དུ་འགྲུལ་པ་སླེབས་པའི་ཉིན་དེར་གཅེན་པོ་ཞའོ་ཏོའུ་གར་སོང་ཆ་མེད་དུ་གྱུར།

གཅེན་པོ་ཞའོ་ཏོའུ་ཡི་བྱེད་སྟངས་དེ་དག་ལས་ཞའོ་ལིན་གྱི་སེམས་སུ་གཅེན་པོ་ནི་མི་གཞན་དང་འབྲེལ་འདྲིས་བྱེད་འདོད་མེད་པ་ཤེས། གཅེན་པོས་དེ་ལྟར་བྱེད་དོན་གང་ཡིན་ནམ། ཞའོ་ལིན་གྱི་སེམས་སུ་གཅེན་པོ་ཞའོ་ཏོའུ་ལ་ཏན་ཏན་མི་གཞན་ལ་བརྗོད་དུ་མེད་པའི་གསང་བ་ཞིག་ཡོད་པའི་ཚོར་སྣང་སྐྱེས།

གནས་ཚུལ་གསལ་པོ་ཤེས་ཆེད་ཞའོ་ལིན་གྱིས་ལྐོག་ཏུ་ཕ་མ་གཉིས་པོར་སྐད་ཆ་དྲིས། ཡིན་ནའང་ཕ་མ་གཉིས་པོས་གནས་ཚུལ་གང་ཡང་མི་རྟོགས། ཞའོ་ལིན་གྱི་ཕ་མ་གཉིས་པོའི་སེམས་སུ་རྒྱུན་དུ་ནང་ལ་འཁོར་བའི་སྤུན་མཆེད་ནི་སྤུན་མཆེད་ཀྱི་མཛའ་བརྩེ་ཡོད་མཁན་ཞིག་ཡིན་སྙམ་ནས་ཞའོ་ཧོའུ་ལ་སྔེ་ལེན་གཟབ་རྒྱས་བྱས་པ་ལས་དེ་མིན་གྱི་སྐད་ཆ་གང་ཡང་མ་དྲིས།

ཞའོ་ལིན་གྱི་དྲན་འཆར་ནང་དུ་གཅེན་པོ་ཞའོ་ཧོའུ་ནི་མི་སྦྲོ་སྣང་ཅན་ཞིག་དང་རྩེད་མཚར་ལ་དགའ་བའི་མི་ཞིག་ཡིན་ནའང་ད་ལྟ་གློ་བུར་དུ་གཤིས་ཀ་འདི་ལྟར་འགྱུར་དོན་ཅི་ཡིན་ནམ། འདི་ནི་ཁོ་པའི་ཕ་མ་གཉིས་ཁག་ཁག་བྱས་པས་ཁོའི་སེམས་ལ་ཐོག་ཐུག་བྱུང་བ་མ་ཡིན་ནམ། ཞའོ་ལིན་གྱིས་འདི་ལྟར་བསམ་བཞིན་གཅེན་པོ་ཞའོ་ཧོའུ་སྙིང་ལ་སྙིང་རྗེ་སྐྱེས།

ཡིན་ནའང་རྗེས་སུ་ཐོན་པའི་གནས་ཚུལ་ཞིག་ལས་ཞའོ་ལིན་གྱིས་རང་གི་ཚོར་སྣང་ལ་ཡིད་ཆེས་བྱེད་དགོས་བྱུང་། ཉིན་དེའི་ཞོགས་པར་ཞའོ་ལིན་སློབ་གྲྭར་འགྲོ་བའི་ལམ་བར་དུ་རང་གི་སྒྲོང་ཚན་འཁྱེར་རྒྱུ་བརྗེད་ཡོད་པ་ཤེས་ནས་ཕྱིར་ནང་དུ་ལེན་པར་བསྐྱོད། ནང་དུ་སླེབས་རྗེས་གཅེན་པོ་ཞའོ་ཧོའུ་ཡིས་ཨར་མའོ་ཞེས་པའི་མི་ཞིག་ལ་ཁ་པར་བརྒྱབ་པ་གོ་བ་དང་། གཅེན་པོ་ཞའོ་ཧོའུ་གྱིས་རང་ཉིད་མཐོང་མ་ཐག་ཁ་པར་ཁ་བཀག

ཨར་མའོ་ཞེས་པའི་མི་དེ་སུ་ཡིན་ནམ། ཁོ་དང་གཅེན་པོའི་བར་ལ་འབྲེལ་བ་གང་ཡིན་ནམ། དུས་རྒྱུན་གཅེན་པོས་ཁ་པར་བརྒྱབ་དུས་ལྐོག་ལྐོག་སུད་སུད་བྱེད་དགོས་དོན་གང་ཡིན་ནམ། ཉིན་དེར་ཞའོ་ལིན་གྱི་སེམས་སུ་གཅེན་པོ་ཞའོ་ཧོའུ་དང་ཨར་མའོ་ཞེས་པའི་མིང་འདི་གཉིས་ཡང་སྐོར་བསྐྱར་སྐོར་གྱིས་དྲན་ཡོང་།

སློབ་གྲྭ་གཞི་ནས་གྲོལ་བྱུང་། ཞའོ་ལིན་བྱ་འཕུར་བ་ལྟར་ནང་དུ་ལོག ཞའོ་ལིན་ནང་དུ་སླེབས་དུས་གཅེན་པོ་ཞའོ་ཧོའུ་གསང་སྤྱོད་དུ་ཕྱིན་པ་དང་ཁོ་པའི་སློག་ཀླད་ཁ་ཕྱེ་ཡོད་པ་ཤེས། ཞའོ་ལིན་གྱིས་གཅེན་པོའི་སློག་ཀླད་དུ་ཨར་མའོ་ཞེས་པའི་མི་ཞིག་གི་འཕྲིན་ཡིག་སྐུར་ཡོང་བ་མཐོང་བ་དང་། དེར་ཞིབ་ཏུ་བལྟ་བར་བརྟམ་དུས་གཅེན་པོ་ཞའོ་ཧོའུ་ཤེས་མེད་ཚོར་མེད་ངང་རང་གི་རྒྱབ་ཏུ་ལངས་ཡོད་པ་ཤེས།

"ངས་སྨྲ་གྲུ་ཞིག་འཚོལ་བཞིན་ཡོད"ཞའོ་ལིན་གྱིས་དེ་ལྟར་བཤད་ཙ་ན་གཅེན་པོ་ཞའོ་ཧོའུ་ཡི་ཞལ་ཁང་ནས་ཕྱིར་ཐོན།

ཞའོ་ཧོའུ་ཡིས་རང་གི་གསང་བ་ཇི་ལྟར་སྲུང་ནའང་ཞའོ་ལིན་གྱིས་ཁོ་པའི་གསང་བ་རྟོགས་འདོད་ཀྱི་མཚར་སྣང་ཇེ་ཆེར་འགྲོ་བཞིན་ཡོད། ཡིན་ནའང་རྫུན་མ་ནི་རྫུན་རང་སྟེ་ཤོག་བུས་མེ་བཏུམ་པ་ལྟར་ཡིན་པས་ཉིན་གཉིས་པར་ཞའོ་ལིན་སློབ་གྲྭ་གྲོལ་ནས་ལོག་སླེབས་དུས། གཅེན་པོ་ཞའོ་ཧོའུ་དང་རང་གི་ཨ་མ་ཉེན་རྟོག་པས་ལག་ལྷུགས་བརྒྱབ་ནས་ཁྲིད་ཕྱིན་པ་མཐོང་།

"ཁོང་གཉིས་འཛིན་བཟུང་བྱེད་དོན་གང་ཡིན་ནམ"ཞའོ་ལིན་དངངས་སྐྲག་སྐྱེས།

"ཁོ་ནི་འཛུ་བཟུང་བཀག་རྒྱ་བསྒྲགས་པའི་ཉེས་ཅན་པ་རེད"ཉེན་རྟོག་པས་ཞའོ་ལིན་ལ་དེ་ལྟར་འགྲེལ་བཤད་བྱས་པ་དང་ཞའོ་ལིན་གྱིས་གཅེན་པོ་ཞའོ་ཧོའུ་དང་ཨར་མའོ་ཡིས་རིག་དངོས་རྐུ་འཕྲོག་བྱས་པས་འཛུ་བཟུང་བྱ་རྒྱུའི་ཉེས་ཅན་པ་ཡིན་པ་ཤེས། ཉེན་རྟོག་པས་ཞའོ་ཧོའུ་དང་ཨར་མའོ་ཡི་ཁ་པར་བརྒྱབ་པའི་ཟིན་ཐོ་བཤེར་བ་དང་བརྡ་རྟགས་རྗེས་དེད་ཀྱི་ལག་རྩལ་ལ་བརྟེན་ནས་ཞའོ་ཧོའུ་གང་དུ་གབ་ཡོད་པ་རྩད་ཆོད།

ཞའོ་ལིན་གྱི་སེམས་སུ་ངའི་ཨ་མས་རིག་དངོས་གང་ཡང་རྐུ་འཕྲོག་བྱས་མེད་སྙམ་

བཞིན"ཁྱེད་ཚོས་ངའི་ཨ་མ་འཛིན་བཟུང་བྱེད་དོན་ཅི་ཡིན"ཞེས་དྲིས།

"རང་གི་ཨ་མས་འགེབས་སྲུང་བྱས་པའི་ཉེས་པ་བསགས་ཡོད། «ཉེས་ཁྲིམས»ཀྱི་དོན་ཚན་སུམ་བརྒྱ་དང་བཅུའི་ནང་། བྱས་ཉེས་གསོག་མཁན་ཡིན་པ་ཤེས་བཞིན་དུ་དེ་ལ་གབ་ས་དང་དངུལ་རྫས་འདོན་སྤྲོད་བྱས་ནས་དེ་ལ་བྲོས་བྱོལ་བྱེད་རོགས་བྱས་པའམ་དཔང་པོ་རྫུན་མ་བྱས་ཏེ་འགེབས་སྲུང་བྱས་རིགས་ལ་དུས་བཙོན་ལོ་གསུམ་མན་ནམ་བཙན་ཤར་ལས་བསྐྱུལ་ལམ་རྩིས་སྤྲོད་དོ་དམ་གྱི་ཉེས་ཆད་གཅོད་རྒྱུ་དང་། ཉེས་ཚབས་ཆེ་བའི་རིགས་ལ་དུས་བཙོན་ལོ་གསུམ་ཡན་ནས་ལོ་བཅུའི་མན་བར་གྱི་ཉེས་ཆད་གཅོད་རྒྱུ"རེད་ཅེས་ཉེན་རྟོག་པས་དེ་ལྟར་བཤད།

"ངའི་ཨ་མར་ཉེས་པ་མེད"ཞའོ་ལིན་གྱིས་ངུ་འབོད་བྱེད་བཞིན་དེ་ལྟར་བརྗོད། ཞའོ་ལིན་གྱིས་རང་གི་ཨ་མ་སྐྱོབ་ཆེད་ཁྲིམས་རྩོད་པ་རྩེ་གྲ་ཞིག་བཙལ་འཚོལ་བྱས།

ཁྲིམས་ཁང་དུ་འདྲི་གཅོད་བྱེད་པའི་སྐབས་སུ་དོགས་ཡོད་ཉེས་ཅན་པ་ཞའོ་ཧོའུ་ཡིས་ཞའོ་ལིན་གྱི་ཨ་མས་རང་ཉིད་ཉེས་པ་གསོག་བཞིན་པ་གཏན་ནས་ཤེས་ཀྱི་མེད་པའི་དཔང་པོ་བྱས་པས། ཁྲིམས་ཁང་ནས་ཞའོ་ལིན་གྱི་ཨ་མ་ཁག་འགན་བདའ་འདེད་མི་བྱེད་པར་གློད་བགྲོལ་བྱས།

"དངོས་གནས་མི་ཤེས་པ་ལ་ཉེས་པ་མེད། ཡིན་ནའང་དོགས་ཡོད་ཀྱི་གནད་དོན་འཕྲད་ཚེ་ངེས་པར་དུ་ཉེན་རྟོག་པར་སྙན་སེང་ཞུ་དགོས"ཞའོ་ལིན་གྱིས་དེ་ལྟར་བསམ་པ་དང་རང་ཉིད་ལ་བསླབ་བྱ་མང་པོ་ཐོབ་ཅིང་དེ་བས་གལ་ཆེ་བ་ཞིག་ནི་ཕོས་རྗེས་ནས་དོགས་ཡོད་ཀྱི་གནད་དོན་ལ་ཐུར་བས་ཉེན་ཟོན་ཡོད་པར་འགྱུར།

(རྩོམ་ཡིག་ཁྲོད་ཀྱི་མིའི་མིང་ནི་གསང་མིང་ཤ་སྟག་ཡིན)

ཁྲིམས་ལུགས་ཤེས་བྱ་འདྲེན་པ།

«ཉེས་ཁྲིམས»ཀྱི་དོན་ཚན་སུམ་བརྒྱ་དང་བཅུའི་ནང་། བྱས་ཉེས་གསོག་མཁན་ཡིན་པ་ཤེས་བཞིན་དུ་དེ་ལ་གབ་ས་དང་དངུལ་རྫས་འདོན་སྤྲོད་བྱས་ནས་དེ་ལ་བྲོས་བྱོལ་བྱེད་རོགས་བྱས་པའམ་དཔང་པོ་རྫུན་མ་བྱས་ཏེ་འགེབས་སྲུང་བྱས་རིགས་ལ་དུས་བཙོན་ལོ་གསུམ་མན་ནམ་བཙན་ཉར་ལས་བཀོལ་ལམ་རྩིས་སྤྲོད་དོ་དམ་གྱི་ཉེས་ཆད་གཅོད་རྒྱུ་དང་། ཉེས་ཚབས་ཆེ་བའི་རིགས་ལ་དུས་བཙོན་ལོ་གསུམ་ཡན་ནས་ལོ་བཅུའི་མན་བར་གྱི་ཉེས་ཆད་གཅོད་རྒྱུ། གོང་གསལ་ནང་གསེས་དོན་ཚན་ནང་འཁོད་བྱས་ཉེས་བསགས་ཤིང་མ་བསགས་གོང་དུ་ངན་མཐུན་བྱས་པ་ཡིན་རིགས་ལ་མཉམ་དུ་བྱས་ཉེས་བསགས་པར་བརྩིས་ནས་ཉེས་ཆད་གཅོད་རྒྱུ།

"བྱས་ཉེས་གསོག་མཁན་ཡིན་པ་ཤེས་བཞིན་པའི་མི"ཞེས་པ་ནི་འགེབས་སྲུང་ནག་ཉེས་ཀྱི་རང་ངོས་ཀྱི་གྲུབ་ཆ་གལ་ཆེན་ཞིག་ཡིན་ཞིང་བྱ་སྤྱོད་སྤེལ་མཁན་རང་ནས་འགེབས་སྲུང་བྱེད་པའི་མི་དེར་ནག་ཉེས་ཡོད་པ་ཤེས་བཞིན་དུ་འགེབས་སྲུང་བྱ་བ་ལ་ཟེར། དོན་དངོས་ཀྱི་ལག་བསྟར་ཁྲོད་དུ"ཤེས་བཞིན་པ"ཞེས་པ་འདི་ནི་དོགས་ཡོད་ཉེས་ཅན་གྱིས་རྒྱུན་དུ་རང་གི་འགེབས་སྲུང་བྱེད་མཁན་གྱི་མིར"ངས་ཉེས་པ་བསགས་སོང""ཉེན་རྟོག་པས་ང་འཛིན་བཟུང་བྱེད་པར་ཡོང་བཞིན་ཡོད"ཅེས་པ་ལྟ་བུས་མཚོན་ནུས་པ་ཞིག་ལས་ཐད་ཀར་སྨྲས་སྐྱང་དང་འགེབས་སྲུང་བྱེད་པ་ཞིག་མེད་དོ།།

གཏམ་རྒྱུད་འདིའི་ནང་དུ་ཞའོ་ལིན་གྱིས"མ་སྨྱུན་གཅེན་པོའི"ནག་ཉེས་གཏན་ནས་ཤེས་ཀྱི་མེད་པས་ན་འགེབས་སྲུང་ནག་ཉེས་ཉེས་མིང་མ་གྲུབ་པ་རེད།

༨ འགྲིམ་འགྲུལ་ལས་འཛོལ་ལས་ཐོན་པའི་མི་གསོད་གྱོད་གཞི།

ཁྲིན་ཡོན་གྱི་ཁྲིམ་ཚང་ནི་རྒྱུ་འབྱོར་པ་ཅན་གྱི་ཕྱུག་བདག་དེ་འདྲ་མིན་ནའང་རང་རང་ལ་འཚམས་པའི་འཚོ་བ་ཞིག་ལ་ལོངས་སུ་སྤྱོད་ནས་བསྡད་ཀྱི་ཡོད་ཅིང་། ཁྲིན་ཡོན་གྱི་ཕ་མ་གཉིས་པོར་ཕྲུ་གུ་ཁོ་པ་ལས་མེད་པས་རྒྱུན་དུ་ཁོའི་འདོད་པར་བསྟུན་མཁས་བྱེད་པ་དང་ཁོ་པར་ལྷ་གསོལ་ཀླུ་གསོལ་བྱེད་ཀྱི་ཡོད། ཡུན་རིང་མ་སོང་བའི་སྔོན་ཞིག་ཏུ། ཁྲིན་ཡོན་གྱིས་རང་དང་འཛིན་གྲྭ་གཅིག་པ་ཡིན་པའི་ཕྱུག་བདག་གི་ཕྲུ་གུ་དེས་རླངས་འཁོར་ཞིག་ཉོས་ཡོད་པ་མཐོང་བ་དང་། རླངས་འཁོར་དེས་ཁྲིན་ཡོན་གྱི་ཡིད་དབང་རབ་ཏུ་འཕྲོག་པས་ཁོས་ཀྱང་ཕ་མ་གཉིས་པོར་རང་ལ་རླངས་འཁོར་ཞིག་ཉོ་བར་ཨུ་ཚུགས་བྱས། ཕ་མ་གཉིས་པོ་ནི་ཁྲིན་ཡོན་གྱི་གང་དགོས་ཀྱང་ཁོའི་འདོད་པ་བསྟུན་མཁན་ཞིག་ཡིན་པས་ཁྲིན་ཡོན་ལོ་༧༢ལ་སོན་པའི་སྐབས་དེར་དངུལ་བུན་གཡར་ནས་རླངས་འཁོར་ཆུང་ཆུང་ཞིག་ཉོས། བསམ་ཡུལ་ལས་འདས་པ་ཞིག་ལ། ཁྲིན་ཡོན་རླངས་འཁོར་གཏོང་བའི་ལག་འཁྱེར་ལེན་ནས་ཡུན་རིང་མ་སོང་བར་གནས་ཚུལ་ལྷགས་པ་རེད།

ཕ་མ་གཉིས་པོས་ཁྲིན་ཡོན་ལ་རླངས་འཁོར་ཉོས་ནས་ཡུན་རིང་མ་སོང་བར་ཁོས་རླངས་འཁོར་སློབ་གྲྭ་རུ་བཏང་ཡོང་བ་དང་། ཁོས་དུས་རྒྱུན་རླངས་འཁོར་དེ་སློབ་མའི་ཁྲོད་དུ་ངོམ་སོ་བྱས་པ་དང་རང་ཉིད་ནི་ཕྱུག་བདག་གི་ཕྲུ་གུ་ཡིན་པའི་བཟོ་ལྟ་བསྟན།

"ཁྱེད་ཀྱིས་གྲོང་ཁྱེར་དུ་རླངས་འཁོར་གཏོང་བ་ལས་ལམ་ཆུང་དུ་རླངས་འཁོར་གཏོང་ཐོད་ཀྱི་མ་རེད།"སློབ་མ་དག་གིས་ཁྲིན་ཡོན་གྱི་སྤོབས་ཉམས་དེར་སྣང་བ་མི་འགྲོ་བས་ཁོ་པར་དེ་ལྟར་ཟུར་ཟ་བྱས།

སློབ་མ་དེ་དག་གིས་བཤད་པའི་ལམ་ཆུང་ཟེར་བ་ནི་གྲོང་ཁྱེར་མཐའ་ཁུལ་གྱི་ལམ་ཀྱག་ཀྱོག་དེ་དག་ཡིན་ཞིང་ཀྱག་ཀྱོག་གི་ལམ་ཆུང་དེ་དག་གིས་ཁ་ལོ་བའི་ལག་རྩལ་ལ་

ཚོད་ལེན་བྱེད་ཐུབ་ཀྱི་ཡོད། ཁྲིན་ཡོན་གྱི་སེམས་སུ་སློབ་མ་དག་གིས་ཕོ་པར་དེ་ལྟར་ཟུར་ཟ་བྱས་པར་ནད་མ་འཁྱོག་པས་ཕོས་གཟའ་ཉེ་མའི་ཉིན་ཞིག་ལ་ཀླངས་འཁོར་བཏང་ནས་གྲོང་ཁྱེར་མཐའ་ཁུལ་གྱི་ལམ་ཚུང་དེའི་སྟེང་བསྐྱོད།

ཁྲིན་ཡོན་གྲོང་ཁྱེར་མཐའ་ཁུལ་གྱི་ལམ་ཚུང་སྟེང་བསྐྱོད་པའི་སྐབས་སུ། ཕོའི་བསམ་པར་ལམ་ཚུང་དེ་ནི་སློབ་མ་གཞན་གྱིས་བཤད་པ་ལྟར་གྱི་ཉེན་ཁ་དེ་འདྲ་མི་འདུག་སྙམ་ནས་ཀླངས་འཁོར་ཐང་བས་རྗེ་མགྱོགས་སུ་བཏང་། སློ་བུར་དུ་ཁྲིན་ཡོན་གྱིས་ལམ་ཚུང་དེའི་མདུན་ངོས་སུ་མི་རྐན་གཞོན་གཉིས་ཡོད་པ་མཐོང་བ་དང་ལམ་ཚུང་དེའི་རྒྱ་ཁྱོན་ཤིན་ཏུ་ཆུང་བས་ཕོས་ཀླངས་འཁོར་ཁ་བཀག་པར་བརྩམ། ཡིན་ནའང་ཕོའི་བསམ་ཡུལ་ལས་འདས་པ་ཞིག་ནི་རང་ཉིད་དངངས་སྐྲག་སྐྱེས་ནས་ཁ་བཀག་ཡོ་བྱད་དང་སྣུམ་སྒོ་གཉིས་ནོར་ཏེ་སྣུམ་སྒོ་མནན་པས་ཀླངས་འཁོར་ཤུགས་ཀྱིས་མདུན་དུ་བསྐྱོད།

“ཆག”ཅེས་པའི་སྒྲ་ཞིག་གྲག་པ་དང་ལམ་ཚུང་སྟེང་གི་མི་རྐན་པ་དེ་ཁྲིང་ཡོན་གྱི་ཀླངས་འཁོར་གྱིས་བརྡུང་སོང་། སྐབས་དེར་ཁྲིང་ཡོན་གྱི་སེམས་སུ་རང་ཉིད་ཀྱིས་ཀླངས་འཁོར་གྱི་ཡོ་བྱད་བཀོལ་སྤྱངས་ནོར་ཡོད་པ་ཤེས་པ་དང་དེ་མ་ཐག་ཏུ་ཀླངས་འཁོར་ཁ་བཀག མི་རྐན་པ་དེ་ས་སྟེང་དུ་འགྱེལ་ནས་ཡོད་པ་དང་ཕོའི་ཉེ་འཁོར་དུ་ཁྲག་དམར་ཆིལ་ལེར་འཁྱིལ་ནས་འདུག

སྐབས་དེར་ཐྲིན་ཡོན་ཅི་བྱེད་འདི་བྱེད་མེད་པར་འགྱུར།

“མགྱོགས་པོ་ངའི་ཨ་མ་སྐྱོབ་དང་། མགྱོགས་པོ་ངའི་ཨ་མ་སྐྱོབ་དང་།”ས་ཐོག་ཏུ་འགྱེལ་ནས་ཡོད་པའི་མི་དེའི་གམ་དུ་བྱིས་པ་ཞིག་གིས་ངུ་གིན་ཐྲིན་ཡོན་ལ་རེ་འབོད་བྱེད།

ཐྲིན་ཡོན་གྱིས་མིག་མདུན་གྱི་གནས་ཚུལ་དེ་དག་མཐོང་བ་དང་སློ་བུར་དུ་རང་གི་

ཁྲིམ་མཆོས་ཀྱི་ཨ་ཁུ་དེ་དྲན་བྱུང་། དེ་སྔོན་པོའི་ཁྲིམ་མཆོས་ཨ་ཁུ་དེས་ཧླངས་འཁོར་བཏང་ནས་མི་ལ་བརྡུང་སྟེ་རྨས་སྐྱོན་བཟོས་པ་དང་རྗེས་སུ་མི་དེ་ནད་རོ་གཙོང་ཁོག་ཅིག་ཏུ་འགྱུར། ཁྲིམ་མཆོས་ཀྱི་ཨ་ཁུ་དེས་མི་དེར་སྨན་རིན་སྤྲོད་དགོས་པ་མ་ཟད་ཚེ་གང་རིང་མི་དེར་ལྟ་རྟོགས་བྱེད་དགོས་པ་སོགས་ཁྲིན་ཡོན་གྱི་སེམས་སུ་དྲན། ཁྲིན་ཡོན་གྱི་སེམས་སུ་གནས་ཚུལ་དེ་དག་ཡང་ནས་བསྐྱར་དུ་འཁོར་ཡོང་བ་དང་རང་ཉིད་ཀྱི་ཁྲིམ་ཚང་ནི་རྒྱུ་འབྱོར་པ་ཅན་ཞིག་མིན་ལ་ད་ལྟའི་ཧླངས་འཁོར་འདི་ཡང་དངུལ་བུན་གཡར་ནས་ཉོས་པ་ཞིག་ཡིན་པས་ཁོ་པས་མི་དེར་སྨན་རིན་སྤྲོད་རྒྱུའི་དངུལ་གཏན་ནས་མེད། དེས་མི་ཚོད་ད་ལྟ་ཁོས་སེམས་ཁྲལ་བྱ་ཡུལ་གཙོ་བོ་ནི་རང་ཉིད་སློབ་གྲོགས་དག་གི་མདུན་དུ་ངོ་སོ་མེད་པར་འགྱུར་བ་དེ་རེད།

“མི་འདི་སྐྱོབ་དགོས་སམ།”ཁྲིན་ཡོན་གྱིས་རང་གི་ལག་པས་རང་གི་མགོ་བོ་བཀབ་ནས་བསྡད།

གློ་བུར་དུ་ཁྲིན་ཡོན་ལ་ཐབས་ཤེས་ཤིག་རྙེད་པ་འདྲ། ཁོས་རྨས་སྐྱོན་ཕོག་པའི་མི་དེ་དང་བྱིས་པ་དེ་ཧླངས་འཁོར་དུ་བླུགས་ནས་གནས་ཚུལ་ཐོན་སའི་ས་ཆ་དེ་ནས་ཁ་གྱེས། ཁྲིན་ཡོན་གྱིས་ཧླངས་འཁོར་དལ་བུར་བཏང་ནས་གང་ཞིག་ལ་བསམ་བློ་གཏོང་གིན་འདུག་པས་ཕར་བལྟས་ན་ཁོ་པར་བྲེལ་འཚུབ་ཅི་ཡང་མེད་པ་ལྟར་སྣང་།

བྱིས་པ་དེའི་ཨ་མ་དྲན་པ་འཛོར་བས་བྱིས་པ་དེ་སྔར་བས་དངངས་སྐྲག་ལངས་ཏེ“ཅོག་སྐུ་མཁྱེན། ཧླངས་འཁོར་མགྱོགས་ཙམ་གཏོང་རོགས”ཞེས་ངུ་འབོད་བྱེད།

“ངས་ཧླངས་འཁོར་མགྱོགས་ཙམ་གཏོང་ཆོག”ཁྲིན་ཡོན་གྱིས་བྱིས་པ་དེར་དེ་ལྟར་ལན་འདེབས་པ་དང་ཁོས་གློ་བུར་དུ་ཧླངས་འཁོར་ཁ་གཙུ་སྟེ་སྨན་ཁང་དང་རྒྱབ་འགལ་

དུ་ཡོད་པའི་གཞུང་ལམ་གཞན་ཞིག་བསྐྱེགས་ནས་བྱ་འཕུར་བ་ལྟར་བསྐྱོད།

ཁྲིན་ཡོན་གྱིས་ཀླངས་འཁོར་རི་འདབས་སུ་ཁ་བཀག་པ་དང་ཁོས་རྨས་སྐྱོན་ཐེབ་པའི་མི་དེ་དང་ཕྲུ་གུ་དེ་ཀླངས་འཁོར་ནས་ཕྱིར་བཏོན་རྗེས་མགྱོགས་མྱུར་ངང་གནས་དེ་ནས་ཁ་བྲལ།

ཁྲིན་ཡོན་ནང་དུ་སླེབས་རྗེས་ཉལ་ཆས་མགོར་བཀབ་ནས་གཉིད་ཉལ་ནས་བསྡད། ཆུ་ཚོད་འགའི་རྗེས་ཉེན་རྟོག་པས་པོ་འཚོལ་དུ་སླེབས་བྱུང་། ད་ཅིད་དུས་ཅིས་པ་དེས་ཁྲིན་ཡོན་གྱི་ཀླངས་འཁོར་གྱི་ཨང་རྟགས་ཉེན་རྟོག་པར་སྟན་སེང་ཞུས་པས་ད་གཟོད་ཉེན་རྟོག་པས་པོ་འཚོལ་དུ་སླེབས་པ་རེད།

“མི་དེར་སྨན་རིན་ག་ཚོད་ཕྱིན་སོང་།” ཁྲིན་ཡོན་གྱི་སེམས་སུ་རྨས་སྐྱོན་ཐེབ་པའི་མི་དེར་སྨན་རིན་སྤྲད་ན་འགྲིག་པར་བསམ་ནས་དེ་ལྟར་བརྗོད།

“རྨས་སྐྱོན་ཐེབ་པའི་མི་དེ་ཁྲག་ཤོར་ཡག་མང་དྲག་ནས་ཚེ་ལས་འདས་སོང་།”ཉེན་རྟོག་པས་ཁྲིན་ཡོན་ལ་དེ་ལྟར་ལན་བཏབ། ཁྲིན་ཡོན་གྱི་སེམས་སུ་ད་ལྟ་རྨས་སྐྱོན་ཐེབ་པའི་མི་དེས་ནད་རོ་གཙང་ཁོག་སོགས་ལ་ཁག་དགྲིས་ཏེ་རང་ལ་ཚེ་གང་སྲུན་པོ་བཟོ་བར་ཡོང་གི་མ་རེད་སྙམ་བཞིན་པ་ལས་གནས་ཚུལ་དེའི་མཇུག་འབྲས་དང་ཉེན་ཚབས་ལ་བསམ་བློ་མ་འཁོར།

“རང་གིས་ཀྲང་བཙུགས་ནས་མི་བསད་པའི་ཉེས་པ་བསགས་པ་རེད། རང་ང་ཚོ་དང་མཉམ་དུ་འགྲོ་དགོས།”ཉེན་རྟོག་པས་ཁྲིན་ཡོན་འཛིན་བཟུང་བྱས། ཉེན་ཤས་ཀྱི་རྗེས་སུ། ས་གནས་དེ་གའི་ཞིབ་དཔྱོད་ལས་ཁུངས་ཀྱིས“ཀྲང་བཙུགས་ནས་མི་བསད་པའི་ཉེས་པ་བསགས་པའི”ཐོག་ནས་གཞུང་གཏུག་བྱས། མ་གཞི་འཁྲིམ་འགྲུལ་ལས་འཛོལ་གྱི་གྱོད་

དོན་ཞིག་ཡིན་ནའང་ད་ལྟ་མི་གསོད་གྱོད་དོན་དུ་འགྱུར་དོན་གང་ཡིན་ནམ། ཁྲིན་ཡོན་གྱི་ཕ་མས་རང་གི་ཕྲུ་གུར་འགེབས་སྲུང་བྱ་ཆེད་དངུལ་མང་པོ་བཏང་ནས་ཁྲིམས་རྩོད་པ་ཡག་ཤོས་ཤིག་བཙལ་འཚོལ་བྱས།

"གྱོད་དོན་འདི་ང་ཚོར་རྒྱལ་ཁ་ཐོབ་རྒྱུ་ཧ་ཅང་དཀའ་མོ་རེད།"ཁྲིན་ཡོན་ཕ་མས་འཚོལ་བའི་ཁྲིམས་རྩོད་པ་དེས་གྱོད་དོན་དེའི་བརྒྱུད་རིམ་ཆ་ཚང་ཉན་རྗེས་ཁོ་པའི་གདོང་མདོག་ཡོངས་སུ་ཤོར་ནས་དེ་ལྟར་བརྗོད།

"སྤྱིར་བཏང་གི་འཁྲིམ་འགྲུལ་ལས་འཛོལ་ཁོ་ན་ཡིན་ན་འཁྲིམ་འགྲུལ་ལས་འཛོལ་གྱི་ཉེས་པ་ལྟར་ཐག་གཅོད་བྱེད་ངེས་ཤིང་། ཁྲིམས་ཁང་ནས«ཉེས་ཁྲིམས»ཀྱི་དོན་ཚན་བརྒྱ་དང་སོ་གསུམ་པའི་ནང་། འཁྲིམ་འགྲུལ་སྐྱེལ་འདྲེན་གྱི་དོ་དམ་ཁྲིམས་སྲོལ་དང་འགལ་བའི་རྐྱེན་གྱིས་ལས་འཛོལ་བྱུར་ཉེས་ཆེན་པོ་བྱུང་ནས་མི་ལ་རྨས་སྐྱོན་ཚབས་ཆེན་དང་ཤི་སྐྱོན་ནམ་གཞུང་སྒེར་གྱི་རྒྱུ་ནོར་ལ་གྱོང་གུན་ཚབས་ཆེན་བྱུང་རིགས་ལ་དུས་བཙོན་ལོ་གསུམ་མན་ནམ་བཙན་ཞར་ལས་བསྐྱུལ་གྱི་ཉེས་ཆད་གཅོད་རྒྱུ་དང་། འཁྲིམ་འགྲུལ་སྐྱེལ་འདྲེན་གྱི་འགལ་འཛོལ་ཆག་སྒོ་བཟོས་རྗེས་བྲོས་བྱོལ་སོང་བའམ་ཡང་ན་བྱས་ཉེས་གདུག་རྩུབ་ཆེ་བ་གཞན་དག་བསགས་རིགས་ལ་དུས་བཙོན་ལོ་གསུམ་ཡན་ནས་ལོ་བདུན་མན་བར་གྱི་ཉེས་ཆད་གཅོད་རྒྱུ་དང་། བྲོས་བྱོལ་དུ་སོང་བའི་དབང་གིས་མི་ལ་ཤི་སྐྱོན་བྱུང་ན་དུས་བཙོན་ལོ་བདུན་ཡན་གྱི་ཉེས་ཆད་གཅོད་རྒྱུ་བཅས་གོང་གསལ་གཏན་འབེབ་ལྟར་ཐག་གཅོད་བྱ་ངེས་རེད། ཁྲིམས་རྩོད་པས་སུ་མཐུད་བརྗོད་དོན། ཡིན་ནའང་ཁྱེད་ཀྱིས་འཁྲིམ་འགྲུལ་གནས་ཚུལ་ཐོན་རྗེས་རྨས་སྐྱོན་ཕོག་པའི་མི་སྐར་སྒྱུར་སྐྱོབ་མི་བྱེད་པ་མ་ཟད། ད་དུང……"

ཁྲིན་ཡོན་གྱི་སེམས་སུ་རང་ཉིད་ཀྱིས་མི་དེ་སྨྱུར་སྐྱོབ་བྱེད་པའི་འགན་འཁྲི་མེད་སྙམ་པ་དང་མི་འདོད་པའི་རྣམ་འགྱུར་བསྟན།

ཁྲིམས་རྩོད་པས་སྨྲར་ཡང་བརྗོད་དོན། ཁྱེད་ཀྱིས་རྨས་སྐྱོན་ཕོག་པའི་མི་དེ་གང་མགྱོགས་སྨན་ཁང་དུ་མི་བསྐྱལ་བ་མ་ཟད། ད་དུང་རི་ཁུག་ཏུ་ཁྲིད་ནས་དེར་སྦྱུར་བ་ནི་སྨྱུར་སྐྱོབ་ཀྱི་དུས་ཚོད་ནར་འགྱངས་བྱས་པས་ད་ཚོད་རྨས་སྐྱོན་ཕོག་པའི་མི་དེ་ཚེ་ལས་འདས་པ་རེད། དེ་ནི་ཐད་ཀར་མ་ཡིན་པར་བརྒྱུད་ནས་མི་བསད་པ་རེད། གནས་ཚུལ་དེ་རིགས་ལ«ཆེས་མཐོའི་མི་དམངས་ཁྲིམས་ཁང་ནས་འགྲིམ་འགྲུལ་ལས་འཛོལ་ལས་ཐོན་པའི་ཉེས་ཁྲིམས་ཀྱི་གྱོད་དོན་ཞིབ་ཐྲའི་ལག་བསྟར་བྱེད་ཕྱོགས་སྐོར་གྱི་ཁྲིམས་ལུགས་གནད་དོན་གྱི་འགྲེལ་བཤད»ཀྱི་དོན་ཚན་དྲུག་པར། བྱ་སྤྱོད་སྤེལ་མཁན་གྱིས་འགྲིམ་འགྲུལ་གྱི་ལས་འཛོལ་ཐོན་རྗེས་ཁྲིམས་ལུགས་ཀྱི་འགན་འཁྲི་རྩད་གཅོད་ལས་གཡོལ་བ་དང་། ཡང་ན་རྨས་སྐྱོན་ཕོག་མཁན་དེ་གནས་ཚུལ་ཐོན་སའི་ས་གནས་ནས་ཁྲིད་དེ་སྦས་པའམ་བསྐྱུར་བ་སོགས་བྱས་ཏེ་རྨས་སྐྱོན་ཕོག་མཁན་ཉིད་རོགས་སྐྱོབ་བྱ་ཐབས་བྲལ་ནས་ཤི་བའམ་དབང་པོ་སྐྱོན་ཅན་ཚབས་ཆེན་དུ་བཟོ་བ་སོགས་བྱེད་རིགས་ལ«ཉེས་ཁྲིམས»ཀྱི་དོན་ཚན་ཉིས་བརྒྱ་སོ་གཉིས་དང་། དོན་ཚན་ཉིས་བརྒྱ་སོ་བཞི་པའི་ནང་གསེས་གཉིས་པའི་ནང་། ཤེས་བཞིན་དུ་མི་བསད་པའི་ཉེས་པ་དང་ཤེས་བཞིན་དུ་གཞན་གྱི་ལུས་ཁམས་ལ་གནོད་འཚེ་བཏང་བའི་ཐོག་ནས་ཐག་གཅོད་བྱེད་ངེས་ཡིན་ཞིང་། ཁྱེད་ཀྱི་གནས་ཚུལ་འདི་རིགས་ལ་ཕལ་ཆེར«ཉེས་ཁྲིམས»ཀྱི་དོན་ཚན་ཉིས་བརྒྱ་སོ་གཉིས་པའི་ནང་། ལས་འཛོལ་ཤོར་ནས་མི་སྲོག་བཅད་རིགས་ལ་དུས་བཙོན་ལོ་གསུམ་ཡན་ནས་ལོ་བདུན་མན་བར་གྱི་ཉེས་ཆད་གཅོད་རྒྱུ། བྱས་ཉེས་ཅུང་ཆུང་བའི་རིགས་ལ་དུས་བཙོན་ལོ་གསུམ་མན་གྱི་ཉེས་ཆད་གཅོད་

རྒྱུའི་གཏན་འབེབས་ལྟར་ལག་བསྟར་བྱེད་ངེས་རེད།

"ཚང་མ་གཏམ་འདོད་ཚ་དྲག་པའི་མཇུག་འབྲས་རེད།" ཁྲིན་ཡོན་གྱིས་དེ་ལྟར་བསམ་བཞིན་རང་གི་མིག་ལམ་ནག་ཐོམ་སེ་འགྱུར་ནས་ས་རུ་འགྱེལ་སོང་།

(རྩོམ་ཡིག་ཁྲོད་ཀྱི་མིའི་མིང་ནི་གསང་མིང་ཞ་སྙག་ཡིན)

ཁྲིམས་ལུགས་ཤེས་བྱ་འདྲེན་པ།

འགྲིམ་འགྲུལ་ལས་འཛོལ་ལས་ཁྲིམས་འགལ་གྱི་བྱ་སྤྱོད་ལ་ཆེས་མཐོའི་མི་དམངས་ཁྲིམས་ཁང་ནས«ཆེས་མཐོའི་མི་དམངས་ཁྲིམས་ཁང་ནས་འགྲིམ་འགྲུལ་ལས་འཛོལ་ལས་ཐོན་པའི་ཉེས་ཁྲིམས་ཀྱི་གྱོད་དོན་ཞིབ་ཐྲའི་ལག་བསྟར་བྱེད་ཕྱོགས་སྐོར་གྱི་ཁྲིམས་ལུགས་གནད་དོན་གྱི་འགྲེལ་བཤད»ཅེས་པ་ཁྱབ་བསྒྲགས་བྱས་ཡོད་ཅིང་། དེའི་དོན་ཚན་དྲུག་པར། བྱ་སྤྱོད་སྤེལ་མཁན་གྱིས་འགྲིམ་འགྲུལ་གྱི་ལས་འཛོལ་ཐོན་རྗེས་ཁྲིམས་ལུགས་ཀྱི་འགན་འཁྲི་རྩད་གཅོད་ལས་གཡོལ་བ་དང་། ཡང་ན་རྨས་སྐྱོན་ཕོག་མཁན་དེ་གནས་ཚུལ་ཐོན་སའི་ས་གནས་ནས་ཁྲིད་དེ་སྦས་པའམ་སྐྱུར་བ་སོགས་བྱས་ཏེ་རྨས་སྐྱོན་ཕོག་མཁན་ཉིད་རོགས་སྐྱོབ་བྱ་ཐབས་བྲལ་ནས་ཤི་བའམ་དབང་པོ་སྐྱོན་ཅན་ཚབས་ཆེན་དུ་བཟོ་བ་སོགས་བྱེད་རིགས་ལ«ཉེས་ཁྲིམས»ཀྱི་དོན་ཚན་ཉེས་བརྒྱ་སོ་གཉིས་པ་དང་དོན་ཚན་ཉེས་བརྒྱ་སོ་བཞི་པའི་ནང་གསེས་གཉིས་པའི་ནང་གཏན་འབེབས་བྱས་པ་བཞིན་ཤེས་བཞིན་དུ་མི་བསད་པའི་ཉེས་པ་དང་ཤེས་བཞིན་དུ་གཞན་གྱི་ལུས་ཁམས་ལ་གནོད་འཚེ་བཏང་བའི་ཉེས་མིང་ནས་ཉེས་

ཚད་གཅོད་རྒྱུ།

གཏམ་རྒྱུད་འདིའི་ནང་། ཁྲིན་ཡོན་གྱིས་རང་གི་ཐླངས་འཁོར་བཏང་ནས་མི་གཞན་གྱི་ལུས་ཁམས་ལ་གནོད་འཚེ་བཏང་ཙང་མགྱོགས་མྱུར་སྨན་ཁང་དུ་མི་བསྐྱལ་བས་གནོད་འཚེ་ཕོག་མཁན་ཉིད་དུས་ཐོག་ཏུ་མྱུར་སྐྱོབ་བྱ་མི་ཐུབ་པར་ཚེ་ལས་འདས་པས། བྱ་སྤྱོད་དེ་ནི"བརྒྱུད་ནས་མི་བསད་པའི་ཉེས་པ་བསགས་པས"རྐང་བཙུགས་ཏེ་མི་བསད་པའི་ཉེས་མིང་ནས་ཁྲིམས་ཐག་གཅོད་དགོས་པ་ཡིན།

༡༠ དངངས་སྐྲག་སྐྱེས་དགོས་པའི་སྐར་ཆ་དྲུག་ཅུ།

སྐར་མ་གཅིག་གི་དུས་ཚོད་ནི་མིག་ཡུད་ཙམ་ཞིག་ལ་འདས་འགྲོ། མི་མང་པོ་ཞིག་གི་ངོས་ནས་བརྗོད་ན་དུས་ཚོད་སྐར་མ་གཅིག་ནི་གླེང་རིན་མེད་པའི་ཡུན་ཐུང་གི་དུས་ཚོད་ཅིག་ཡིན་ངེས། ཡིན་ནའང་སྐབས་རེ་དུས་ཚོད་སྐར་མ་གཅིག་དེས་ཏག་ཏག་མི་མང་པོ་ཞིག་དང་ཁྲིམ་ཚང་མང་པོ་ཞིག་གི་ལས་དབང་ལ་འགྱུར་བ་གཏོང་བཞིན་ཡོད་པ་རེད།

ལོ་གཉིས་སྔོན་གྱི་ཉིན་ཞིག་ལ། Sགྲོང་རྡལ་དུ་ཚོང་འདུས་འདུ་འཛོམས་ཀྱི་དུས་དང་འཕེལ། གཞུང་ལམ་སྟེང་མི་ཚོགས་མང་ཞིང་ཙ་ཙོའི་ཝུར་ཟིང་ཤིན་ཏུ་ཆེ། འདུ་འཛི་ཆེ་བའི་གཞུང་ལམ་གྱི་ཟུར་ཞིག་ནས་རླངས་འཁོར་ཞིག་དལ་བུར་བསྐྱོད་བཞིན་འདུག མི་རྣམས་ནི་རང་རང་གི་གཏམ་གླེང་ལ་གཡེང་ནས་བསྡད་པ་ལས་རླངས་འཁོར་དེར་དོ་སྣང་བྱེད་མཁན་མེད། བློ་བུར་དུ་དངངས་སྐྲག་སྐྱེས་དགོས་པའི་གནས་ཚུལ་ཞིག་ཐོན་པ་ནི་རླངས་འཁོར་དེ་སྨྱོ་བ་བཞིན་མི་ཚོགས་ཀྱི་ཁྲོད་དུ་ཤོར་བྱུང་བ་དང་“སྲོག”ཅེས་པའི་སྒྲ་ཞིག་དང་ལྷན་དུ་རླངས་འཁོར་དེས་ཀད་པོ་ཞིག་ལ་བརྟུང་སོང་། མི་དག་ཐར་ལས་དངངས་སྐྲག་སྐྱེས་ནས་གཞུང་ལམ་གཡས་གཡོན་དུ་བྲོས་བཞིན་ཡོད་ནའང་རླངས་འཁོར་དེ་ནི་གླང་ཆེན་སྨྱོན་པ་ཞིག་དང་འདྲ་བར་སླར་ཡང་མི་ཚོགས་ཁྲོད་དུ་ཤོར་བྱུང་། སྐབས་དེར་མི་འགས་ངུ་འབོད་བྱས་པ་དང་འགས་སྲོག་སྐྱོབ་རེ་འབོད་བྱས་པ་ཡང་འགའ་ཞིག་གིས“མགྱོགས་པོ་རླངས་འཁོར་ཁ་ལོག་ཅིག”ཅེས་སྐད་རྒྱག་བཞིན་འདུག ཡིན་ནའང་རླངས་འཁོར་དེ་ཚོད་འཛིན་མི་ཐུབ་པར་ལམ་ཟུར་གྱི་ཤིང་ཏོག་འཚོང་སའི་སྒྲོམ་ཞིག་ལ་བརྟུང་སོང་།

ཤིང་ཏོག་འཚོང་སའི་སྒྲོམ་ཆེན་པོ་དེ་རྡིབ་པ་དང་དེའི་གྱང་འགྱེལ་བས་མི་མང་པོ་ཞིག་ལ་རྨས་སྐྱོན་བཟོས་འདུག ཡིན་ནའང་རླངས་འཁོར་དེ་ད་དུང་གློག་ཤི་མེད་པས་བློ

བུར་དུ་ཁ་གཡས་སུ་འཁོར་ནས་མདུན་ངོས་ཀྱི་སློག་ཤིང་ལ་བརྡུང་སོང་། དངངས་སྐྲག་སྐྱེས་དགོས་པའི་གནས་ཚུལ་དེའི་མགོ་མཇུག་བར་གསུམ་དུ་དུས་ཚོད་སྐར་མ་གཅིག་ལས་སོང་མེད་ནའང་ཡུན་ཐུང་གི་དུས་ཚོད་དེའི་ནང་རླངས་འཁོར་དེས་ཁྱོན་མི་ལྔ་ལ་རྨས་སྐྱོན་བཟོས་པ་དང་དེའི་ཁྲོད་དུ་ཀན་ཀོན་ཡང་ཚུད་ཡོད། ལྷག་པར་དུ་བུད་མེད་ཅིག་ལ་སྨུམ་ཚ་པོས་བསྒྲིགས་ནས་རྨས་སྐྱོན་ཚབས་ཆེན་ཕོག་འདུག་པས་གནས་ཚུལ་ཐོན་ཡུལ་དུ་དངོས་གནས་ཡ་ང་ཞིང་ཡིད་སྐྱོ་བ་ཞིག་ཏུ་སྣང་།

གྲོང་ཁྱེར་ཉེན་རྟོག་པས་མགྱོགས་མྱུར་ངང་གནས་ཚུལ་ཐོན་ཡུལ་དུ་སླེབས་པ་དང་ཁ་ལོ་བའི་འཁོར་སྒྲོམ་ནས་གྲོད་གཞི་སློང་མཁན་དེ་འཛིན་བཟུང་བྱས། གྲོད་གཞི་སློང་མཁན་དེར་ཞའོ་དབྱི་པོ་ཟེར་བ་དང་ལོ༡༨ལ་སོན་ཡོད། ཞའོ་དབྱི་པོ་ནི་འཕྲུལ་སློག་སློབ་ཆེན་ག་གེ་མོའི་སློབ་ཚུད་བརྡ་ཐོ་རག་མ་ཐག་ཡིན་པ་དང་ཁོ་པར་གཞན་གྱིས་ཡིད་སྨོན་བྱེད་པའི་འོད་ཟེར་སྟོང་ལྡན་གྱི་མདུན་ལམ་ཡང་ཡོད། ཡིན་ནའང་ཁོས་བསམ་ཤེས་བྱ་ཐབས་ཐལ་བའི་གདུག་རྩུབ་ཀྱི་བྱ་སྤྱོད་འདི་འདྲ་སྤེལ་དོན་གང་ཡིན་ནམ། མི་རྣམས་ཀྱིས་ཁོ་པའི་སྙིང་དུ་ཁོང་ཁྲོའི་མེ་ལྕེ་འབར་བཞིན་འདུག འདྲི་རྩད་བྱེད་པའི་སྐབས་སུ་ཞའོ་དབྱི་པོ་ཡིས"ངས་ཀར་བཙུགས་ནས་བྱས་པ་མིན"ཞེས་ཡང་སྐོར་བསྐྱར་སྐོར་བཤད།

ཞའོ་དབྱི་པོ་ནིSགྲོང་རྡལ་གྱི་ས་སྐྱེས་རྡོ་སྐྱེས་ཀྱི་མི་ཞིག་ཡིན་ཞིང་དུས་རྒྱུན་ནས་ཁོས་རང་གི་ཕ་ཡུལ་ལ་བརྩེ་བ་ཟབ་མོ་བཅངས་ནས་ཡོད། ཞའོ་དབྱི་པོ་ནི་སློབ་ཆུང་ནས་མཐོ་རིམ་སློབ་འབྲིང་བར་གྲོང་རྡལ་དེའི་སློབ་གྲྭ་འགྲིམ་ནས་ཡོང་བ་ཞིག་ཡིན་པ་དང་སློབ་མའི་སྐབས་སུ་ཁོ་པ་ནི་སློབ་མ་བཟང་པོ་ཞིག་རེད། ཡིན་ནའང་ད་ལྟ་ཁོས་དེ་ལྟར་ཀར་བཙུགས་ནས་རང་གི་ཕ་ཡུལ་གཅིག་པའི་མི་ལ་གནོད་སྐྱོན་བཏང་བའི་བྱ་བ་དེ་ལྟར་

བརྩམ་དགོས་དོན་གང་ཡིན་ནམ། གནས་ཚུལ་དེར་མི་རྣམས་ཀྱིས་བསམ་ཤེས་བྱ་ཐབས་བྲལ།

ཞེན་རྟོག་པ་དེས་ཞའོ་དབྱི་པོ་ལ་རྒྱུ་ཕོར་པ་གང་བླུགས་ནས་འཐུང་དུ་བཅུག ཞའོ་དབྱི་པོ་སེམས་ཁམས་ཅུང་ཟློད་དུ་འབབ་པས་ཁོས་ད་གཟོད་གནས་ཚུལ་དེའི་རྒྱུ་རྐྱེན་གསལ་པོར་བཤད།

མ་གཞི་ཞའོ་དབྱི་པོ་ཁ་ལ་ཉན་པོ་ཡོད་ནའང་ཁོ་པ་རང་ལ་ཆུང་དུས་ནས་ཕྱུགས་བསམ་ཞིག་ཡོད། དེ་ནི་ཁོ་ཡང་བྱིས་པ་གཞན་དག་དང་འདྲ་བར་འཕྲུལ་འཁོར་རྩེད་རྒྱུ་ལ་ཤིན་ཏུ་དགའ་བ་དེ་ཡིན། ནམ་རྒྱུན་ཁོ་པར་ཁོམ་པ་བྱུང་དུས་དྲ་ཐོག་ནས་གླང་འཁོར་འགྲན་བསྡུར་གྱི་རྩེད་མོ་རྩེ་བཞིན་ཡོད་ཙང་གླང་འཁོར་ངོ་མ་ཞིག་བཏང་ནས་འགྲན་བསྡུར་གྱི་རྩེད་མོ་ཞིག་ལ་ཞུགས་རྒྱུ་ནི་ཁོའི་ཕྱུགས་འདུན་དུ་འགྱུར་ཡོད། ཡིན་ནའང་ཞའོ་དབྱི་པོ་ཡི་ནང་གི་ཆ་རྐྱེན་ཞན་པས་ཕ་མ་གཉིས་པོར་སྙེར་གྱི་གླང་འཁོར་མེད་པས་ཁོས་གླང་འཁོར་ངོ་མ་ཞིག་གཏོང་འདོད་ཀྱི་བསམ་པ་ནི་ཉིན་མོའི་སྐར་མ་ལྟར་འགྱུར།

གནས་ཚུལ་ལྷགས་པའི་ཉིན་དེར། ཞའོ་དབྱི་པོ་ཡང་ཚོང་འདུས་སུ་སྐྱོད་བཞིན་ཡོད། ཁོས་ལམ་འགྲམ་ནས་གླང་འཁོར་ཞིག་གི་སྒོ་ཕྱེ་ནས་ཡོད་པ་མཐོང་བ་དང་ནང་དུ་བལྟ་དུས་ལྡེ་མིག་ཀྱང་ཡོད་པ་མཐོང་བས་ཁོས་གླང་འཁོར་ངོ་མ་ཞིག་གཏོང་འདོད་ཀྱི་བསམ་པ་འགོག་ཐབས་མེད་པ་ཞིག་སྐྱེས། ཞའོ་དབྱི་པོ་ཡིས་ཀང་འཇབ་ལག་འཇབ་དང་ནང་དུ་འཛུལ་ནས་གླང་འཁོར་གྱི་སློག་སྐྱར་བས་ད་གཟོད་ཡ་ང་བའི་འཕྲིམ་འགྲུལ་ལས་འཛོལ་གྱི་གནས་ཚུལ་དེ་དག་ཐོན་པ་རེད།

ཞའོ་དབྱི་པོ་ཡི་ཨ་ཁུ་འབྲིང་བས་ཁོ་པར་ཏ་ཅང་གཅེས་ཤིང་བྱམས་པ་ཞིག་ཡིན་

པས། ཞོའོ་དབྱི་པོ་གནས་ཚུལ་ལྷགས་པ་ཐོས་ཕྲལ་ཨ་ཁྱུ་འབྲིང་བས་རྨས་སློན་ཕོག་པའི་མི་དག་ལ་དངུལ་གྱིས་སྐྱིན་ཚབ་འཇལ་ནས་ཕན་ཚུན་འདུམ་འགྲིག་ཡོང་ཐབས་བྱས།

"ཞོའོ་དབྱི་པོ་ཡིས་རང་ལ་རླངས་འཁོར་གཏོང་ཆོག་པའི་ལག་འཁྱེར་མེད་པ་ཤེས་བཞིན་དུ་མི་གཞན་གྱི་རླངས་འཁོར་སྐོག་ཏུ་ཀུ་གཏོང་བྱས་པ་དེ་ནི་འགྲིམ་འགྲུལ་དབོར་འདྲེན་དོ་དམ་གྱི་གཏན་འབེབས་དང་འགལ་བ་ཞིག་ཡིན་པ་མ་ཟད། ད་དུང་ཉེན་ཚབས་ཆེ་བའི་འགྲིམ་འགྲུལ་ལས་འཛོལ་གྱི་གནས་ཚུལ་ཐོན་ཡོད་པ་རེད། དེ་ནི་དངུལ་གྱིས་ཐག་གཅོད་བྱེད་ཐུབ་པ་ཞིག་མ་རེད།"ཉེན་རྟོག་པ་དེས་ཏ་ཙང་གཟབ་ནན་དང་བཤད།

ཡུན་རིང་མ་སོང་བར་ས་གནས་དེ་གའི་ཞིབ་དཔྱོད་ཁང་ནས་ཞོའོ་དབྱི་པོ་ཡིས་སྤྱི་པའི་བདེ་འཇགས་ལ་གནོད་འཚེ་བཟོས་པའི་ཉེས་མིང་ནས་ས་གནས་དེའི་མི་དམངས་ཁྲིམས་ཁང་ལ་གཏུག་བཤེར་བྱས།

ཨ་ཁྱུ་འབྲིང་བས་ཞོའོ་དབྱི་པོ་ལ་ཁྲིམས་རྩོད་པ་རྩེ་གྲ་ཞིག་བཙལ་འཚོལ་བྱས།

ཁྲིམས་ཐག་གཅོད་པའི་ཉིན་དེར། ཁྲིམས་ཁང་དུ་ཞོའོ་དབྱི་པོ་ཡི་སྤུན་མཆེད་དང་། གནོད་འཚེ་ཕོག་མཁན་གྱི་ནང་མི་དེ་བཞིན་ས་གནས་དེ་གའི་མང་ཚོགས་བཅས་ཡོད་པས་ཁྲིམས་ཁང་དུ་མི་ཤིན་ཏུ་མང་།

"«གཞུང་ལམ་འགྲིམ་འགྲུལ་བདེ་འཇགས་སྐོར་གྱི་བཅའ་ཁྲིམས»ཀྱི་དོན་ཚན་བརྒྱ་དགུ་བའི་གནང་གསེས་དང་པོའི་ནང་། རླངས་འཁོར་གྱི་རིགས་གཏོང་བར་ཁྲིམས་ལྡར་ཁ་ལོ་བའི་ལག་ཁྱེར་ཐོབ་དགོས། དོན་ཚན་དེའི་ནང་གསེས་གཉིས་པའི་ནང་། རླངས་འཁོར་གཏོང་མཁན་ཁ་ལོ་བའི་ལག་ཁྱེར་ཐོབ་རེ་ཞུ་བར་རྒྱལ་སྲིད་སྤྱི་ཁྱབ་ཁང་ཁོངས་ཀྱི་སྤྱི་བདེ་སྡེ་ཁག་གིས་གཏན་འབེབས་བྱས་པའི་ཁ་ལོ་བ་བྱས་ཆོག་པའི་ཆ་རྐྱེན་འཛོམས་དགོས་པ་

དང་། རྒྱུགས་སྤྱོད་ཚད་ལོན་པའི་རྗེས་སུ་སྤྱི་བདེ་ལས་ཁུངས་ཀྱི་འཕྲིམ་འགྲུལ་དོ་དམ་སྡེ་ཁག་གིས་འཁོར་རིགས་དང་མཐུན་པའི་ལག་ཁྱེར་སྤྲོད་དགོས། དོ་བདག་མི་སྣ་ཞའོ་དབྱི་པོ་ཡིས་རང་ལ་རླངས་འཁོར་གཏོང་ཆོག་པའི་ལག་འཁྱེར་མེད་པ་ཤེས་བཞིན་དུ་རླངས་འཁོར་བཏང་བ་དེ་ནི་རང་རྒྱལ་གྱི«གཞུང་ལམ་འཕྲིམ་འགྲུལ་བདེ་འཇགས་སྐོར་གྱི་བཅའ་ཁྲིམས»དང་འགལ་འདུག”ཅེས་ཁྲིམས་དཔོན་གྱིས་ཕན་ཚུན་ཁྲིམས་རྩོད་གཉིས་པོའི་ཞུ་འབོད་དག་འབུད་ལ་ཉན་རྗེས་སྟོན་ལ་ཞའོ་དབྱི་པོ་ཡིས་གཞུང་ལམ་འཕྲིམ་འགྲུལ་བདེ་འཇགས་ཀྱི་བཅའ་ཁྲིམས་དང་འགལ་བ་གཏན་འཁེལ་བྱས།

“ཞའོ་དབྱི་པོ་ཡི་ཉེས་པ་ལྗི་པོ་མིན་པ་འདྲ།”ཨ་ཁུ་འབྲིང་བས་ཁྲིམས་རྩོད་པར་སྐད་ཆུང་ངུས་དྲིས།

“ཕལ་ཆེར་འདིས་གཏན་འཁེལ་བ་ཡིན་གྱི་མ་རེད།”ཁྲིམས་རྩོད་པས་ཀྱང་གདེང་ཚོད་མེད་པའི་ཐོག་ནས་དེ་ལྟར་བརྗོད།

“དོ་བདག་མི་སྣ་ཞའོ་དབྱི་པོ་ཡི་བྱ་སྤྱོད་དེས་མི་མང་པོར་གནོད་འཚེ་བཏང་བ་དང་ལྷག་དོན་གྲོང་གུན་ཚབས་ཆེན་བཟོས་པས། «ཉེས་ཁྲིམས»ཀྱི་དོན་ཚན་བརྒྱ་དང་སོ་གསུམ་པའི་ནང་། འཕྲིམ་འགྲུལ་སྐྱེལ་འདྲེན་གྱི་དོ་དམ་ཁྲིམས་སྲོལ་དང་འགལ་བའི་རྐྱེན་གྱིས་ལས་འཛོལ་བྱུར་ཉེས་ཆེན་པོ་བྱུང་ནས་མི་ལ་རྨས་སྐྱོན་ཚབས་ཆེན་དང་ཤི་སྐྱོན་ནམ་གཞུང་སྒེར་གྱི་རྒྱུ་ནོར་ལ་གྲོང་གུན་ཚབས་ཆེན་བྱུང་རིགས་ལ་དུས་བཙོན་ལོ་གསུམ་མན་ནམ་བཙོན་ཉར་ལས་བསྐུལ་གྱི་ཉེས་ཆད་གཅོད་རྒྱུ་དང་། འཕྲིམ་འགྲུལ་སྐྱེལ་འདྲེན་གྱི་འགལ་འཛོལ་ཆག་སྒོ་བཟོས་རྗེས་བྲོས་བྱོལ་སོང་བ་ཡང་ན་བྱས་ཉེས་གདུག་རྩུབ་ཆེ་བ་གཞན་དག་བསགས་རིགས་ལ་དུས་བཙོན་ལོ་གསུམ་ཡན་ནས་ལོ་བདུན་མན་བར་གྱི་ཉེས་

ཚད་གཙོད་རྒྱུ་དང་། ཐོས་ཙྩོལ་དུ་སོང་བའི་དབང་གིས་མི་ལ་ཤི་སྐྱོན་བྱུང་ན་དུས་བཙོན་ལོ་བདུན་ཡན་གྱི་ཉེས་ཆད་གཙོད་རྒྱུ’བཅས་ཀྱི་གཏན་འབེབས་གཞིར་བཟུང་ཐོག་འདི་གཁྲིམས་ཁང་ནས་ངོ་བདག་མི་སྨ་ཞའོ་དབྱི་པོ་ལ་དུས་བཙོན་ལོ་གསུམ་གྱི་ཆད་པ་གཙོད་རྒྱུ”ཞེས་ཁྲིམས་དཔོན་གྱིས་ཕན་ཚུན་ཁྲིམས་རྩོད་པ་གཉིས་པོའི་ཞུ་འབོད་དག་འབུད་ལ་ཉན་རྗེས་དེ་ལྟར་ཁྲིམས་ཐག་བཅད།

ཞའོ་དབྱི་པོ་ཡིས་རང་གི་ནག་ཉེས་ལ་ཉན་རྗེས་སེམས་གཏིང་ནས་འགྱོད་པ་སྐྱེས་བཞིན་ཡོད་པ་དང་། ཁོའི་སེམས་སུ་རང་གིས་མི་གཞན་ལ་གནོད་འཚེ་བཏང་བའི་གྱོང་གུན་ནི་ནམ་ཡང་གསབ་ཐབས་མེད་པ་ཞིག་རེད་ཨང་སྙམ།

(རྩོམ་ཡིག་ཁྲིད་ཀྱི་མིའི་མིང་ནི་གསང་མིང་ཤ་སྟག་ཡིན)

ཁྲིམས་ལུགས་ཤེས་བྱ་འདྲེན་པ།

«ཉེས་ཁྲིམས»ཀྱི་དོན་ཚན་བརྒྱ་དང་སོ་གསུམ་པའི་ནང་། འཁྲིམ་འགྲུལ་སྐྱེལ་འདྲེན་གྱི་དོ་དམ་ཁྲིམས་སྲོལ་དང་འགལ་བའི་རྐྱེན་གྱིས་ལས་འཛོལ་བྱུང་ཉེས་ཆེན་པོ་བྱུང་ནས་མི་ལ་རྨས་སྐྱོན་ཚབས་ཆེན་དང་ཤི་སྐྱོན་ནམ་གཞུང་སྒེར་གྱི་རྒྱུ་ནོར་ལ་གྱོང་གུན་ཚབས་ཆེན་བྱུང་རིགས་ལ་དུས་བཙོན་ལོ་གསུམ་མན་ནམ་བཙན་ཉར་ལས་བསྐྱལ་གྱི་ཉེས་ཆད་གཙོད་རྒྱུ་དང་། འཁྲིམ་འགྲུལ་སྐྱེལ་འདྲེན་གྱི་འགལ་འཛོལ་ཆག་སྒོ་བཟོས་རྗེས་ཐོས་ཙྩོལ་སོང་བའམ་ཡང་ན་བྱས་ཉེས་གདུག་རྩུབ་ཆེ་བ་གཞན་དག་བསགས་རིགས་ལ་དུས་བཙོན་ལོ་གསུམ་ཡན་ནས་ལོ་བདུན་མན་བར་གྱི་ཉེས་ཆད་

གཅོད་རྒྱུ་དང་། བྲོས་བྱོལ་དུ་སོང་བའི་དབང་གིས་མི་ལ་ཤི་སྐྱོན་བྱུང་ན་དུས་བཙོན་ལོ་བདུན་ཡན་གྱི་ཉེས་ཆད་གཅོད་རྒྱུ།

«གཞུང་ལམ་འགྲིམ་འགྲུལ་བདེ་འཇགས་སྐོར་གྱི་བཅའ་ཁྲིམས»ཀྱི་དོན་ཚན་བཅུ་དགུ་བའི་གནང་གསེས་དང་པོའི་ནང་། སྣང་འཁོར་གྱི་རིགས་གཏོང་བར་ཁྲིམས་ལྟར་ཁ་ལོ་བའི་ལག་ཁྱེར་ཐོབ་དགོས། དོན་ཚན་དེའི་ནང་གསེས་གཉིས་པའི་ནང་། སྣང་འཁོར་གཏོང་མཁན་ཁ་ལོ་བའི་ལག་ཁྱེར་ཐོབ་རེ་ཞུ་བར་རྒྱལ་སྲིད་སྤྱི་ཁྱབ་ཁང་ཁོངས་ཀྱི་སྤྱི་བདེ་སྡེ་ཁག་གིས་གཏན་འབེབས་བྱས་པའི་ཁ་ལོ་བ་བྱས་ཆོག་པའི་ཆ་རྐྱེན་འཛོམས་དགོས་པ་དང་། རྒྱུགས་སྤྲོད་ཚད་ལོན་པའི་རྗེས་སུ་སྤྱི་བདེ་ལས་ཁུངས་ཀྱི་འགྲིམ་འགྲུལ་དོ་དམ་སྡེ་ཁག་གིས་འཁོར་རིགས་དང་མཐུན་པའི་ལག་ཁྱེར་སྤྲོད་དགོས།

གཏམ་རྒྱུད་འདིའི་ནང་དུ་ཞའོ་དབྱི་པོ་ཡིས་རང་ལ་སྣང་འཁོར་གཏོང་ཆོག་པའི་ལག་འཁྱེར་མེད་པ་ཤེས་བཞིན་དུ་གཞན་གྱི་སྣང་འཁོར་སྐོག་ཏུ་བཏང་བ་དེ་ནི«གཞུང་ལམ་འགྲིམ་འགྲུལ་བདེ་འཇགས་སྐོར་གྱི་བཅའ་ཁྲིམས»ཀྱི་དོན་ཚན་བཅུ་དགུ་བའི་གཏན་འབེབས་དང་འགལ་ཡོད་པ་མ་ཟད། མཇུག་འབྲས་ཀྱང་ཏ་ཅང་ཚབས་ཆེ་བས་འགྲིམ་འགྲུལ་ཆག་སྒོ་བཟོས་པའི་ནག་ཉེས་ཀྱི་འབྲེལ་ཡོད་གཏན་འབེབས་ལྟར་ཆད་པ་གཅོད་དགོས་པ་ཡིན།

༧༧ ནད་ཀྱིས་མནར་བའི་བུ་མོ་ཞིག་གི་"ཐབས་ཇུས"

ཆེང་ཆེང་སྐྱེས་ནས་ཉིན་ཤས་ལས་མ་འདས་པར་ཕ་མ་གཉིས་པོས་ཕོ་མོ་བདག་བྱེད་མི་འདོད་པར་སྲང་ལམ་དུ་བསྐྱུར་བ་རེད། ཡིན་ནའང་ཆེང་ཆེང་སེམས་བཟང་ཅན་གྱི་ཞིང་པ་ཕོ་མོ་གཉིས་ཀྱིས་ཉར་བ་དང་ཕོ་མོར་ཤིན་ཏུ་བྱམས་པར་བྱས། ཞིང་པ་ཕོ་མོ་དེ་གཉིས་ཀྱི་ཁྱིམ་ཚང་གི་ཆ་རྐྱེན་བཟང་པོ་མེད་ནའང་ཆེང་ཆེང་ནི་ཁོ་གཉིས་ཀྱི་དཔྲལ་བའི་མིག་དང་ཁོག་པའི་སྙིང་ལྟར་ཧ་ཅང་གཅེས་པར་བྱེད་ཀྱི་ཡོད། དུས་རྒྱུན་འཚོ་བའི་ཁྲོད་དུ་ཞིང་པ་ཕོ་མོ་གཉིས་པོས་རང་ལ་བཟའ་རྒྱུ་གྱོན་རྒྱུ་མེད་ནའང་ཆེང་ཆེང་ལ་ཟས་དྲག་པ་དང་གོས་ཡག་པ་ཁོ་ནས་བསྐྱངས་པར་བྱེད་ཀྱི་ཡོད། ཆེང་ཆེང་མཐོ་འབྲིང་ལོ་རིམ་གསུམ་པར་འགྲིམ་པའི་དུས་དེར་ཕོ་མོ་ཏག་ཏག་ལོ་བཅོ་བརྒྱད་ལ་སླེབས་ཡོད། ལོ་དེར་ཕོ་མོ་ལུས་ལ་ཤུགས་མེད་ཅིང་ཉིན་རྒྱུན་མགོ་ན་བ་སོགས་བྱས་ནས་ཕོ་མོ་ནད་ཀྱིས་མནར། དུས་དེ་ནས་བཟུང་ཕོ་ཚོའི་ཁྱིམ་ཚང་ལ་སྐྱིད་པོ་གཉིས་བརྩེགས་མེད་པར་སྡུག་པོ་གསུམ་བརྩེགས་ཞེས་པར་ལྟར་བྱུང་།

སྐབས་དེར་ཆམ་ནད་བྱུང་རྐྱེན་སྣ་བའི་དུས་ཚོགས་ཤིག་ལ་འཁེལ་ཡོད་པས་ཆེང་ཆེང་གི་སེམས་སུ་རང་ཉིད་ཀྱང་ཆམ་ནད་དེ་ཐོག་འདུག་སྙམ་ནས་ཤང་གྲོང་གི་སྨན་པ་དེར་བསྟེན་པ་དང་སྨན་ཡང་ཉོས་ཡོད། ཉིན་ཤས་རིང་པོ་མོས་སྨན་བཟས་ནའང་ནད་དྲག་ཏུ་སོང་མེད།

ཆེང་ཆེང་གི་ཕ་མ་གཉིས་པོའི་སེམས་སུ་དེ་ནི་ཕོ་མོ་མཐོ་འབྲིང་ལོ་རིམ་གསུམ་པའི་སློབ་སྦྱོང་གི་གནོན་ཤུགས་ཆེ་བ་ལས་བྱུང་བའི་སྣང་ཚུལ་ཡིན་པར་ནོམ་སྟེ། གྲོང་རྡལ་གྱི་སྨན་ཁང་དུ་སྨན་བཅོས་བྱེད་པར་བསྐྱོད། སྨན་པ་དེས་ཆེང་ཆེང་གི་སྐྱ་ཐེར་ཐེར་གྱི་གདོང་ལ་ཞིབ་དཔྱད་བྱས་རྗེས་ཛོང་སྨན་ཁང་དུ་བསྐྱུར་དུ་བརྟག་དཔྱད་བྱེད་པར་འགྲོ་རྒྱུའི་སྐུལ་

མ་བྱེད། རྫོང་སྨན་ཁང་གི་སྨན་པའི་ལག་རྩལ་དང་སྒྲིག་ཆས་ཀྱི་ཆ་རྐྱེན་ཏ་ཅང་བཟང་བས་ཆེང་ཆེང་ལ་གཅིན་དུག་གི་ནད་ཐོག་ཡོད་པ་ལམ་སེང་ཤེས་རྟོག་བྱུང་།

གཅིན་དུག་གི་ནད་ཅེས་པ་ནི་མཁལ་མའི་ནུས་པ་ཤིན་ཏུ་སྐྱོ་པོ་ཆགས་སྐབས་སུ་ཐོན་པའི་ནད་ཐོག་ལས་མངོན་པའི་ཕྱོགས་བསྡུས་ཀྱི་ནད་རྟགས་ཤིག་ཡིན་པ་དང་དེར་མི་རྣམས་ཀྱིས“བཀྲན་ནད་ཨང་གཉིས་པ”ཞེས་བརྗོད་ཀྱི་ཡོད་ཅིང་ནད་དེ་བཅོས་པར་མཁལ་མ་བརྗེ་བའམ་ཡང་ན“སིམ་དབྱེ”སོགས་ལ་བརྟེན་ནས་བཅོས་རྒྱུ་ལས་ཐབས་མེད། གཏམ་དེ་ཆེང་ཆེང་གི་ཕ་མ་གཉིས་པོས་ཐོས་རྗེས་དེ་ནི་གནམ་སྟོན་པོ་ལ་ཐོག་རྒྱག་པ་ལྟར་བྱུང་།

“ང་ཚོའི་ནང་ལ་དངུལ་མེད་པས་བུ་མོའི་སྲོག་ཇི་ལྟར་བྱས་ནས་སྐྱོབ་དགོས་སམ།”གློ་བུར་དུ་བྱུང་བའི་གཏམ་ངན་དེས་ཆེང་ཆེང་གི་ཨ་མ་ནད་ཀྱིས་མནར་ནས་མལ་སར་ལུས། ཆེང་ཆེང་ཡོད་སའི་གྲོང་ཚོ་དེར་ལོ་གཅིག་གི་སྔོན་ནས་གྲོང་གསེབ་མཉམ་ལས་སྨན་བཅོས་འགན་བཅོལ་ཉོས་ཡོད། ཡིན་ནའང་ཆེང་ཆེང་གི་ནང་ནས་གཞན་ལ་བུ་ལོན་མང་པོ་ཆད་ཡོད།

ཆེང་ཆེང་གི་ཨ་ཕས་ཁོ་མོའི་ནད་བཅོས་ཆེད་སྤུན་མཆེད་ངོ་ཤེས་ཚང་མ་ནས་དངུལ་གཡར་ཞིང་ཡོད་ཅིང་ཐོག་མར་ཁོ་ཚོས་ཀྱང་གང་ཐུབ་ཀྱིས་རོགས་བྱས་ཤིང་ཡོད་ནའང་རྗེས་སུ་ཁོ་ཚོ་ལའང་དངུལ་མེད་པས་རོགས་བྱ་ཐབས་བྲལ། གནས་ཚུལ་དེ་རིགས་ཀྱི་འོག་ཏུ་ཆེང་ཆེང་ཡང་སྨན་བཅོས་བྱེད་འདོད་མེད་པར་འགྱུར། ཡིན་ནའང་ཕ་མ་གཉིས་པོས་དཀའ་ངལ་ལ་མི་འཛེམ་པར་ཆེང་ཆེང་སྨན་བཅོས་བྱ་རྒྱུའི་ཐབས་ཤེས་བྱེད་བཞིན་ཡོད།

“ངས་ཐབས་ཤེས་ཤིག་བཏང་ནས་དངུལ་རག་ཐབས་བྱེད་དགོས།”སིམ་དབྱེ་སྨན་

བཙོས་བྱེད་ཐེངས་གཅིག་ལ་སྨན་རིན་ཏ་ཅང་མང་པོ་འགྲོ་གི་ཡོད་པས་ཆེང་ཆེང་གི་སེམས་སུ་དེ་ལྟར་དྲན་པ་དང་། ཁོ་མོས་ཡང་སྐོར་བསྐྱར་སྐོར་བསམ་བློ་བཏང་མཐར་ཁོ་མོ་ལ་ཐབས་ཤེས་ཤིག་རྙེད།

སྐབས་འཕེལ་གྱི་གོ་སྐབས་ཤིག་ལས་ཆེང་ཆེང་གྱིས་ས་གནས་དེ་གའི་གྲོང་གསེབ་མཉམ་ལས་སྨན་བཅོས་འགན་བཅོལ་རྩིས་ཞུ་བྱ་སྐབས་ནད་པ་དངོས་སུ་སླེབས་དགོས་ཀྱི་མེད་པ་ཤེས་པས། ཁོ་མོས་གནད་དོན་དེར་བསམ་བློ་གཏོང་གིན་གློ་བུར་ཚུལ་མིན་གྱི་ཐབས་ཤེས་ཤིག་རྙེད།

"ཚུལ་མིན་གྱི་ཐབས་ཤེས"དེ་དོན་དངོས་སུ་ལག་བསྟར་ཡོང་ཆེད་ཆེང་ཆེང་གིས་ཨ་ཕས་མ་ཤེས་པར་སྒྲིག་ཏུ་དྲ་ཁང་དུ་བསྐྱོད། ཁོ་མོསQQབརྒྱུད་དེ་མིང་ལ"དངུལ་འཕྱུར་བ"ཞེས་པའི་སྨྲ་སེ་བར་ཚོང་རྒྱག་མཁན་གྱི་མི་ཞིག་དང་འབྲེལ་བ་བྱས་པ་དང་ཁོ་པའི་གམ་ནས་སྨན་རིན་རྩིས་ཞུའི་སྨྲ་སེ་རྫུན་མ་ཉོས།

སྨྲ་སེ་རག་རྗེས་ཆེང་ཆེང་གིས"དངུལ་འཚོལ་བའི་རོགས་རམ"ལ་ཁག་བཏགས་ནས་སྤུན་མཆེད་དང་གྲོང་པའི་འཁྲིས་ནས་ཁོ་ཚོའི་ཐོབ་ཐང་ལག་འཁྱེར་དང་ཐེམ་ཐོ་སོགས་གཡར་ཡོང་ནས་ཁོ་ཚོའི་མིང་ཐོག་ནས་སྨྲ་སེ་དག་ནོར་འཛོལ་མེད་པར་བྲིས་ནས་རང་གི་ཨ་ཕར་རྩིས་འབུལ་བྱེད་དུ་བཏང་།

སྨྲ་སེ་འདི་དག་དངུལ་དང་བརྗེ་ཐུབ་ཀྱི་རེད་དམ་ཆེང་ཆེང་གི་ཨ་ཕ་ནི་སློབ་གྲྭར་འགྲོ་མྱོང་མེད་པས་སྨྲ་སེས་དངུལ་བརྗེ་ཐུབ་ཀྱི་རེད་ཅེས་པས་དགའ་ཐག་ཆོད་དེ་ལམ་སེང་གྲོང་གསེབ་མཉམ་ལས་སྨན་བཅོས་འགན་བཅོལ་ཁང་དུ་འགྲོ་ལུགས་གཉེར་བར་བསྐྱོད། དངུལ་བརྗེ་བའི་གྲངས་འབོར་ཇེ་མང་དུ་སོང་བའི་ཆེང་ཆེང་གི་ཨ་ཕས་གནས

ཚུལ་དེར་དོགས་པ་ཟ་བཞིན་ཡོད། ཡིན་ནའང་ཆིང་ཆིང་གིས་ཁོ་པར་དེ་ནི“དམིགས་བསལ་གྱི་བལྟ་སྐྱོང”རེད་ཅེས་བཤད་པས་ཁོ་པས་ཀྱང་དེར་སྐད་ཆ་གཞན་མ་དྲིས།

ཆིང་ཆིང་གིས་ སྤྲ་སེ་དེ་དག་ལ་བརྟེན་ནས་སྔ་རྗེས་ཁྱོན་བསྡོམས་སྐོར་ཁྲི་བཞི་བཅུ་ཡི་“སྨན་རིན་”བརྗེ་ཡོད། དངུལ་དེ་དག་གིས་ཁོ་མོའི་སྨན་རིན་ལ་སེམས་ཁྲལ་བྱེད་མི་དགོས་ལ་ཚད་ངེས་ཅན་ཞིག་གི་ངོས་ནས་བཤད་ན་དངུལ་དེ་དག་གིས་ཆིང་ཆིང་གི་ཁྱིམ་ཚང་གི་འཚོ་བའི་སྤུས་ཚད་ཡང་འགྱུར་བ་བཏང་ཡོད།

ཉིན་ཞིག་ལ་གློ་བུར་དུ་ཆིང་ཆིང་ཨ་ཕའི་ངོ་ཤེས་ཡིན་པའི་འཕྲོད་བསྟེན་ཚུས་ཀྱི་མི་དེས་ཁོ་པར་བརྗོད་དོན། ཁྱེད་ཀྱིས་འཁྱེར་ཡོང་བའི་རྩིས་ཞུའི་སྤྲ་སེ་དེ་དག་ལ་གནད་དོན་འདུག ད་ལྟ་འཕྲོད་བསྟེན་ཚུས་ནས་གནད་དོན་དེར་བརྟག་དཔྱད་བྱེད་བཞིན་འདུག་ཅེས་ལབ།

“ཆིང་ཆིང་གནས་ཚུལ་དེ་གང་འདྲ་བྱེད་པ་རེད་དམ།”ཆིང་ཆིང་ཨ་ཕས་ནང་དུ་སླེབས་མ་ཐག་ཁོ་མོར་དེ་ལྟར་དྲིས།

“སྤྲ་སེ་དེ་དག་ངས་གཞན་ནས་ཉོས་ཡོང་བ་ཡིན། དེ་དག་ཚང་མ་རྫུན་མ་རེད། ངས་ཀྱང་སྨན་བཅོས་བྱ་རྒྱུའི་ཆེད་དུ་དེ་ལྟར་བྱས་པ་ཡིན། ང་ལའང་བྱ་ཐབས་གཞན་པ་མི་འདུག”ཆིང་ཆིང་གིས་ངུ་བཞིན་དེ་ལྟར་བཤད།

“ང་ཚོས་རང་ཉེས་ངོས་ལེན་བྱེད་པར་འགྲོ”ཆིང་ཆིང་གི་ཨ་ཕར་རིག་གནས་མེད་ནའང་ཁོ་པས་ཚུལ་མིན་གྱི་རྒྱུ་ནོར་ལེན་མི་རུང་བའི་གནས་ལུགས་ཤེས་ཡོད།

སྤྱི་བདེ་ཚུས་སུ་རང་ཉེས་ངོས་ལེན་ཞུ་བའི་ཉིན་དེར་གནམ་གཤིས་ཏ་ཅང་ཡག་ང་།

ཆིང་ཆིང་གིས་རང་གི་ཉེས་པ་ཚང་མ་ཁས་ལེན་བྱས་པ་དང་ཚུལ་མིན་གྱི་ཐབས་ཤེས་ལ་

བརྟེན་ནས་ཐོབ་པའི་རྒྱུ་ནོར་ཐ་དག་ཕྱིར་སློག་བྱ་རྒྱུའི་རེ་བ་ཞུས།

"ཚུལ་མིན་གྱི་ཐབས་ལ་བརྟེན་ནས་བྱུང་བའི་དངོས་པོ་དག་ཕྱིར་སློག་བྱ་རྒྱུ་ནི་ཨ་ཅང་བརྗོད་མེད་རེད། དེས་མི་ཚད་ཁྱེད་ཀྱི་བྱ་སྤྱོད་དེ་ཁ་བསྣུས་བརྒྱབ་པའི་ཉེས་པ་བསགས་ཡོད་པས་ངེས་པར་དུ་ཁྲིམས་ལྟར་ཐག་གཅོད་བྱེད་དགོས།"ཉེན་རྟོག་པས་དོ་ནན་དང་གནས་ཚུལ་དེ་ཁ་མོའི་བསམ་པ་ལྟར་གྱི་ལས་སླ་པོ་དེ་འདྲ་མེད་པར་གསལ་བཤད་བྱས།

"ཁྲིམས་འགལ་"གནས་ཚུལ་དེ་ཉེས་ཚབས་དེ་འདྲ་ཞིག་ཏུ་སླེབས་པ་ནི་ཆིང་ཆིང་གི་བསམ་པའི་ཡུལ་ལས་འདས།

"རང་རྒྱལ་གྱི«ཉེས་ཁྲིམས»ཀྱི་དོན་ཚན་ཉེས་བརྒྱ་རེ་དྲུག་པའི་ནང་། གཞུང་སྒེར་གྱི་རྒྱུ་ནོར་འཕོར་ཆེ་ཙམ་ཁ་བསྣུས་བརྒྱབ་རིགས་ལ་དུས་བཙོན་ལོ་གསུམ་མན་ནམ་བཙོན་ཉར་ལས་བསྐུལ་ལམ་རྩིས་སྐྱོད་དོ་དམ་གྱི་ཉེས་ཆད་གཅོད་རྒྱུ་དང་། དངུལ་ཆད་ཀྱང་ཆབས་སྦྲགས་སུ་གཅོད་རྒྱུའམ་གཅིག་པུར་གཅོད་རྒྱུ། རྒྱུ་ནོར་འཕོར་ཆེན་ཁ་བསྣུས་བརྒྱབ་པའམ་ཉེས་ཚབས་ཆེ་བའི་གནས་ཚུལ་ཡོད་རིགས་ལ་དུས་བཙོན་ལོ་གསུམ་ཡན་ནས་ལོ་བཅུ་མན་བར་གྱི་ཉེས་ཆད་གཅོད་རྒྱུ་དང་། དངུལ་ཆད་ཀྱང་ཆབས་སྦྲགས་སུ་གཅོད་རྒྱུ། རྒྱུ་ནོར་ལྷག་པར་འཕོར་ཆེའམ་ཚབས་ལྷག་པར་ཆེ་བའི་གནས་ཚུལ་གཞན་ཡོད་རིགས་ལ་དུས་བཙོན་ལོ་བཅུ་ཡན་ནམ་ཚེ་བཙོན་གྱི་ཉེས་ཆད་གཅོད་རྒྱུ་དང་། དངུལ་ཆད་དམ་རྒྱུ་ནོར་གཞུང་བཞེས་གཏོང་རྒྱུའི་ཉེས་ཆད་ཀྱང་ཆབས་སྦྲགས་སུ་གཅོད་རྒྱུ་"ཞེས་གཏན་འབེབས་བྱས་པ་ལྟར་ཡུན་རིང་མ་སོང་བར་ཆིང་ཆིང་ས་གནས་དེ་གའི་ཞིབ་དཔྱོད་ལས་ཁུངས་ཀྱིས་ཞུ་སྐྱོར་ཕྱི་མ་དང་པོའི་མིང་ཐོག་ནས་གཏུག་བཤེར་བྱས།

ས་གནས་དེ་གའི་ཁྲིམས་ཁང་ནས་ཆིང་ཆིང་ནི་ཁ་བསླུས་བརྐྱབ་པའི་ནག་ཉེས་བསགས་ཡོད་པས་དུས་བཙོན་ལོ་དྲུག་དང་ཉེས་ཆད་སྒོར་ཁྲི་བཅུ་ཡི་ཆད་པ་བཅད་པ་དང་། ཆིང་ཆིང་གི་ཨ་ཕ་ནི་དུས་བཙོན་ལོ་གཉིས་དང་། ཁྲིམས་ཆད་འགྱུང་གཙོད་ལོ་གཉིས་དང་སྒོར་བཞི་སྟོང་གི་ཆད་པ་བཅད། ད་དུང་གྲོད་གཞི་འདིར་འབྲེལ་ཡོད་ཀྱི་སྨན་མཆེད་དང་ཁྲིམ་མཆེས་ལ་དུས་བཙོན་ལོ་གཉིས་དང་སྒོར་ལྔ་སྟོང་སོགས་ཀྱི་ཆད་པ་མི་འདྲ་བ་བཅད། ཆིང་ཆིང་ལ་སྨྲ་སེ་ཚོང་མཁན་གྱི་མི་དེར་ཞིབ་དཔྱོད་ལས་ཁུངས་ནས“སྨྲ་སེ་བར་ཚོང་བརྐྱབ་པའི་ཉེས་པ”ནས་གཏུག་བཤེར་བྱས་ཡོད་པས་ཁོ་པར་བསྒྲུགས་ནས་ཡོད་པ་ནི་ཁྲིམས་ཀྱི་འཇུར་འདོམས་ནན་མོ་ཞིག་ཡིན་པ་བརྗོད་མི་དགོས་པ་རེད།

“སྐྱེས་བུ་དམ་པ་ནོར་ལ་གཅེས་ནའང་ལེན་ལུགས་རྩོལ་དང་ལྡན་པ་ཡིན།”ཆིང་ཆིང་གི་སེམས་སུ་རང་གི་བྱས་ཉེས་ལ་བརྟེན་ནས་མི་མང་པོས་ཁྲིམས་འགལ་གྱི་བྱ་བ་བརྩམས་པར་འགྲོད་པ་གཏིང་ནས་སྐྱེས།

(རྩོམ་ཡིག་ཁྲོད་ཀྱི་མིའི་མིང་ནི་གསང་མིང་ཤ་སྟག་ཡིན)

ཁྲིམས་ལུགས་ཤེས་བྱ་འདྲེན་པ།

༢༠༡༩ལོའི་ཟླ༩པར་རྒྱལ་ཡོངས་མི་དམངས་འཐུས་མིའི་ཚོགས་ཆེན་སྐབས་བཅུ་གཉིས་པའི་རྒྱུན་ལས་ཨུ་ཡོན་ལྷན་ཁང་གི་གྲོས་ཚོགས་ཐེངས་བརྒྱད་པའི་ཐོག«ཉེས་ཁྲིམས»ཀྱི་དོན་ཚན་ཉེས་བརྒྱ་རེ་དྲུག་པའི་ནང་དོན་ལ་ཁྲིམས་འཛིན་འགྲེལ་བཤད་བྱས་པར་གྲོས་འཆམ་བྱུང་ཞིང་། ཁྲིམས་འཛིན་གྱི་འགྲེལ་བཤད་ནང་

རྒན་གསོ་དང་། སྨན་གསོ། ལས་རྩལ། ལས་ཤོར། ཕྲུ་གུ་སྐྱེ་བ་སོགས་སྤྱི་ཚོགས་འགན་བཅོལ་གྱི་དངུལ་ལམ་དེ་མིན་གྱི་སྤྱི་ཚོགས་འགན་སྲུང་གི་ཐོབ་ཐང་མ་དངུལ་ལ་མགོ་སྐོར་བཏང་བ་དང་། དཔང་ཡིག་རྫུན་མ་བཟོ་བ། ཡང་ན་དེ་མིན་གྱི་ཚུལ་མིན་གྱི་བྱ་ཐབས་སྤྱད་པ་སོགས་ལ«ཉེས་ཁྲིམས»ཀྱི་དོན་ཚན་ཉིས་བརྒྱ་རེ་དྲུག་པའི་ནང་དོན་གཏན་འབེབས་ལྟར་གཞུང་སྒེར་གྱི་རྒྱུ་ནོར་ཁ་བསླུས་བརྒྱབ་པའི་ཉེས་པ་ལྟར་ཐག་གཅོད་བྱ་རྒྱུ་ཡིན་ཞེས་གསལ་པོར་འཁོད་ཡོད། དེར་བརྟེན་རྫས་འགན་བཅོལ་བསླུས་ལེན་བྱས་ཚེ་དེ་ནི་ཁ་བསླུས་བྱས་པ་དང་གཅིག་པ་ཡིན་པ་གསལ་སྟོན་བྱས་ཡོད་ཅིང་འགན་བཅོལ་བསླུས་ལེན་བྱས་ཚེ་ཁྲིམས་ཀྱི་འཇུར་འཛོམས་བྱ་ངེས་ཡིན་ནོ།

«ཚེས་མཐོའི་མི་དམངས་ཁྲིམས་ཁང་དང་ཚེས་མཐོའི་ཞིབ་དཔྱོད་ཁང་གི་ཁ་བསླུས་གྱོད་གཞི་འདྲི་ཞིབ་བྱེད་པའི་ཞིབ་ཐྲའི་བཅའ་ཁྲིམས་སྤྱོད་སྟངས་སྐོར་གྱི་གནད་དོན་འགའ་རེའི་འགྲེལ་པ»ཡི་དོན་ཚན་དང་པོའི་གཏན་འབེབས་གཞིར་བཟུང་། གཞུང་སྒེར་གྱི་རྒྱུ་ནོར་ལ་ཁ་བསླུས་བྱས་ནས་རིན་གོང་ཐད་སྒོར་སུམ་སྟོང་ནས་ཁྲི་གཅིག་ཡན་དང་། སྒོར་ཁྲི་གསུམ་ནས་ཁྲི་བཅུ་ཡན། སྒོར་ཁྲི་ལྔ་བཅུ་ཡན་སོགས་ལ«ཉེས་ཁྲིམས»ཀྱི་དོན་ཚན་ཉིས་བརྒྱ་རེ་དྲུག་པའི་གཏན་འབེབས"རྒྱུ་ནོར་འབོར་ཆེ་ཙམ་ཁ་བསླུས་བརྒྱབ་པ"དང་། "རྒྱུ་ནོར་འབོར་ཆེན་ཁ་བསླུས་བརྒྱབ་པ" "རྒྱུ་ནོར་ལྷག་པར་འབོར་ཆེན་ཁ་བསླུས་བརྒྱབ་པ"ལྟར་ཁྲིམས་ཆད་གཅོད་རྒྱུ།

གཏམ་རྒྱུད་འདིའི་ནང་དོ་བདག་མི་སྣ་ཆེང་ཆེང་གིས་འགན་བཅོལ་བསླུས་ལེན་སྒོར་ཁྲི་བཞི་བཅུ་བྱས་ཡོད་པ་དེ་ནི"རྒྱུ་ནོར་ལྷག་པར་འབོར་ཆེན་ཁ་བསླུས

བརྒྱབ་པ"ཞིག་ཡིན་པས་ཁྲིམས་ལྟར་བསྡུས་ལེན་བྱས་པའི་དངུལ་དག་གཞུང་བཞེས་གཏོང་རྒྱུ་དང་། དུས་བཙོན་ལོ་དྲུག་གི་ཉེས་ཆད་གཅོད་རྒྱུ་དང་སྒོར་ཁྲི་བཅུ་ཡི་ཆད་པ་གཅོད་རྒྱུ།

༡༢ ལམ་འགྲམ་གྱི་སིལ་ཀླམ་འཕྲོག་མི་ཉན།

དབྱར་གཞུང་གི་མཚན་མོ་ཞིག་ལ། སིལ་སྙམ་དག་དག་བླུགས་པའི་རླངས་འཁོར་ཞིག་གྲོང་རྡལ་ག་གེ་མོ་བརྒྱུད་ནས་སྐྱོད་བཞིན་ཡོད། རླངས་འཁོར་དེའི་ཁ་ལོ་བ་གཉིད་ལྡོག་རྒྱག་བཞིན་ཡོད། ཡིན་ནའང་སིལ་སྙམ་བདག་པོས་དངོས་པོ་གང་མགྱོགས་དགོར་དགོས་པའི་སྐུལ་མ་བྱས་པས་ཁོས་སྤུག་ཙུས་དང་རླངས་འཁོར་བཏང་ནས་མདུན་དུ་སྐྱོད་བཞིན་ཡོད། གློ་བུར་དུ་ལམ་ཟུར་ནས་ཁྱི་ཞིག་ཐོན་པས་ཁ་ལོ་བས་དེར་གཡོལ་བས་རླངས་འཁོར་གཞོགས་ཤིག་ཏུ་ཨ་སློག་བརྒྱབ། མུན་ནག་ཁྲོད་དུ་རླངས་འཁོར་ཨ་སློག་བརྒྱབ་པའི་སྒྲ་ལས་ཐོས་རྒྱུ་མེད་ཅིང་རླངས་འཁོར་སྟེང་གི་སིལ་སྙམ་དག་ཕྱོགས་བཞིར་འཐོར།

ཁ་ལོ་བ་རླངས་འཁོར་ནང་དུ་ལུས་ཡོད་ཅིང་ཁོ་པ་རྨས་སྐྱོན་ཚབས་ཆེན་ཐོག་ཡོད་པས་འགུལ་བསྐྱོད་བྱ་མ་ཐུབ། ཁོས་ཁ་པར་བརྒྱབ་ནས་རོགས་པ་འབོད་དགོས་བསམ་ནའང་ཁ་པར་མི་རྙེད་པ་དང་སྐད་བརྒྱབ་དགོས་བསམ་ནའང་ཁོ་པ་རྨས་སྐྱོན་ཚབས་ཆེན་ཐོག་ཡོད་པས་སྐད་བརྒྱབ་མ་ཐུབ། མུན་ནག་གི་ཁྲོད་དུ་ཁོས་རླངས་འཁོར་ཞིག་ཡོང་རྒྱུར་རེ་སྒུག་བྱེད་བཞིན་ཡོད་ནའང་ཕྱོགས་བཞི་ཐམས་ཅད་དབེན་ཐིང་ཐིང་དུ་གནས་ཤིང་ཡོད་པ་དང་། ཁོ་པ་རིམ་བཞིན་རེ་ཐག་ཆད་པ་དང་རིམ་བཞིན་དྲན་པ་མི་གསལ་བར་འགྱུར།

ནམ་ཞེ་གསལ་དུ་འགྱུར་དུས། གཞོན་ནུ་ཞིག་ཀང་འཁོར་ལ་བཞོན་ནས་རླངས་འཁོར་གནས་ཚུལ་ལྷགས་ས་དེར་སླེབས། གཞོན་ནུ་དེའི་མིང་ལ་ སྣ་ཁྲུན་ཟེར་ཞིང་ཉིན་ཤས་ཀྱི་སྔོན་དུ་ཁོ་པར་སློབ་ཆེན་དུ་ཚུད་པའི་བརྡ་ཐོ་འབྱོར་མ་ཐག་རེད། སྣ་ཁྲུན་གྱི་ཁྱིམ་ཚང་ཆ་རྐྱེན་ཞན་པོ་ཡོད་པས་ཁོས་ངེས་པར་དུ་ངལ་གསོའི་དུས་ཚོད་བེད་སྤྱད་དེ་ཞོགས་པ་ཐུ་

པོ་ནས་ལམ་དུ་བསྐྱོད་ནས་རང་གི་སློབ་ཡོན་འཚོལ་བར་འགྲོ་དགོས་ཀྱི་ཡོད།

ཨ་ཁྲུན་གྱིས་ཨ་སློག་བརྒྱབ་པའི་རླངས་འཁོར་དེ་དང་ཕྱོགས་བཞིར་འཐོར་བའི་སིལ་སྙམ་དག་མཐོང་ནས་ཐོག་མར་ཧང་སངས་པ་དང་རིམ་བཞིན་ཁོས་གལ་ཏེ་སིལ་སྙམ་དེ་དག་དངུལ་དང་བརྗེ་ཚེ་རང་གི་སློབ་ཡོན་ཐད་དཀའ་ལས་དེ་ལྟར་བརྒྱབ་མི་དགོས་པའི་བསམ་བློ་འཁོར། ཁོས་དེ་ལྟར་བསམ་བློ་གཏོང་བཞིན་པའི་སྐབས་སུ་གློ་བུར་དུ་རླངས་འཁོར་ནས་མི་ཞིག་གི་འཁྲུན་སྒྲ་སྒྲོག་པའི་སྐད་ཐོས།

ཨ་ཁྲུན་གྱིས་ཞེད་སྣང་དང་བཅས་རླངས་འཁོར་ནང་དུ་བལྟ་དུས་ཁ་ལོ་བ་དེ་རླངས་འཁོར་ནང་དུ་ལུས་ཡོད་པ་མཐོང་བས་སེམས་སུ“མི་སྐྱོབ་པ་གལ་ཆེ”སྙམ་སྟེ་ཐབས་ཤེས་གང་དྲག་བྱས་ནའང་འབད་པ་འབྲས་མེད་དུ་འགྱུར། དེ་ནས་ཨ་ཁྲུན་གྱིས་ས་གནས་དེ་གའི་འཕྲོད་བསྟེན་ཁང་དུ་ཁ་པར་བརྒྱབ་ནས་རོགས་སྐྱོབ་ཡོང་རྒྱུའི་རེ་བ་བྱས།

ཨ་ཁྲུན་གྱིས་ཁ་ལོ་བའི་ཚབ་ཏུ་རོགས་སྐྱོབ་ཁ་པར་བརྒྱབ་པས་ཡུན་རིང་མ་སོང་བར་རོགས་སྐྱོབ་མི་སྣ་སླེབས་ངེས་རེད། སྐབས་དེར་ཨ་ཁྲུན་གྱིས་ས་སྟེང་དུ་འཐོར་བའི་སིལ་སྙམ་དག་ལ་བལྟས་ནས་ཅི་བྱ་གཏོལ་མེད་དུ་འགྱུར།

ཨ་ཁྲུན་གྱི་སེམས་སུ་སིལ་སྙམ་དེ་དག་ལེན་དགོས་སམ་མི་དགོས་སྙམ་ནས་ཐེ་ཚོམ་བྱེད་པའི་སྐབས་སུ་འཕྲོད་བསྟེན་ཁང་གི་རོགས་སྐྱོབ་རླངས་འཁོར་སླེབས་བྱུང་། སྨན་པ་དེ་དག་གིས་ཐབས་ཤེས་སྣ་ཚོགས་བཏང་མཐར་རླངས་འཁོར་ནང་དུ་ལུས་པའི་ཁ་ལོ་བ་དེ་ཕྱིར་སྐྱོབ་ཐུབ་སོང་། ཁ་ལོ་བ་དེ་རྨས་སྐྱོན་ཚབས་ཆེན་ཐོག་ཡོད་པས་སྨན་པ་དག་གིས་ཁ་ལོ་བ་དེ་རོགས་སྐྱོབ་རླངས་འཁོར་དུ་བླུགས་ནས་སྨན་ཁང་གི་ཕྱོགས་སུ་མདའ་འཕངས་པ་ལྟར་བསྐྱོད། ཡིན་ནའང་ལམ་ཟུར་དུ་འཐོར་བའི་སིལ་སྙམ་དག་ལ་སྨན་པས་ཇི་ལྟར་ཐག

གཙོད་བྱེད་དགོས་མིན་གསལ་སྟོན་གང་ཡང་མ་བྱས།

ན་ཁྲུན་གྱིས་ས་སྟེང་དུ་འཐོར་བའི་སིལ་སྐམ་དག་ལ་བལྟས་ནས་སླར་ཡང་ཁོ་པ་ཐེ་ཚོམ་གྱི་རྒྱ་ཙ་ཚུད།

ནམ་ཇེ་གསལ་ནས་ཇེ་གསལ་དུ་གྱུར་སོང་། ལམ་དུ་བགྲོད་མི་མང་དུ་སོང་བ་དང་། ཚང་མས་ལམ་ཟུར་གྱི་སིལ་སྐམ་ལ་བལྟས་ནས་བལྟ་ཙུབ་བརྒྱབ་ཡོང་། "མགྱོགས་པོ་ལེན་ཡ" གློ་བུར་དུ་རྒད་པོ་ཞིག་གིས་དེ་ལྟར་སྐད་བརྒྱབ་པས་བལྟ་ཙུབ་རྒྱག་མཁན་དག་ནི་སྤྱང་ཀི་ལུག་ཁྱུའི་སྟེང་དུ་ཞོར་བ་ལྟར་སིལ་སྐམ་དག་སྐམ་གཅིག་རེ་གཉིས་རེ་བྱས་ནས་སོ་སོའི་ནང་ལ་དབོར་བཞིན་འདུག

"ཀྱག་པ། འཐོམ་བསྡད་བྱས་ག་རེ་བྱེད་ག" རྒད་པོ་དེས་ན་ཁྲུན་འཐོམ་ནས་བསྡད་པའི་སྐབས་སུ་ཡ་མཚན་དང་བཅས་དྲིས།

ན་ཁྲུན་ཐར་བཞིན་ཐེ་ཚོམ་གྱི་གློང་དུ་ཚུད་ནས་འདུག

"ས་སྟེང་དུ་འཐོར་བའི་སིལ་སྐམ་དག་ང་ཚོའི་རེད། མ་ལེན་ན་སྡུག་གྲོང་རེད། ད་ལྟ་མི་ཚང་མས་ལེན་བཞིན་ཡོད་པས་ང་ཚོ་ཚང་མ་བརྩོན་ཁང་དུ་གཙུར་མི་སྲིད།" རྒད་པོ་དེས་དེ་ལྟར་ཟེར་བཞིན་རང་གི་འཁོར་གསུམ་འཁོར་ལོ་བཏང་ཡོང་ནས་དེའི་སྟེང་སིལ་སྐམ་དག་དག་བླུགས་ཏེ་རང་ཁྱིམ་དུ་ལོག

མི་སྟར་ལས་མང་བ་སླེབས་ཏེ་ཁོ་ཚོས་བྲེལ་བྲེལ་འཚུབ་འཚུབ་ངང་སིལ་སྐམ་དབོར་བ་དང་འཐྲོག་པ་སོགས་བྱེད་བཞིན་ཡོད་པ་དང་། ལྟ་གིན་ལྟ་གིན་དུ་ས་སྟེང་གི་སིལ་སྐམ་ཇེ་ཉུང་དུ་ཕྱིན་ཡོད།

"ད་དུང་སིལ་སྐམ་ཉུང་ཙམ་ཡོད་པས་ངས་ཀྱང་ལེན་དགོས།" ན་ཁྲུན་གྱིས་དེ་ལྟར་

བསམ་བཞིན་ས་སྟེང་ནས་སིལ་སྙམ་ལེན་པར་བརྩམ་དུས་ཉེན་རྟོག་པའི་ཐླངས་འཁོར་འགགས་ཉེན་བརྡ་གཏོང་བཞིན་སླེབས་བྱུང་།

"འདི་མི་གཞན་གྱི་དངོས་པོ་རེད། ཚང་མས་སྐབས་བསྟུན་འཕྲོག་བཅོམ་བྱེད་མི་ཉན།"ཉེན་རྟོག་པའི་ཙ་དཔོན་དེས་མི་ཚོགས་ལ་བལྟས་ནས་དེ་ལྟར་བཤད། ཡིན་ནའང་མི་རྣམས་ཀྱིས་སྔར་བཞིན་སིལ་སྙམ་ལེན་པ་དང་འཕྲོག་པ་ལས་ཉེན་རྟོག་པའི་སྐད་ལ་ཁ་ཡ་མ་བྱེད།

"ང་ཚོ་ཚང་མ་བཙོན་ཁང་དུ་གཙུར་མི་ཐུབ།"རྒད་པོ་དེས་སླར་ཡང་འཁོར་གསུམ་འཁོར་ལོ་བཏང་ནས་སིལ་སྙམ་ལེན་པར་སླེབས།

"ཐླངས་འཁོར་ཨ་སློག་བརྒྱབ་ནས་སིལ་སྙམ་དག་ལམ་ཟུར་དུ་འཐོར་བ་རེད། སིལ་སྙམ་དེ་དག་སྔར་བཞིན་ཁོའི་བདག་པོར་དབང་བ་རེད། ཁྱེད་ཚོའི་བྱ་སྤྱོད་དེ་ནི'མི་མང་མཉམ་ཙུབ་ཀྱིས་གཞུང་སྒེར་གྱི་རྒྱུ་ནོར་ཧམ་འཕྲོག་བྱས་པའི་ཉེས་པ'བསགས་པ་རེད། «ཉེས་ཁྲིམས»ཀྱི་དོན་ཚན་ཉིས་བརྒྱ་རེ་བརྒྱད་པའི་ནང་། ཚབས་ཆེ་བའི་གནས་ཚུལ་གཞན་དག་ཡོད་རིགས་ལ་གཏེ་པོ་དང་དེར་ཧུར་ཐག་ཞུགས་མཁན་ལ་དུས་བཙོན་ལོ་གསུམ་མན་ནས་བཙན་ཉར་ལས་བསྐུལ་ལམ་ཡང་ན་རྩིས་སྐྱོད་དོ་དམ་གྱི་ཉེས་ཆད་གཅོད་རྒྱུ་དང་། དངུལ་ཆད་ཀྱང་ཆབས་སྡུགས་སུ་བཅད་རྒྱུ། རྒྱུ་ནོར་འབོར་ཆེན་ཧམ་འཕྲོག་བྱས་པའམ་བྱས་ཉེས་ལྷག་པར་ཚབས་ཆེ་བའི་གནས་ཚུལ་གཞན་དག་ཡོད་རིགས་ལ་དུས་བཙོན་ལོ་གསུམ་ཡན་ནས་ལོ་བཅུ་མན་བར་གྱི་ཉེས་ཆད་གཅོད་རྒྱུ་དང་། དངུལ་ཆད་ཀྱང་ཆབས་སྡུགས་སུ་གཅོད་རྒྱུ་རེད། ད་ལྟ་ཁྱེད་ཚོས་སྔར་བཞིན་སིལ་སྙམ་འཕྲོག་བཅོམ་བྱས་ན་ཁྱེད་ཚོ་ཚང་མར་ཚད་མི་འདྲ་བའི་ཉེས་ཆད་གཅོད་རྒྱུ་ཡིན། ཁྱེད་ཚོས་ལམ་ནོར་ཐོག་ཤེས་བྱས་ནས་དངོས་པོ་

ཕྱིར་སྤྲོད་བྱས་ན་ང་ཚོས་འགན་འཁྲི་རྩད་གཅོད་བྱེད་ཀྱི་མིན།”ཉེན་རྟོག་ཅུ་དཔོན་དེ་བྱ་ཐབས་ཟད་ནས་མི་ཚོགས་ལ་ཕྱོགས་ནས་སྐད་ཤུགས་ཆེན་པོས་དེ་ལྟར་ཐ་ཚིག་སྒྲོག

ཉེན་རྟོག་ཅུ་དཔོན་གྱི་སྐད་ཆ་དེ་དག་གོ་མ་ཐག་མི་རྣམས་ཀྱིས་སེལ་སྐམ་དག་ཕྱིར་སྤྲོད་བྱས་པ་མ་ཟད། ད་དུང་གཏན་འཁེལ་གྱི་རླངས་འཁོར་དུ་བླུགས་རོགས་བྱས།

“དེ་རིང་ཧོག་ཙམ་མིན་ན་བཙོན་ཁང་དུ་ཚུད་སོང་། ཁེ་བཟང་ཆུང་ཆུང་ལ་ཧམ་པའི་འདོད་སེམས་འདིར་འགྱུར་བ་གཏོང་དགོས་ཀྱི་འདུག” ད་གིན་ཝུར་སློང་བྱེད་མཁན་གྱིས་ཀད་པོ་དེས་དེ་ལྟར་ཟེར་བ་དང་རང་གི་ནང་དུ་དགོར་བའི་སེལ་སྐམ་དག་ཕྱིར་བསྐྱལ་ཡོང་། “མི་མང་མཉམ་རུབ་ཀྱིས་གཞུང་སྒེར་གྱི་རྒྱུ་ནོར་ལ་འཕྲོག་བཅོམ་བྱས་པ་དེ་ནི་ཁྲིམས་མ་སྲུང་བ་དང་། ཁྲིམས་མ་ཤེས་པ། ཁྲིམས་མ་རྟོག་པ་གསལ་སྟོན་བྱས་ཡོད།”སྨྲ་ཁུན་གྱིས་རང་ཉིད་ཀྱིས་ཟུང་ཙམ་མིན་ན་ཁྲིམས་འགལ་གྱི་བྱ་བ་བརྩམ་པར་ཞེད་སྣང་བྱས་པ་དང་དེ་ནས་ཁོས་རྐང་འཁོར་བཞོན་ནས་ལམ་དུ་ཆས། ཁོས་ངལ་གསོའི་དུས་ཚོད་བེད་སྤྱོད་དེ་ཏན་ཏན་ཏིག་ཏིག་གི་ལས་ཀ་ཞིག་བཙལ་ནས་རང་གི་སློབ་ཡོན་བསག་རྒྱུའི་སེམས་ཐག་བཅད།

(རྩོམ་ཡིག་ཁྲིད་ཀྱི་མིའི་མིང་ནི་གསང་མིང་ཤ་སྟག་ཡིན)

ཁྲིམས་ལུགས་ཤེས་བྱ་འདྲེན་པ།

«དམངས་ཁྲིམས་སྤྱི་སྒྲོལ»གྱི་དོན་ཚན་དོན་ལྔ་པའི་ནང་དུ། སྤྱི་དམངས་སྒེར་གྱི་རྒྱུ་དངོས་ཁོངས་སུ་སྤྱི་དམངས་ཀྱི་ཁྲིམས་མཐུན་ཡོང་སྒོ་དང་། ཁང་པ། གསོག་དངུལ། འཚོ་བའི་སྤྱོད་ཆས། རིག་གནས་ཤུལ་དངོས། དཔེ་དེབ་དང་ཡིག་རིགས། ནགས་ཚལ་

དང་སྟོན་ཤིང་། ཕྱུགས་ཟོག བཅའ་ཁྲིམས་ནང་གསལ་གཏན་འབེབས་ལྟར་སྤྱི་དམངས་རང་ལ་དབང་ཆོག་པའི་ཐོན་སྐྱེད་རྒྱུ་ཆས་དང་ཁྲིམས་མཐུན་གྱི་རྒྱུ་དངོས་གཞན་དག་བཅས་ཚུད་ཡོད། སྤྱི་དམངས་ཀྱི་ཁྲིམས་མཐུན་གྱི་རྒྱུ་དངོས་ལ་བཅའ་ཁྲིམས་ལས་སྲུང་སྐྱོབ་བྱ་རྒྱུ་དང་། ཙ་འཛུགས་གང་དང་སྐྱེ་བོ་སུས་ཀྱང་བཙན་བཟུང་དང་། ཤུར་རྡེབ་ཀྱིས་ཏམ་འཕྲོག་གཏོར་བརླག་གནོད་རིགས་སམ་ཡང་ན་ཁྲིམས་འགལ་གྱིས་སྒོ་རྒྱ་ཐེལ་གནོན་དང་། བཙན་ཉར་བྱེད་པ། སྤྱོད་མཚམས་འཛོག་པ། གཞུང་བཞེས་གནོད་རིགས་བཅས་གཏན་ནས་མི་ཆོག «དམངས་ཁྲིམས་སྤྱི་སྒྲོལ»གྱི་དོན་ཚན་བརྒྱ་དང་བཅུ་བདུན་པའི་ནང་དུ། རྒྱལ་ཁབ་དང་ཐུན་མོང་གི་རྒྱུ་དངོས་སམ་སྐྱེ་བོ་གཞན་གྱི་རྒྱུ་དངོས་བཙན་བཟུང་བྱས་རིགས་རྣམས་རྒྱུ་དངོས་ཕྱིར་བསློག་དགོས། རྒྱུ་དངོས་ཕྱིར་བསློག་མ་ཐུབ་ན་དངུལ་ལ་ཕབ་སྟེ་སྐྱིན་ཚབ་སྤྲོད་དགོས།

«ཉེས་ཁྲིམས»ཀྱི་དོན་ཚན་ཉིས་བརྒྱ་རེ་བརྒྱད་པའི་ནང་། ཚབས་ཆེ་བའི་གནས་ཚུལ་གཞན་དག་ཡོད་རིགས་ལ་གཏེ་པོ་དང་དེར་ཧུར་ཐག་ཞུགས་མཁན་ལ་དུས་བཙོན་ལོ་གསུམ་མན་ནམ་བཙན་ཉར་ལས་བཀོལ་ལམ་ཡང་ན་རྩིས་སྤྲོད་དོ་དམ་གྱི་ཉེས་ཆད་གཅོད་རྒྱུ་དང་། དངུལ་ཆད་ཀྱང་ཆབས་སྦྲགས་སུ་བཅོད་རྒྱུ། རྒྱུ་ནོར་འབོར་ཆེན་ཏམ་འཕྲོག་བྱས་པའམ་བྱས་ཉེས་ལྷག་པར་ཚབས་ཆེ་བའི་གནས་ཚུལ་གཞན་དག་ཡོད་རིགས་ལ་དུས་བཙན་ལོ་གསུམ་ཡན་ནས་ལོ་བཅུ་མན་བར་གྱི་ཉེས་ཆད་གཅོད་རྒྱུ་དང་། དངུལ་ཆད་ཀྱང་ཆབས་སྦྲགས་སུ་གཅོད་རྒྱུ།

༡༣ གོ་སྐབས་འཚོལ་ནས་བྱ་སྤྱོད་སྡེལ་མཁན་གྱི་ཞའོ་མེ།

གནམ་ངོ་ཞིན་ཏུ་སྡུག་པས་མི་རྣམས་ལ་དབུགས་ཀྱང་འབྱིན་རྔུབ་དཀའ་བ་ལྟ་བུའི་ཚོར་སྣང་སྐྱོད། ཞའོ་མེ་ཡང་སེམས་མ་སྐྱིད་པར་ཡོད་པས་ཁོ་མོ་ཡི་སེམས་ཁམས་ཀྱང་གནམ་གཤིས་དེ་དང་མཚུངས། ཞའོ་མེ་ནང་ནས་ཐོན་ནས་ཐད་ཀར་འབྲུག་ཆ་དོད་པའི་ཁྲོམ་གཞུང་དུ་བསྐྱོད་པ་དང་། རྩིག་ཞུག་ཏུ་ཡོད་པའི་སྨན་ཚག་ཅིག་ཚོང་མཁན་གྱི་ཚོང་པ་དེའི་གམ་ནས“ཏུའུ་ཧྲུའུ་ཆང”ཞེས་པའི་ཅོ་ཅོའི་དུག་ཤོག་ཆག་ཅིག་ཉོས་ནས་རང་གི་པ་ཀེར་བླུགས་ཏེ་ཁུ་སིམ་སིམ་ངང་ནང་དུ་ལོག ཞའོ་མེ་ཡིས་དེ་ལྟར་བྱས་པ་ནི་ནང་མིས་གཏན་ནས་ཤེས་ཀྱི་མེད་ཅིང་ཁོ་མོས་གོ་སྐབས་ཤིག་བཙལ་ཏེ་བྱ་སྤྱོད་སྤེལ་རྒྱུར་བསྒུགས་ནས་ཡོད། ཞའོ་མེ་ཡི་བྱ་སྤྱོད་སྤེལ་ཡུལ་ནི་ཙ་མེ་ཡིན། ཐོན་མ་ཙ་མེ་ནི་ཞའོ་མེ་ཡི་ཉལ་ཁང་གཅིག་པའི་རོགས་པ་དང་སློབ་ཁང་དུའང་སློབ་ཚོ་གཅིག་གི་འདུག་རོགས་ཡིན་པ་མ་ཟད། ཁོ་གཉིས་ནི་ཕན་ཚུན་ཆ་རྒྱུས་ཡོད་པའི་གྲོགས་མོ་བཟང་པོའང་ཡིན། ཡིན་ནའང་ད་ལྟ་ཞའོ་མེ་ཡི་སེམས་སུ་ཙ་མེ་དྲན་ཐེངས་རེར་ཁོང་ཁྲོའི་མེ་ལྕེ་འབར་བཞིན་ཡོད།

ཞའོ་མེ་རང་ལོ་བཅོ་བརྒྱད་ལ་སོན་པའི་སྐྱེས་སྐར་བཏང་ཚར་བའི་དུས་དེར། སློབ་ཁང་དུ་སློབ་མ་གསར་པ་ཞིག་སླེབས་པ་དང་ཁོ་མོའི་མིང་ལ་ཀྲང་ཧྲང་ཟེར། ཀྲང་ཧྲང་གི་སྦྱང་འབྲས་ཡག་པོ་ཡོད་པས་སློབ་མ་དག་གིས་ཁོ་མོར་ཧ་ཅང་དགའ་པོ་བྱེད་ཀྱི་ཡོད། ཐོག་མར་ཞའོ་མེ་ཡང་སློབ་མ་གཞན་དག་དང་འདྲ་བར་ཀྲང་ཧྲང་དང་འགྲོགས་པར་དགའ་པོ་ཡོད། ཡིན་ནའང་ཡུན་རིང་མ་སོང་བར་ཞའོ་མེ་ཡིས་ཀྲང་ཧྲང་ནི་ཆུང་དུས་རང་དང་འགལ་ཟླ་བྱུང་མྱོང་ཡོད་པ་དང་རྒྱུག་རེས་ཤོར་མྱོང་ཡོད་པའི་ཧྲང་ཧྲང་ཡིན་པ་ངོ་ཤེས།

བྱིས་དུས་ཀྱི་འགལ་ཟླ་དང་རྒྱུག་རེས་ཁྲོད་དུ་ཧྲང་ཧྲང་གིས་ཞའོ་མེ་ཡི་དཔུང་པའི་སྟེང་དུ་རྨ་རྗེས་ཤིག་བཟོས་ཡོད། དེ་ནི་ཞའོ་མེ་ཡིས་ཧྲང་ཧྲང་ལ་འཁོན་འཛིན་བྱེད་པའི་རྒྱུ

རྐྱེན་གཙོ་བོ་དེ་ཡིན། ཞའོ་མེ་ཡིས་བྱིས་དུས་ཀྱི་གནས་ཚུལ་དེ་དག་སེམས་སུ་དྲན་ཞིང་ཕྱིན་རྗེས་ཀྱང་རྒྱང་དང་མཉམ་དུ་མི་འགྲོགས་པའི་སེམས་ཐག་བཅད་པ་དང་ད་དུང་ཅ་མེ་ཡང་ཀྱང་རྒྱང་དང་ཉེ་པོ་བྱེད་མི་ཆོག་པའི་སྐུལ་མ་བྱས།

ཞའོ་མེ་ཡི་དེ་ལྟར་རེ་བ་བརྟན་པར་ཅ་མེ་ཡིས་རྒྱུ་མཚན་གང་ཡིན་སྐད་ཆ་མི་འདྲི་བ་དང་ཁས་ལེན་བྱེད་ཁུལ་གྱི་མགོ་བོ་ནང་དུ་ལྡེམ་ཙམ་བྱས། ཡིན་ནའང་ཅ་མེ་ཡིས་སློབ་གསེང་གི་བར་དང་སློབ་གྲྭ་གྲོལ་རྗེས་རྟག་ཏུ་ཀྱང་རྒྱང་དང་མཉམ་དུ་འགྲོགས་ནས་ཡོད། དེར་ཞའོ་མེ་ཡིས་ཁོག་ཏུ་ཅ་མེ་གམ་དུ་འབོད་ནས"ཉེན་ཁ་ཆེ་བའི་མི་སྣ"དེ་དང་ཉེ་པོ་བྱེད་མི་ཉུང་བའི་དྲན་སྐུལ་བྱས། ཡིན་ནའང་ཅ་མེ་ཡིས་ཁོ་མོར་དགོད་ཙམ་བྱས་པ་ལས་སྔར་བཞིན་ཀྱང་རྒྱང་དང་མཉམ་དུ་འགྲོགས་ནས་ཡོད།

ཞའོ་མེ་ཡི་སེམས་སུ་ཀྱང་རྒྱང་ཟེར་བའི་སློབ་མ་གསར་པ་དེ་སླེབས་ནས་ཅ་མེ་ཡོངས་སུ་འགྱུར་འདུག་སྙམ་པ་དང་། དེ་བས་སློབ་ཁང་དུ་བསྐྱོད་དུས་སློབ་མ་གཞན་གྱིས་རང་ལ་སྔར་དང་མི་འདྲ་བའི་མིག་མདངས་ཤིག་གིས་བལྟས་ནས་ཡོད་པ་ཚོར་འོང་། ཞའོ་མེ་ཀྱང་རྒྱང་ལ་ཆོག་པ་ཟ་བཞིན་ཡོད་པ་དང་། ཅ་མེ་ཡིས་རང་ལ"རྒྱབ་གཏོད"བྱས་པར་དེ་བས་ཁོང་ཁྲོ་ལངས་ནས་ཡོད། ཞའོ་མེ་ཡི་སེམས་སུ་གནས་ཚུལ་དེ་ལྟར་དུ་འགྱུར་དོན་ནི་ཚང་མ་ཅ་མེ་ཡི་ལན་པ་ཡིན་སྙམ་པ་དང་གོ་སྐབས་ཤིག་བཙལ་ནས་ཅ་མེ་ལ་འཁོན་ལན་སློག་དགོས་བསམས།

དུས་རྒྱུན་ཞའོ་མེ་ཡིས་ཀྱང་རྒྱང་དང་ཅ་མེ་མཉམ་དུ་འགྲོགས་པའི་རྣམ་པ་དག་མཐོང་དུས་ཁོ་མོའི་སེམས་སུ་ཁོང་ཁྲོའི་མེ་ལྕེ་རབ་ཏུ་འབར་བཞིན་ཡོད། ཞའོ་མེ་ཡིས་ཁྲིམ་གཞུང་ནས་ཅི་དུག་ཉོས་སྟེ་གོ་སྐབས་བཙལ་ནས་བྱ་སྤྱོད་སྤེལ་རྒྱུ་དེ་ཡང་ཁོ་མོའི་འཁོན་

ལན་སློག་བྱེད་ཀྱི་བྱ་ཐབས་ཤིག་རེད།

ཞའོ་མེ་ཡིས་ཅོ་དུག་ཤོག་ཆག་དེ་རང་གི་པ་ཀེར་ནྲུགས་ནས་ཡོད་པས་ཁོ་མོས་སློབ་ཚན་ཉན་པ་དང་། སློབ་གྲྭའི་ཟ་ཁང་དང་ཉལ་ཁང་དུ་སོང་རུང་སློབ་མ་གཞན་གྱིས་ཁོ་མོར་དོ་སྣང་དང་དོགས་པ་བྱེད་མཁན་གཅིག་ཀྱང་མེད། ཞའོ་མེ་ཡིས་གོ་སྐབས་དེ་དང་བསྟུན་ནས་བྱ་སྤྱོད་ སྡེལ་རྒྱུའི་རེ་སྒུག་བྱས་ནས་ཡོད།

ཡུན་རིང་མ་སོང་བར་ཞའོ་མེ་ལ་གོ་སྐབས་ཤིག་རྙེད། དེ་ནི་ཞའོ་མེ་ཡིས་མཐོང་གསལ་དུ་ཙ་མེ་ཡིས་ཁ་ཕྱེ་ཡོད་པའི་འོ་རྩམ་དེ་ཁོ་མོའི་སྦྲོག་རྩེའི་འོག་ཏུ་ནྲུགས་ནས་ཡོད་པ་རེད། ཞའོ་མེ་ཡི་སེམས་སུ་གལ་ཏེ་རང་གིས་ཅོ་དུག་འོ་རྩམ་ནང་དུ་ནྲུགས་ཚེ་སུས་ཀྱང་མི་ཤེས་ངེས་རེད་སྙམ་པ་དང་གོ་སྐབས་བཙལ་ནས་བྱ་སྤྱོད་སྡེལ་རྒྱུ་བྱེད། ཡིན་ནའང་ཞའོ་མེ་ཡི་བསམ་ཡུལ་ལས་འདས་པ་ཞིག་ལ་ཙ་མེ་ཡིས་འོ་རྩམ་དེ་སློབ་མ་གཞན་ལ་སྦྱེར་བ་དང་མཚམས་མཚམས་སུ་རང་ལའང་སྦྱེར་གྱི་ཡོད་པས་ཞའོ་མེ་ཡིས་རང་གི་སྲོག་ཀྱང་མཉམ་དུ་བསྐྱལ་མི་འདོད་པས་འོ་རྩམ་དུ་ཅོ་དུག་ནྲུགས་རྒྱུའི་འཆར་གཞི་དེ་ཕྱིར་འཐེན་ (?)

བྱེད་དགོས་བྱུང་།

དེ་ནས་ཉིན་ཤས་སོང་རྗེས་ཞའོ་མེ་ལ་གོ་སྐབས་གཞན་ཞིག་རྙེད། དེ་ནི་ཙ་མེ་ཡི་རྒྱུ་འབྱུང་སའི་པེ་ཅོ་དེ་ཁོ་མོ་གཅིག་པུས་བེད་སྤྱོད་གཏོང་གི་ཡོད་པས་ཞའོ་མེ་ཡིས་ཙ་མེ་ཡི་པེ་ཅོའི་ནང་དུ་ཅོ་དུག་ནྲུགས་རྒྱུའི་གྲ་སྒྲིག་བྱས། ཡིན་ནའང་ཞའོ་མེ་ཡིས་པེ་ཅོའི་ནང་ཅོ་དུག་ནྲུགས་པར་བརྩམ་དུས་རྟག་ཏུ་ཙ་མེ་ནི་ག་ནས་ཡོང་བར་མི་ཤེས་པར་ཁོ་མོའི་མདུན་དུ་ལྷགས་ཡོང་བས་ཞའོ་མེ་ཡི་འཆར་གཞི་དེ་ཡང་ཕྱིར་གཏོང་བྱེད་དགོས་བྱུང་།

ཙུང་བྲེལ་འཚུབ་ལངས་བཞིན་པའི་ཞའོ་མེ་ཡིས་ད་ནི་ཙ་མེ་ཡི་ཁ་ལག་ནང་དུ་ཅོ་

དུག་བླུག་རྒྱུའི་གྲ་སྒྲིག་བྱས། ཞའོ་མེ་ཡིས་རང་འགུལ་ངང་ཙ་མེ་ལ་ཁ་ལག་བླུགས་ནས་ཙ་མེ་ཡི་མདུན་དུ་བསྐྱལ་དུས། ཙ་མེ་ཡིས་ང་ལ་ཡི་ག་མི་འདུག ཟ་འདོད་མི་འདུག་ཟེར། དུས་ཚོད་ཡུན་རིང་ཞིག་འདས་སོང་། ཞའོ་མེ་ཡིས་གོ་སྐབས་བཙལ་ནས་བྱ་སྤྱོད་སྡེལ་རྒྱུ་དེ་ལམ་སྟོངས་མ་བྱུང་།

ཞའོ་མེ་ལ་གློ་བུར་དུ་གོ་སྐབས་ཤིག་རྙེད་བྱུང་། དེ་ཉིན་སློབ་ཁང་དུ་ཙ་མེ་ཡི་བསྡད་ས་སྟོང་པ་ཡིན་པས་སློབ་མ་གཞན་ལ་དྲིས་དུས་ཙ་མེ་ཆམ་པ་བརྒྱབ་ནས་ཉལ་ཁང་དུ་ཡོད་པ་གོ་ཐོས་བྱུང་། ཞའོ་མེ་ཡི་སེམས་སུ་ཙ་མེ་ཡི་ཆམ་པའི་སྨན་ནང་དུ་ཅི་དུག་བླུགས་ནས་ཁོ་མོར་འཕུང་བཅུག་དགོས་བསམ་པ་དང་། སློབ་ཚན་དེར་ཁོ་མོས་ཇི་ལྟར་བྱས་ནས་ཅི་དུག་ཆམ་པའི་སྨན་ནང་དུ་བླུགས་དགོས་མིན་ཐད་བསམ་བློ་བཏང་ནས་བསྡད།

སློབ་ཚན་གྲོལ་སོང་། ཞའོ་མེ་ཉལ་ཁང་ཕྱོགས་སུ་མགྱོགས་པོར་བསྐྱོད་ནས་རང་གི་བྱ་སྤྱོད་སྡེལ་དགོས་བསམ། ཁོ་མོ་ཉལ་ཁང་གི་སྒོ་འགྲམ་དུ་སླེབས་དུས་ཉལ་ཁང་ནང་དུ་མི་གཉིས་ཀྱི་ཤབ་ཤུབ་དང་སྐད་ཆ་འཆད་བཞིན་པ་ཐོས། ཁོ་མོས་སྐར་ཡང་ཞིབ་ཏུ་ཉན་པས་དེ་ནི་ཙ་མེ་དང་ཀྲང་ཧྲང་གི་སྐད་ཡིན་པ་ཤེས། ཞའོ་མེ་ཡིས་ད་གིན་སློབ་ཁང་དུ་བྱ་སྤྱོད་སྡེལ་རྒྱུ་ཁོ་ན་ལ་མགོ་འཁོར་ནས་བསྡད་པ་ལས་ཀྲང་ཧྲང་ཡང་སློབ་ཁང་དུ་མེད་པ་མི་ཤེས།

"ཁྱེད་ཀྱིས་ང་ལ་ཡག་པོ་འདི་འདྲ་གནང་བར་ཐུགས་རྗེ་ཆེ"དེ་ནི་ཙ་མེ་ཡི་སྐད་རེད།

"འགྲིམ་འགྲུལ་གྱི་ལས་འཛོལ་དེར་ངའི་ཨ་ཕར་ནོར་འཁྲུལ་ཆེན་པོ་ཡོད། ཁྱེད་ཀྱིས་ང་ལ་སེམས་འཛིན་མི་བྱེད་པར་ཐུགས་རྗེ་ཆེ"དེ་ནི་ཀྲང་ཧྲང་གི་སྐད་རེད། ཞའོ་མེ་ཡིས་གློ་བུར་དུ་ལོ་ཕྱེད་སྔོན་དུ་ཙ་མེ་ཡི་ཨ་ཕ་འགྲིམ་འགྲུལ་ལས་འཛོལ་ཞིག་ལས་ཚེ་ལས་འདས་པ་དྲན་པ་དང་། དེ་དུས་ཙ་མེ་ལ་ཐོག་ཐུག་བྱུང་ཡོང་སྙམ་ནས་གནས་ཚུལ་དེའི་སྐོར་ལ་སྐད་

ཆ་མང་པོ་མ་དྲིས། ཞའོ་མེ་ཡི་བསམ་ཡུལ་ལས་འདས་པ་ཞིག་ལ་འཁྲིམ་འགྲུལ་གྱི་ལས་འཛོལ་སློང་མཁན་ནི་ཀྲང་རྷང་གི་ཨ་ཕ་ཡིན་པ་དང་། ད་ལྟ་ཀྲང་རྷང་དང་ཙ་མེ་གྲོགས་མོར་འགྱུར་བ་དེ་རེད།

"གཞན་ལ་བྱམས་བརྩེས་སྐྱོང་བ་དེ་རང་ལ་བྱམས་བརྩེས་སྐྱོང་བ་དང་གཅིག་པ་རེད།"ཞའོ་མེ་ཡིས་ཙ་མེ་ཡི་སྐད་ཆ་ལ་ཉན་རྗེས་པོ་མོས་ཀྲང་རྷང་ལ་བསམ་ཤེས་དང་གུ་ཡངས་བྱས་ཟིན་པ་ཤེས། དེར་ཞའོ་མེ་ཡིས་རང་གིས་ཆུང་དུས་ཀྱི་བྱ་བ་ཆུང་ཙག་ཅིག་ལ་སེམས་འཛིན་བྱས་ནས་གཞན་ལ་འཁོན་ལན་སློག་རྒྱུའི་བྱ་བ་དེར་ངོ་གནོང་ཚད་མེད་སྐྱེས་པས་ཅོ་དྲུག་ཤོག་ཆག་དེ་གད་སྙིགས་ཀྱི་ནང་དུ་ཤུགས་ཀྱིས་དབྱུགས།

"དགོངས་པ་མ་ཚོམས་རོགས། ངས་ཁྲིམས་འགལ་གྱི་བྱ་བ་བརྩམ་འདུག ཞའོ་མེ་དྭ་བཞིན་ཉལ་ཁང་དུ་ཕྱིན་པ་དང་རང་གི་སྔོན་བྱས་ཀྱི་ལས་རྣམས་སྦ་གསང་མེད་པར་བཤད།"

"རང་སྔར་བཞིན་ང་ཚོའི་གྲོགས་མོ་བཟང་པོ་ཡིན།"ཙ་མེ་དང་། ཀྲང་རྷང་། ཞའོ་མེ་ཕན་ཚུན་དམ་པོར་འཁྱམ་ནས་བསྡད།

(རྩོམ་ཡིག་ཁྲིད་ཀྱི་མིའི་མིང་ནི་གསང་མིང་ཤ་སྟག་ཡིན)

ཁྲིམས་ལུགས་ཤེས་བྱ་འདྲེན་པ།

དུག་བཏབ་པའི་ནག་ཉེས་ནི་ནག་ཉེས་ཚབས་ཆེན་ཡིན། «ཉེས་ཁྲིམས»ཀྱི་དོན་ཚན་ཉིས་བརྒྱ་དང་བཅོ་ལྔའི་ནང་། མེ་བརྒྱབ་པ་དང་། ཆུ་རགས་གཏོར་བ། གས་གཏོར་བཏང་བ་དང་དེ་བཞིན་དུག་གནོད་ཀྱི་རང་བཞིན་ལྡན་པ་དང་། འཕྱེད་ནུས་ལྡན་པ།

འགོ་ནད་ཀྱི་འབྱུང་ཁུངས་སོགས་ཀྱི་དངོས་པོ་བཏང་བའམ་ཉེན་ཁ་ཆེ་བའི་བྱེད་ཐབས་གཞན་དག་སྤྱད་དེ་མི་ལ་རྨས་སྐྱོན་ཚབས་ཆེན་བཟོས་པ་དང་སྲོག་བཅད་པ་ཡང་ན་གཞུང་སྒེར་གྱི་རྒྱུ་ནོར་ལ་གྱོང་གུན་ཆེན་པོ་བཟོས་པའི་རིགས་ལ། དུས་བཙོན་ལོ་བཅུ་ཡན་དང་ཚེ་བཙོན་ནམ་སྲོག་ཁྲིམས་གཅོད་རྒྱུ། «ཉེས་ཁྲིམས»ཀྱི་དོན་ཚན་བརྒྱ་དང་བཅུ་བཞིའི་ནང་། མེ་བརྒྱབ་པ་དང་། ཆུ་རགས་གཏོར་བ། གས་གཏོར་བཏང་བ་དང་དེ་བཞིན་དུག་གནོད་ཀྱི་རང་བཞིན་ལྡན་པ་དང་། འཕྲེད་ནུས་ལྡན་པ། འགོ་ནད་ཀྱི་འབྱུང་ཁུངས་སོགས་ཀྱི་དངོས་པོ་བཏང་བའམ་དེ་བཞིན་ཉེན་ཁ་ཆེ་བའི་བྱེད་ཐབས་གཞན་དག་སྤྱད་དེ་སྤྱི་པའི་བདེ་འཇགས་ལ་གནོད་འཚེ་བཏང་ནས་མཇུག་འབྲས་ཚབས་ཆེན་བཟོས་མེད་པའི་རིགས་ལ་དུས་བཙོན་ལོ་གསུམ་ཡན་ནས་ལོ་བཅུ་མན་གྱི་ཉེས་ཆད་གཅོད་རྒྱུ། «ཉེས་ཁྲིམས»ཀྱི་དོན་ཚན་ཉེར་གཉིས་པའི་ནང་། བྱས་ཉེས་གསོག་ཆེད་ཡོ་བྱད་གྲ་སྒྲིག་དང་ཆ་རྐྱེན་སྐྲུན་ཐབས་བྱེད་རིགས་ནི་བྱས་ཉེས་ཀྱི་ཉེར་བསྡོགས་ཡིན། བྱས་ཉེས་བསགས་ཟིན་པའི་ཉེས་ཅན་ལ་ཉེས་ཆད་གཅོད་པའི་ཚོད་དང་བསྡུར་ནས་ཉེར་བསྡོགས་ཉེས་ཅན་ལ་ཡང་བཟོས་ཀྱི་ཉེས་ཆད་དང་ཉེས་ཆད་བཅའ་ཡང་དུ་གཏོང་བའམ་ཉེས་ཆད་རྩ་ཆག་ཏུ་བཏང་ཆོག

གཏམ་རྒྱུད་འདིའི་ནང་དུ་ཞའོ་མེ་ཡིས་ཅི་དུག་ཉོས་ནས་གོ་སྐབས་བཙལ་ཏེ་དུག་བཏབ་རྩིས་བྱས་པ་དེ་ནི"ཉེས་གསོག་གྲ་སྒྲིག"གི་བྱ་སྤྱོད་རེད། ཡིན་ནའང་རྒྱུ་མཚན་མང་དག་ལས་ཕོ་མོས་ཉེས་གསོག་གྲ་སྒྲིག་གི་བྱ་སྤྱོད་དེ་དོན་དངོས་སུ་ལག་བསྒྱུར་བྱེད་ཐུབ་མེད་པས་ན་དུག་བཏབ་པའི་ནག་ཉེས་སུ་འགྲུབ་མེད། གལ་ཏེ་ཞའོ་

མི་ཡིས་དུག་བཏབ་ཚེ“དུག་བཏབ་པའི་ཉེས་པ”དང་འབྲེལ་བ་ཡོད་པ་དང་། ཞོར་མི་ལོ་བཅོ་བརྒྱད་ལ་སོན་ཡོད་པ་དང་རང་གི་བྱ་སྤྱོད་ལ་འགན་འཁུར་ནུས་པ་ཡོད་པའི་མི་ཡིན་པས་དུག་བཏབ་པ་མ་འགྲུབ་ནའང་དུས་བཙོན་ལོ་གསུམ་ནས་ལོ་བཅུའི་བར་ཁྲིམས་ཆད་གཅོད་རྒྱུ་དང་། གལ་ཏེ་དུག་བཏབ་ནས་སྲོག་བཅད་པ་ན་ཚེ་བཙོན་ཡང་ན་སྲོག་ཁྲིམས་གཅོད་རྒྱུ།

༡༨ ཚེ་གང་ལ་འཁྱོད་པ་སྐྱེ་དགོས་པའི་"རྩེད་མོ་ཞིག"

ཕན་ཚུན་རྩེད་མོ་རྩེ་བ་དང་གད་མོ་སྒྲོང་བ་ལས་ཞི་ཞིང་སྡོད་པའི་ཁོར་ཡུག་ཅིག་སྐྲུན་ཐུབ་པ་མ་ཟད། དེ་ནི་རྩེད་མོ་རྩེ་མཁན་གང་དེ་ཁ་མཚར་ལ་དགའ་བའི་མངོན་རྟགས་ཤིག་ཀྱང་རེད་ལ། མི་རྣམས་ཀྱིས་དུས་རྒྱུན་ཕན་ཚུན་རྩེད་མོ་རྩེ་བ་དང་གད་མོ་སྒྲོང་བ་སོགས་ཀྱི་ཐབས་ལ་བརྟེན་ནས་སློབ་སྦྱོང་དང་ལས་ཀའི་འཁུར་པོ་ཡང་དུ་གཏོང་གི་ཡོད། སྤྱིར་བཏང་གི་མི་ཞིག་གི་ངོས་ནས་བཤད་ན་ཕན་ཚུན་རྩེད་མོ་རྩེ་བ་ནི་གླེང་རིན་མེད་པའི་བྱ་བ་ཆུང་ཙག་ཅིག་རེད། ཡིན་ནའང་ཡུན་རིང་མ་སོང་བའི་སྔོན་དུ། ལུའུ་ཞུན་གྱིས་རྩེད་མོ་ཆུང་ཆུང་ཞིག་གིས་རང་ཉིད་ཚེ་གང་ལ་འགྱོད་པ་སྐྱེས་དགོས་པའི་བྱ་བ་བརྩམས་སོང་།

ལུའུ་ཞུན་ནི་མཐོ་འབྲིང་ལོ་གསུམ་པར་འགྲིམ་པའི་སློབ་མ་ཞིག་ཡིན་ཞིང་ཁོ་པ་ད་ལོ་ལོ་བཅོ་བརྒྱད་ལ་སོན་ཡོད། ལུའུ་ཞུན་ནི་ཁོག་རྒྱ་ཆེ་ཞིང་རྩེད་མཚར་ལ་དགའ་བ་ཞིག་ཡིན་པས་དུས་རྒྱུན་ཁོས་སློབ་ཁང་དུ་སློབ་མ་གཞན་ལ་རྩེད་མོ་རྩེ་རྒྱུར་ཤིན་ཏུ་དགའ། སློབ་མ་གཞན་རྣམས་ཀྱང་ལུའུ་ཞུན་གྱི་གད་མོ་སྒྲོང་བ་དང་རྩེད་མཚར་བྱས་པ་ལ་ལྷག་པར་དགའ་བས་ཁོས་གང་བཤད་པའི་དོན་དེར་རྟེང་རྩོད་མི་བྱེད་པ་མ་ཟད། ད་དུང་ཁོར"གད་མོ་སྒྲོང་མཁན"ཞེས་པའི་མིང་འདོགས་ཤིག་བཏགས་ཡོད་ཅིང་ལུའུ་ཞུན་ངོས་ནས་བཤད་ན་གཞན་ལ་རྩེད་མོ་རྩེ་བ་དེ་ནི་ཁོ་པའི་ངེས་སྦྱོང་སློབ་ཚན་ལྟ་བུར་འགྱུར་ནས་ཡོད།

མཐོ་རྒྱུགས་ཀྱི་ཐོ་འགོད་བྱེད་པའི་ཉིན་གཉིས་ཀྱི་སྔོན་དུ། ལུའུ་ཞུན་ལ་ཆུང་དུས་རང་གི་ཁྱིམ་མཚེས་ཡིན་པའི་ཞའོ་པའེ་དང་འཕྲད། ཁོ་གཉིས་ཡུན་རིང་མ་འཕྲད་ནའང་ཐུག་པ་ཙམ་གྱི་གྲོགས་པོ་སྙིང་པ་ཞིག་འཕྲད་པ་ལྟར་བྱུང་།

ཁོ་གཉིས་ཕན་ཚུན་གཏམ་གླེང་བྱས་པ་བརྒྱུད། ལུའུ་ཞུན་གྱིས་ཞའོ་པའེ་ད་ལྟ་སློབ་གྲྭར་མ་སོང་བ་དང་བཟོ་གྲྭ་ཞིག་ཏུ་ལས་ཀ་བྱེད་བཞིན་ཡོད་ཅིང་མཚམས་རེ་ཞོར་ལས་སུ

ལས་ཀ་གཞན་དག་བྱེད་ཀྱི་ཡོད་པ་རེད་པ་དང་། ཞའོ་པའེ་ཡི་སེམས་སུ་ལྕའོ་རུན་ནི་ཐང་ལྟར་རྩེད་མཚར་ལ་དགའ་བའི་མི་ཞིག་ཡིན་པ་རེད།

ཞའོ་པའེ་ཡིས་ལྕའོ་རུན་གྱིས་དེ་སྔོན་སློབ་མ་གཞན་གྱི་རྒྱབ་ངོས་སུ་ཤོག་བུའི་སྟེང་ཡི་གེ་བྲིས་ནས་སྦྱར་བ་དང་། ཡང་ན་མཚམས་རེ་གློ་བུར་དུ་གཞན་ལ་ཞེད་སྣང་སྐྱེལ་བའི་རྩེད་མོ་རྩེ་སྟངས་དེ་དག་ནི་ཆུ་ཚད་དམའ་དྲག་འདུག དེ་ལས་ཆུ་ཚད་མཐོ་བའི་རྩེད་མོ་རྩེ་དགོས་རྒྱུའི་གྲོས་འགོ་བཏོན།

"དེ་ལས་ཆུ་ཚད་མཐོ་བའི་རྩེད་མོ་རྩེ་སྟངས་གང་འདྲ་ཡོད་དམ།"ལྕའོ་རུན་གྱིས་ཞའོ་པའེ་ལ་བལྟས་ནས་མཚར་སྣང་དང་བཅས་དྲིས།

ཞའོ་པའེ་ཡིས་ལྕའོ་རུན་གྱི་དྲི་བར་ཐད་ཀར་ལན་མ་བརྒྱབ་པར་ལྕའོ་རུན་ལ་ཐོག་ཏུ་ལོ་པར་སློབ་གྲོགས་དག་གི་སློབ་ཁོངས་ཡིག་ཚགས་དང་མིང་ཐོ་འགོད་པའི་ཨང་གྲངས་སོགས་བསྒྱུ་རུབ་བྱེད་དགོས་པའི་སྐུལ་མ་བྱས་པ་དང་། དུས་ཚོད་རྫུང་ཙམ་སོང་ན་རྩེད་མོ་དེར་ཁྱད་ཆོས་ཇི་འདྲ་ཡོད་མེད་ར་སྤྲོད་བྱེད་ཆོག་ཟེར། ལྕའོ་རུན་གྱིས་ཞའོ་པའེ་ཡིས་བཤད་པའི་རྩེད་མོ་དེའི་གོ་དོན་མ་རྟོགས། ཡིན་ནའང་ཞའོ་པའེ་ཡིས་རྩེད་མོ་ཙམ་ཡིན་ཟེར་བས་ཁོས་དེའི་སྐོར་བསམ་བློ་མང་པོ་མ་བཏང་བར་ཐོག་ཏུ་རང་གི་གྲོགས་པོ་ལྔའི་སློབ་ཁོངས་ཡིག་ཚགས་དང་མིང་ཐོ་འགོད་པའི་ཨང་གྲངས་སོགས་བསྒྱུ་རུབ་བྱས། དེའི་རྗེས་སུ། ཞའོ་པའེ་ཡིས་ལྕའོ་རུན་ལ་འབྲེལ་བ་མ་བྱས། ལྕའོ་རུན་ཡང་ཉིན་རྒྱུན་མཐོ་རྒྱུགས་ཀྱི་སློབ་སྦྱོང་ལ་བྲེལ་ནས་ཡོད་པས་གནས་ཚུལ་དེར་དེ་ལྟར་སྣང་འཇོག་མ་བྱས།

དེ་ནས་ཡུན་རིང་མ་སོང་བར་སློབ་མ་དག་རང་རང་གི་རེ་འདུན་བྱེད་པའི་སློབ་ཆེན་གང་དེར་ཐོ་འགོད་བྱེད་འགོ་བཙམ། སྐབས་དེར། ཞའོ་པའེ་ཡིས་ལྕའོ་རུན་ཉེ་འཁོར་

གྱི་དྲ་ཁང་ཞིག་ཏུ་འཐོད་པ་དང་། ཐོན་ནས་བརྩེ་ཊུབ་བྱས་པའི་སློབ་མ་རྣམས་ཀྱི་ཡིག་ཚགས་ཆ་འཕྲིན་དག་མཐོ་རྒྱུགས་རེ་འདུན་དྲ་བར་བཏགས་པས། དེ་མ་ཐག་ཏུ་སློབ་མ་དེ་དག་སློབ་ཆེན་གང་དུ་ཐོ་འགོད་བྱས་ཡོད་པ་གསལ་པོ་མཐོང་།

"གལ་སྲིད། སང་ཉིན་སློབ་མ་དེ་དག་གིས་རང་རང་གི་རེ་འདུན་ཐོ་འགོད་འགྱུར་ཡོད་པ་ཤེས་ན་ཁོང་ཚོ་གང་འདྲ་བྱེད་སྲིད་དམ།"ཞོ་པའི་ཡིས་མ་ཏུང་བའི་རྣམ་འགྱུར་སྟོན་བཞིན་དེ་སྐད་བཤད།

ལུའུ་ཙུན་གྱིས་ཞོ་པའི་ཡི་བསམ་དོན་རྟོགས་པ་དང་། ཁོའི་སེམས་སུ་རང་གི་གྲོགས་པོ་དག་གིས་སང་ཉིན་སོ་སོས་ཐོ་འགོད་བྱས་པའི་སློབ་ཆེན་གྱི་རེ་འདུན་རེའུ་མིག་འགྱུར་ཡོད་པ་ཤེས་ཚེ་ཁོ་ཚོའི་རྣམ་འགྱུར་ཇི་སྐད་ཞིག་ཡིན་ནམ་སྙམ་ནས་ཁོས་ཁོ་ཚོར་སྐྱིད་མོ་ཞིག་སྐྱེ་དགོས་སྙམ། ཡིན་ནའང་། ལུའུ་ཙུན་གྱིས་རང་གི་གྲོགས་པོ་དག་ལ་སྐྱིད་མོ་སྐྱེ་བ་ལས་ཁོ་ཚོའི་རེ་འདུན་རེའུ་མིག་དངོས་སུ་འགྱུར་འདོད་མེད།

"ཏང་སངས་དགོས་པའི་དུས་དེ་སླེབས་ལ་ཉེ་སོང་།"ཞོ་པའི་ཡིས་སྐུལ་མའི་འོག་ཏུ་ལུའུ་ཙུན་གྱིས་རང་དང་རང་གི་གྲོགས་པོ་དག་གི་རེ་འདུན་རེའུ་མིག་གི་ནང་དོན་ཚང་མ་ལས་རིགས་ལག་རྩལ་སློབ་གྲྭ་ཞིག་ཏུ་ཐོ་འགོད་བྱས།

ཉིན་གཉིས་པའི་ཞོགས་པར། ལུའུ་ཙུན་གྱིས་རང་གི་གྲོགས་དག་ལ་ཁ་པར་བརྒྱབ་ནས་སློབ་ཆེན་གྱི་རེ་འདུན་རེའུ་མིག་ཇི་སྐད་ཐོ་འགོད་བྱས་ཡོད་མེད་ཐད་ལ་སྐད་ཆ་དྲིས། ལུའུ་ཙུན་གྱི་གྲོགས་པོ་དག་གིས་རེའུ་མིག་ཐོ་འགོད་བྱས་ཟིན་པའི་སྐོར་བཤད་པ་ལས་གནས་ཚུལ་དེར་དེ་སྐའི་དོ་སྣང་མི་བྱེད་ལ། དངངས་སྐྲག་སྐྱེས་པ་དང་ཡང་ན་ག་བྱེད་འདི་བྱེད་མེད་པའི་རྣམ་འགྱུར་གང་ཡང་མ་སྟོན། སྐབས་དེར་ལུའུ་ཙུན་གྱིས་སླར་ཡང་རང་གི་

གྲོགས་པོ་དག་ལ་རེ་འདུན་རེའུ་མིག་ལ་ཞིབ་བཤེར་བྱེད་དགོས་པའི་སྐུལ་མ་བྱས།

འབྲུག་ཙམ་ཞིག་ལ། ལུའུ་རུན་གྱི་གྲོགས་པོ་དག་གིས་ཁོ་པར་ཁ་པར་གཅིག་རྗེས་གཉིས་མཐུད་དུ་བརྒྱབ་ཡོང་བ་དང་། ལུའུ་རུན་གྱིས་ཁོ་ཚོའི་སྐད་གདངས་ལ་ཉན་ཚེ་ཧ་ཅང་ཚབ་བཞིན་ཡོད་པ་ཚོར་བས་ཁོས་ཁོང་དགོད་ཤོར། ཁོས་ཁ་པར་བཞག་རྗེས་ཁོ་ཚོའི་རེ་འདུན་རེའུ་མིག་གི་ནང་དོན་ཐར་ལྟར་ཚུར་འགྱུར་དགོས་སྙམ་དུས་བསམ་ཡུལ་ལས་འདས་པ་ཞིག་ལ། རེ་འདུན་རེའུ་མིག་དེ་དག་གོང་དུ་རྩིས་འབུལ་ཞུས་ཟིན་པས་ནང་དོན་འགྱུར་བ་གཏོང་ཐབས་མེད་པ་ཤེས།

“དཔེ་བསགས་སོང་། ངས་ཆག་སློ་བསླངས་འདུག”ལུའུ་རུན་གྱིས་དེ་ལྟར་བསམ་པ་དང་ལམ་སེང་ཞོར་བའི་ལ་འབྲེལ་བ་བྱས་ཏེ་གནས་ཚུལ་འདི་ལྟ་བུར་འགྱུར་དོན་ཅི་ཡིན་སྐད་ཆ་འདྲི་དགོས་བསམ་དུས་ཞོར་བའི་ཡི་ཁ་པར་ཁ་བཀག་འདུག

ལུའུ་རུན་གྱི་གྲོགས་པོ་དག་གིས་རེ་འདུན་རེའུ་མིག་གི་ནང་དོན་འགྱུར་མཁན་ནི་ལུའུ་རུན་ཡིན་པ་ཤེས་པ་དང་། རེ་འདུན་རེའུ་མིག་གི་ནང་དོན་སླར་གསོ་བྱེད་དགོས་ཚེ་དེ་ནི་ཧ་ཅང་དཀའ་ཚེགས་ཆེ་བའི་གནད་དོན་ཞིག་ཡིན་པས་ཁོ་ཚོས་ཉེན་རྟོག་པ་བྱིན་ནས་ལུའུ་རུན་འཚོལ་དུ་སླེབས།

“ངས་ཁོ་ཚོར་རྩེད་མོ་ཞིག་རྩེ་བསམ་པ་ཡིན། གནས་ཚུལ་འདི་ལྟར་དུ་འགྱུར་དོན་ནི་ངའི་བསམ་པའི་ཡུལ་ལས་འདས་སོང་།”ལུའུ་རུན་གྱིས་གནས་ཚུལ་འདིའི་མགོ་མཇུག་ཚང་མ་ཉེན་རྟོག་པར་གསལ་པོར་བཤད།

གནས་ཚུལ་འདི་རྩེད་མོ་རྩེ་བ་ལྟར་ལས་སླ་པོ་ཞིག་ཡོད་མ་རེད། ཉེན་རྟོག་པས་ལུའུ་རུན་གྱི་སྐད་ཆ་ལ་ཉན་རྗེས་དེ་ལྟར་བཤད་པ་དང་། ཞོར་བའི་ལ་དྲན་དྲན་མི་གཞན་ལ་

ནོད་མི་ཐོད་པའི་གསང་བ་ཡོད་པས་ཞའོ་པའི་འཛིན་བཟུང་བྱ་རྒྱུའི་ཐག་གཅོད་བྱས།

ཉེན་རྟོག་པ་དག་གིས་ཞིབ་ཚགས་དང་སྐྱུལ་ཞིབ་བྱས་པས་མཐར་དྲ་ཁང་ཞིག་ནས་ཞའོ་པའི་བཙལ་རྙེད་ཐུབ། ཞའོ་པའི་ལ་དྲི་རྩད་བྱས་པ་བརྒྱུད་ཁོས་གཞན་གྱི་ས་ནས་དངུལ་ལེན་ནས་ལས་ཀ་འདི་བྱེད་ཀྱི་ཡོད་པ་ཤེས། ཉེན་རྟོག་པ་དག་གིས་ཞའོ་པའི་ཡིས་བཤད་པའི་ཁུངས་སྣེ་བརྒྱུད་དེ་སུ་མཐུད་རྟོག་ཞིབ་བྱས་པས་འདི་ནི་ཚུལ་མིན་གྱི་སློབ་ཁུངས་འགྲན་རྩོད་བྱེད་པའི་གྲོད་གཞི་ཞིག་ཡིན་པ་རྩད་ཆོད་ཐུབ། ཡུན་རིང་མ་སོང་བར་ཞའོ་པའི་དང་པོ་པར་ངན་སྐྱུལ་བྱེད་མཁན་དག་ཉེས་དོན་བཀག་ཉར་བྱས།

"ང་ལ་གནས་ཚུལ་ཡོད་མི་སྲིད།"ལུའུ་ཐུན་གྱི་སེམས་སུ་ངས་རང་གི་གྲོགས་པོ་དག་ལ་རྩེད་མོ་ཞིག་རྩེ་བ་ཙམ་ལས་གནས་ཚུལ་གཞན་ཡོད་མི་སྲིད་སྙམ་ནས་དེ་ལྟར་བཤད།

"རང་གི་རྩེད་མོ་དེ་ཚོད་ལས་བརྒལ་བ་རེད། གནས་ཚུལ་དེ་སྐབས་བདེ་པོ་དེ་འདྲ་ཡོད་མ་རེད།"ཉེན་རྟོག་པས་ཁྲིམས་ལུགས་མི་ཤེས་པའི་ལུའུ་ཐུན་ལ་བལྟས་ནས་གང་ཞིག་བརྗོད་དགོས་མིན་མི་ཤེས།

ཉེན་ཤས་ཀྱི་རྗེས་སུ། ཁྲིམས་འཛིན་ལས་ཁུངས་ཀྱིས་ཞའོ་པའི་དང་དེ་མིན་གྲོད་དོན་འདིར་འབྲེལ་ཡོད་ཀྱི་མི་དག་ལ་ཉེས་དོན་གཏུག་བཤེར་བྱས།

"«ཉེས་ཁྲིམས»ཀྱི་དོན་ཚན་ཉིས་བརྒྱ་གྱ་དྲུག་པའི་ནང་གསེས་གཉིས་པར། རྒྱལ་ཁབ་ཀྱི་གཏན་འབེབས་དང་འགལ་ཏེ་རྩིས་འཁོར་གྱི་ཆ་འཕྲིན་མ་ལག་གི་ནུས་པ་སུབ་པ་དང་། བཟོ་བཅོས། ཁ་སྣོན། གནོད་སྐྱེལ་བཅས་བྱས་པས་རྩིས་འཁོར་གྱི་ཆ་འཕྲིན་མ་ལག་རྒྱུན་སྲོལ་ལྟར་འཁོར་བསྐྱོད་བྱེད་མི་ཐུབ་པའི་ངན་འབྲས་ཚབས་ཆེན་བཟོས་རིགས་ལ་དུས་བཙོན་ལོ་ལྔ་མན་ནམ་བཙན་ཉར་ལས་བསྐུལ་གྱི་ཉེས་ཆད་གཅོད་རྒྱུ། ངན་འབྲས་

ཚབས་ཆེན་ལྷག་པར་ཆེ་རིགས་ལ་དུས་བསྟོན་ལོ་ལྷ་ཡན་གྱི་ཉེས་ཆད་གཙོད་རྒྱུའི་”གཏན་འབེབས་ཡོད་ཅིང་། ཞའོ་པའི་དང་ལུའུ་ཙུན་གྱིས་རྩིས་འཁོར་གྱི་ཆ་འཕྲིན་མ་ལག་གི་ནུས་པར་བཟོ་བཅོས་བརྒྱབ་པའི་ཉེས་པ་བསགས་ཡོད་པས་ཁྲིམས་ཁང་ནས་ཞའོ་པའི་ལ་དུས་བསྟོན་ལོ་བཞི་དང་ཟླ་བ་དྲུག་གི་ཁྲིམས་ཆད་དང་། ལུའུ་ཙུན་ལ་དུས་བསྟོན་ལོ་གསུམ་དང་ཟླ་བ་དྲུག་གི་ཁྲིམས་ཆད་གཙོད་རྒྱུའི་ཁྲིམས་ཐག་བཅད།

“ངས་ཚང་མར་དགོངས་དག་ཞུ་རྒྱུ་ཡིན།”ལུའུ་ཙུན་གྱི་བསམ་ཡུལ་ལས་འདས་པ་ཞིག་ལ་རང་དང་ཞའོ་པའི་ཡིས་མཛུབ་མོ་འགུལ་ཙམ་བྱས་པ་ལས་མི་གཞན་ལ་གྲོང་གུན་ཚབས་ཆེན་བཟོས་ཡོད་ལ། དེ་བས་རང་ཡང་བསྟོན་ཁང་དུ་འཛུལ་དགོས་པ་ནི་ཁོའི་བསམ་པའི་རྒྱ་ལའང་མ་འཁོར།

(རྩོམ་ཡིག་བྲིད་ཀྱི་མིའི་མིང་ནི་གསང་མིང་ཤ་སྟག་ཡིན)

ཁྲིམས་ལུགས་ཤེས་བྱ་འདྲེན་པ།

«ཉེས་ཁྲིམས»ཀྱི་དོན་ཚན་ཉེས་བརྒྱ་གྱ་དྲུག་པའི་ནང་གསེས་དང་པོར། རྒྱལ་ཁབ་ཀྱི་གཏན་འབེབས་དང་འགལ་ཏེ་རྩིས་འཁོར་གྱི་ཆ་འཕྲིན་མ་ལག་གི་ནུས་པ་སུབ་པ་དང་། བཟོ་བཅོས། ཁ་སྣོན། གནོད་སྐྱོན་བཅས་བྱས་པས་རྩིས་འཁོར་གྱི་ཆ་འཕྲིན་མ་ལག་རྒྱུན་སྲོལ་ལྟར་འཁོར་བསྐྱོད་བྱེད་མི་ཐུབ་པའི་ངན་འབྲས་ཚབས་ཆེན་བཟོས་རིགས་ལ་དུས་བསྟོན་ལོ་ལྔ་མན་ནམ་ཡང་ན་བཙན་ཉར་ལས་བསྐུལ་གྱི་ཉེས་ཆད་གཙོད་རྒྱུ། ངན་འབྲས་ཚབས་ཆེན་ལྷག་པར་ཆེ་རིགས་ལ་དུས་བསྟོན་ལོ་ལྔ་ཡན་གྱི་ཉེས་ཆད་གཙོད་རྒྱུ།

དོན་ཚན་དེའི་ནང་གསེས་གཉིས་པའི་ནང་། རྒྱལ་ཁབ་ཀྱི་གདན་འབེབས་དང་འགལ་ཏེ་རྩིས་འཁོར་གྱི་ཆ་འཕྲིན་མ་ལག་ནང་ཉར་གསོག་དང་། བཀོད་སྒྲིག་ཡང་ན་བརྩུག་པའི་རྩིས་གཞི་དང་ཉེར་སྤྱོད་གོ་རིམ་སྲུབ་པ་དང་། བཟོ་བཅོས། ཁ་སྣོན་བཅས་བྱས་པའི་དབང་གིས་ངན་འབྲས་ཚབས་ཆེན་བཟོས་རིགས་ལ་གོང་གསལ་ནང་གསེས་དོན་ཚན་གྱི་གདན་འབེབས་ལྟར་ཉེས་ཆད་གཅོད་རྒྱུ།

གདམ་རྒྱུད་འདིའི་ནང་དུ་ལུའུ་ཙུན་དང་ཞའོ་པའི་ཡིས"རྒྱལ་ཁབ་ཀྱི་གདན་འབེབས་དང་འགལ་ཏེ་རྩིས་འཁོར་གྱི་ཆ་འཕྲིན་མ་ལག་གི་ནུས་པར་བཟོ་བཅོས་བརྒྱབ་པ"དང་ངན་འབྲས་ཚབས་ཆེན་བཟོས་པས་ཁྲིམས་ལྟར་ཆད་པ་བཅད་པ་རེད།

༧༥ དཔྱད་པའི་སྙིང་གི་ཁབ་མིག

ཞའོ་ཡུན་ནི་སེམས་རྩ་འཁོལ་བའི་བུ་མོ་ཞིག་ཡིན་པ་དང་དུས་རྒྱུན་ནས་གཞན་གཏོང་རྒྱུ་དང་ཞབས་བྲོ་རྒྱག་རྒྱུ་ལ་དགའ་བ་མ་ཟད། ད་དུང་ཕྲུ་གུ་ཆུང་ཆུང་དང་མཉམ་དུ་འགྲོགས་རྒྱུར་ཧ་ཅང་དགའ། ཁོ་མོ་མཐོ་འབྲིང་ཐོན་རྗེས་བྱིས་པའི་དགེ་འོས་སློབ་གྲྭ་ཞིག་ཏུ་སོང་བ་དང་སློབ་གྲྭ་དེ་ནས་ལོ་ཤས་རིང་བྱིས་པའི་དགེ་རྒན་གྱི་ཆེད་ལས་ལ་འབད་བརྩོན་བྱས་པས་ད་གཟོད་ཁོ་མོའི་སེམས་ནས་གཅེས་ཤིང་དགའ་བའི་ལས་གནས་དེའི་ཐོག་སླེབས། ཞའོ་ཡུན་ལས་གནས་ཐོག་སླེབས་ནས་ཉིན་ཤས་ལས་མ་འདས་ནའང་ཁོ་མོར་ཅི་བྱ་གཏོལ་བྲལ་གྱི་གནས་ཚུལ་ཞིག་འཕྲད།

དེ་ཉིན་ཞའོ་ཡུན་སློབ་གྲྭ་གྲོལ་ནས་ནང་དུ་སླེབས་མ་ཐག་སློབ་གྲྭའི་འགོ་ཁྲིད་ཀྱིས་ཁོ་མོར་ཁ་པར་བརྒྱབ་ནས་མགྱོགས་པོ་སློབ་གྲྭར་ལོག་དགོས་པའི་བརྡ་བཏང་། ཞའོ་ཡུན་གྱིས་གནས་ཚུལ་གང་ཡིན་མི་ཤེས་པས་མགྱོགས་མྱུར་ངང་སློབ་གྲྭར་ལོག ཁོ་མོ་སློབ་གྲྭར་སླེབས་རྗེས་ཁོ་མོའི་འཛིན་གྲྭའི་ནང་གི་སློབ་མའི་ཁྱིམ་བདག་ཞིག་གིས་ཁོ་མོ་འཚོལ་བཞིན་ཡོད་པ་ཤེས།

ཁྱིམ་བདག་དེ་ནི་ཧ་ཅང་ཁོང་ཁྲོ་ལངས་ནས་ཡོད་པ་དང་ཁོ་མོས་སློབ་གྲྭའི་འགོ་ཁྲིད་ལ་བརྗོད་དོན། ཁོ་མོའི་ཕྲུ་གུ་ཆེང་ཆེང་ནི་དེ་ཉིན་ཞོགས་པ་སློབ་གྲྭར་བསྐྱལ་ཡོང་དུས་བདེ་མ་ཐང་མ་ཡིན་ནའང་དགོང་མོ་སློབ་གྲྭ་གྲོལ་ནས་ནང་དུ་སླེབས་དུས་ཕྲུ་གུའི་དཔུང་པའི་སྟེང་དུ་ག་ཡིན་འདི་ཡིན་མིན་པའི་ཁབ་མིག་ཅིག་འདུག་ཟེར་བ་དང་། ཁྱིམ་བདག་དེས་སླར་ཡང་ཆེང་ཆེང་ནི་ཉིན་གང་སློབ་གྲྭར་བཅོལ་ནས་ཡོད་པ་དང་ཕྲུ་གུའི་དཔུང་པའི་སྟེང་གི་ཁབ་མིག་དེ་སློབ་གྲྭའི་ནང་ནས་བཟོས་པ་ཞིག་ཡིན་པས་གནས་ཚུལ་དེར་ཞའོ་ཡུན་གྱིས་འགྲེལ་བཤད་བརྒྱབ་དགོས་ཟེར།

དེ་ཉིན་སློབ་གྲྭ་གྲོལ་དུས་ཞའོ་ཡུན་གྱིས་སློབ་མ་རེ་རེར་ནན་ཏན་དང་ལྟ་ཞིབ་བྱས་ཙང་དམིགས་བསལ་གྱི་གནས་ཚུལ་ཅི་ཡང་མ་མཐོང་། དུས་རྒྱུན་ཡིན་ན་སློབ་མ་ཕན་ཚུན་ཐུབ་ཚོད་བྱས་པའི་གནས་ཚུལ་ཡོད་ཚེ་ཐུབ་ཚོད་སྐྱོང་མཁན་གྱི་སློབ་མས་དགེ་རྒན་འབོད་པ་དང་ཡང་ན་ངུ་བ་སོགས་བྱེད་ངེས་རེད། ཡིན་ནའང་དེ་ཉིན་ཆེང་ཆེང་ངུ་བ་དང་མི་དགའ་བའི་རྣམ་འགྱུར་ཅི་ཡང་མི་སྟོན་པས་ཞའོ་ཡུན་གྱིས་ད་གཟོད་ཁྱིམ་བདག་གིས་བཤད་པའི་སྐད་ཆ་ལ་དོགས་པ་ཟ་དགོས་བྱུང་།

ཁོ་ཚོས་ཆེང་ཆེང་གི་སྟོད་གོས་ཡར་བརྗེས་ནས་བལྟས་པས་ན་ཆེང་ཆེང་གི་ཁྱིམ་བདག་གིས་བཤད་པ་ལྟར་ཆེང་ཆེང་གི་དཔུང་པའི་སྙིང་དུ་ཁབ་མིག་ཅིག་ཡོད་པ་མཐོང་། དུས་རྒྱུན་བུ་བཙོལ་ཁང་དུ་དགེ་རྒན་གྱིས་སློབ་མའི་ལག་པ་དང་ངོ་གདོང་སོགས་ལ་ནན་ཏན་དང་ཞིབ་ལྟ་བྱས་པ་ལས་སློབ་མའི་སྟོད་གོས་ཕུད་ནས་ལུས་པོར་བརྟག་དཔྱད་བྱེད་ཀྱི་མེད། དེར་ཞའོ་ཡུན་གྱི་སེམས་སུ་ཆེང་ཆེང་གི་དཔུང་པའི་སྙིང་གི་ཁབ་བཙུགས་པའི་རྨ་རྗེས་དེ་པོ་མོ་སློབ་གྲྭར་མ་སླེབས་པའི་གོང་དུ་བཟོས་པ་མིན་ནམ་སྙམ།

“སྨན་པས་བརྟག་དཔྱད་བྱས་ཟིན། འདི་ནི་རྨ་ཁ་གསོས་པ་རེད་འདུག” ཆེང་ཆེང་གི་ཁྱིམ་བདག་གིས་ཞའོ་ཡུན་གྱི་བསམ་དོན་རྟོགས་ནས་དེ་ལྟར་ངར་བཤད་བརྒྱབ། ཞའོ་ཡུན་གྱིས་ཆེང་ཆེང་དཔུང་པའི་སྙིང་གི་རྨ་རྗེས་ལ་ཞིབ་ཏུ་བལྟ་དུས་རྨ་ཁ་དམར་ཁྱུང་དུ་ཡོད་པས་ཁོ་མོས་ཀྱང་རྨ་དེ་གསོས་པ་ཡིན་པ་ཡིད་ཆེས་བྱས།

“སློབ་གྲྭ་གྲོལ་རྗེས་ཁྱེད་ཚོས་ཆེང་ཆེང་གང་དུ་ཁྲིད་སྐྱོང་ངམ།”ཞའོ་ཡུན་གྱི་སེམས་སུ་གཅིག་བྱུས་ན་ཁྱིམ་བདག་གིས་ཆེང་ཆེང་ཁྲིད་ནས་རྨ་བཟོས་ཡོད་ངེས་སྙམ་ནས་དེ་ལྟར་བཤད།

“སློབ་གྲྭ་གྲོལ་རྗེས་ང་ཚོ་ཆིང་ཆིང་དང་མཉམ་དུ་ཡོད། རང་གི་སྐད་ཆ་ཤོད་སྟངས་ལ་བལྟས་ན་ང་ཚོས་རང་གི་ཕྲུ་གུ་ལ་ཀྲང་བཙུགས་ནས་རྨས་སྐྱོན་བཏང་རྗེས་རང་ལ་རྟོག་དྲ་བཤད་པར་ཡོང་བ་རེད་བསམ་གྱི་འདུག་གམ།” ཆིང་ཆིང་གི་ཁྲིམས་བདག་ཐུར་ལས་ཁོང་ཁྲོ་ལངས་ནས་དེ་སྐད་བཤད།

“ཆིང་ཆིང་། རང་གིས་ང་ལ་གསལ་པོ་ཤོད་དང་། གནས་ཚུལ་འདི་གང་འདྲ་བྱུས་པ་རེད་དམ།”ཞའོ་ཡུན་ཐབས་ཟད་ནས་ཆིང་ཆིང་ལ་འདྲིས་ནས་དེ་སྐད་བཤད། ཆིང་ཆིང་གིས་སྐབས་རེ་མགོ་བོ་འཕྲེད་དུ་གཡུག་པ་དང་སྐབས་རེ་མགོ་བོ་ནང་དུ་ལྡེམ་པ་ལས་ཅི་ཡང་མི་བཤད། ཆིང་ཆིང་ད་ལྟ་ལོ་གཉིས་ལས་སོན་གྱི་མེད་པས་ཁོ་མོས་གནས་ཚུལ་དེའི་རྒྱུ་རྐྱེན་གསལ་པོ་ཞིག་འགྲེལ་བཤད་བྱེད་མི་ཐུབ།

“སློབ་གྲྭ་གྲོལ་རྗེས་ཁྱེད་ཚོས་ཆིང་ཆིང་རྨས་སྐྱོན་ཕོག་སླ་བའི་ས་ཆ་དེ་འདྲ་ལ་ཁྲིད་སོང་ངམ། དཔེར་ན་ཚེར་མ་མང་བའི་ས་ཆ་དེ་འདྲ……”ཞའོ་ཡུན་གྱི་སེམས་སུ་སློབ་གྲྭ་གྲོལ་རྗེས་ཁྲིམས་བདག་གིས་ཆིང་ཆིང་ཁྲིད་ནས་ཕྲུ་གུ་རྨས་སྐྱོན་ཕོག་སླ་བའི་ས་ཆར་བསྐྱོད་དེ། ཕྲུ་གུས་དོ་སྣང་མ་བྱེད་པར་ཚེར་མ་ཟུག་པའམ་ཡང་ན་དངོས་པོ་མཐྲིགས་པོ་སོགས་ལ་ཐུག་སྟེ་རྨས་སྐྱོན་ཕོག་པ་མིན་ནམ་སྙམ་ནས་དེ་སྐད་ངག་འཛམ་པོས་དྲིས།

“དེ་འདྲ་ཡིན་ན་ཆིང་ཆིང་གི་སྟོད་ཐུང་ལ་ཤུ་ཁུང་དང་ཙུབ་རལ་བཏང་ཡོད་ངེས་རེད། ཡིན་ནའང་ཆིང་ཆིང་གི་སྟོད་ཐུང་ལ་སྐྱོན་ཅི་ཡང་མེད་དོན་གང་ཡིན་ནམ། ཆིང་ཆིང་གི་དཔུང་པའི་སྟེང་གི་རྨ་རྗེས་དེ་ཏན་ཏན་སློབ་གྲྭའི་ནང་ནས་བཟོས་པ་རེད། དེ་རིང་སློབ་མ་དག་གི་འགན་ཁུར་དགེ་རྒན་ཁྱེད་ཡིན་པས་དོགས་གནད་ཆེ་ཤོས་དེ་ཁྱེད་རེད།”དེ་སྔོན་ཁྲིམས་བདག་དག་གིས་དྲ་ཐོག་ནས་བུ་བཙལ་ཁང་གི་དགེ་རྒན་གྱིས་བྱིས་པར་ཕྲུག་རྡུང་

བྱས་པའི་གནས་ཚུལ་མཐོང་སྐྱོང་ཡོད་པ་དང་ཞའོ་ཡུན་ལའང་ཆེང་ཆེང་གི་དཔྱད་པའི་སྙིང་གི་རྨ་རྗེས་དེ་སློབ་གྲྭ་ནས་བཟོས་མེད་པའི་དཔང་རྟགས་ཁུངས་བཙན་ཞིག་སྟོན་རྒྱུ་མེད་པ་མ་ཟད། དེ་ཉིན་སློབ་མའི་འགན་ཁུར་དགེ་རྒན་ཞའོ་ཡུན་གཅིག་པུ་ཡིན་པས་ན་ཆེང་ཆེང་གི་ཁྱིམ་བདག་གིས་ཞའོ་ཡུན་ལ་དོགས་པ་ཟ་བཞིན་ཡོད།

ཞའོ་ཡུན་གྱིས་ཆེང་ཆེང་ལ་རྨས་སྐྱོན་གཏན་ནས་བཏང་སྐྱོང་མེད་ནའང་ཁྱིམ་བདག་གིས་ཁོ་མོའི་འགྲེལ་བཤད་ལ་མི་ཉན་པར་མ་ཟད། ཁོ་མོར་ཨ་ན་ཨུ་ཚུགས་དང་སྐྱོན་འཛུབ་བྱས་ནས་ཡོད་པས་མཐར་ཞའོ་ཡུན་ཝུ་ཐུག་ནས་མིག་ཆུ་གཏོང་བ་ལས་ཐབས་མེད།

"ཁྱེད་ཀྱིས་མིག་ཆུ་གཏོང་མི་དགོས། ང་ཚོས་གནས་ཚུལ་འདི་འདི་ལྟར་སྤབས་བདེ་པོར་འཇོག་གི་མིན།"ཁྱིམ་བདག་གིས་གནས་ཚུལ་འདི་སློབ་གསོ་ཅུས་ལ་གཏུག་བཤེར་བྱ་རྒྱུ་ཡིན་ཞེས་བཤད་པ་དང་དེ་ནས་ཁོང་ཁྲོ་དང་བཅས་སློབ་གྲྭ་ལས་ཁ་གྱེས།

"ང་ཚོའི་བུ་བཙོལ་ཁང་དུ་གནས་ཚུལ་འདི་རིགས་རྩ་བ་ནས་ལྷག་མི་ཆོག རང་གིས་བསམ་བློ་ཡག་པོ་བཏང་ནས་གནས་ཚུལ་འདིའི་རྒྱུ་རྐྱེན་གསལ་པོ་བཟོ་དགོས།"སློབ་གྲྭའི་འགོ་ཁྲིད་ཀྱིས་ནན་ཏན་དང་བཤད།

ཞའོ་ཡུན་གྱིས་ཆེང་ཆེང་ལ་རྨས་སྐྱོན་བཏང་སྐྱོང་མེད་ནའང་ད་ལྟ་ཞའོ་ཡུན་ལ་ལྟེ་བརྒྱ་ཡོད་རུང་གནས་ཚུལ་དེར་འགྲེལ་བཤད་བྱ་དཀའ། རང་ཉིད་ལ་དག་སེལ་བྱ་རྒྱུའི་ཐབས་ཤེས་ལེགས་ཤོས་དེ་ནི་གནས་ཚུལ་ངོ་མ་གང་ཡིན་རྟོགས་རྒྱུ་དེ་ཡིན་པས་ཞའོ་ཡུན་གནས་ཚུལ་དེའི་རྒྱུ་རྐྱེན་ལ་དོ་ནན་དང་བསམ་གཞིགས་བྱེད་བཞིན་མཆིས།

ཞའོ་ཡུན་གྱི་འཛིན་གྲྭའི་ནང་དུ་སྤྱོད་པ་འཆུབ་ཅམ་བྱེད་མཁན་གྱི་སློབ་མ་འགའ་ཡོད་པས་ཁོ་མོའི་སེམས་སུ་སློབ་མ་དེ་དག་གིས་ཆེང་ཆེང་ལ་རྨས་སྐྱོན་གཏོང་བ་མིན་ནམ་

སྙམ་ནས། སློབ་མ་དེ་དག་རེ་རེ་བཞིན་རང་གི་གམ་དུ་ཐོས་ནས་ཞིབ་ཏུ་དྲིས་ནའང་དེ་དག་གཅིག་གིས་ཀྱང་ཁས་ལེན་མ་བྱས། ཞའོ་ཡུན་གྱིས་ཞིབ་ཏུ་བསམ་བློ་གཏོང་དུས། སློབ་མ་དེ་དག་དུས་རྒྱུན་འཚུབ་ཙམ་ཡོད་ནའང་ཕོ་ཚོའི་ལག་ཏུ་ཁབ་གཅིག་ཀྱང་མེད་པས་ཕོ་མོས་སློབ་མ་དེ་དག་ལ་དོགས་པ་བྱེད་དོན་མེད།

གནས་ཚུལ་དེའི་རྒྱུ་རྐྱེན་ཁ་གསལ་གཏིང་གསལ་ཡོང་ཆེད་ཞའོ་ཡུན་གྱིས་རང་གི་འཛིན་གྲྭའི་སློབ་མ་ཡོངས་ལ་སྐད་ཆ་དྲིས་ནས་ཁྱུངས་སྐྱེ་རྙེད་ཐབས་བྱེད། ཡིན་ནའང་ཞའོ་ཡུན་གྱི་འཛིན་གྲྭའི་སློབ་མ་དག་ལོ་ན་ཆུང་དྲག་པས་རྐྱེན་གྱིས་ཚང་མས་རྒྱུ་མཚན་གསལ་པོ་ཞིག་བཤད་ཐུབ་ཀྱི་མེད་པས་ཕོ་མོའི་ངལ་བ་འབྲས་མེད་དུ་གྱུར། ཞའོ་ཡུན་གྱིས་གནས་ཚུལ་དེའི་ཁྱུངས་སྐྱེ་གང་ཡང་མ་རྙེད་པས་ཆེང་ཆེང་གི་ཁྲིམས་བདག་གིས་ཕོ་མོ་སློབ་གསོ་ཁུས་ལ་གཏུག་བཤེར་བྱས་པ་དང་། སློབ་གསོ་ཁུས་ནས་ཞའོ་ཡུན་ལས་གནས་མཚམས་འཇོག་བྱེད་དགོས་པ་དང་གནས་ཚུལ་དེར་བརྟག་དཔྱད་བྱ་རྒྱུའི་གཏན་ཁེལ་བྱས།

ཞའོ་ཡུན་གྱི་ཨ་མས་གནས་ཚུལ་དེ་ཤེས་རྗེས་རང་གི་བུ་མོ་དུས་རྒྱུན་བྱིས་པར་ཧ་ཅང་དགའ་པོ་ཡོད་པས་བྱིས་པར་རྨས་སྐྱོན་གཏོང་བའི་གདུག་རྩུབ་ཀྱི་ལས་ཀ་དེ་འདྲ་རྩ་བ་ནས་བརྩམས་མི་སྲིད་སྙམ་སྟེ་བྱིས་པའི་བྱ་སྤྱོད་ཀྱི་ཐད་ལ་སེམས་ཁམས་རིག་པའི་ཆེད་ལས་ཡིན་པའི་སྲུ་མོ་ཞ་ལགས་བོས་ནས་གནས་ཚུལ་དེར་བརྟག་དཔྱད་བྱེད་དུ་བཅུག

སྲུ་མོ་ཞ་ལགས་ཀྱིས་ཆེང་ཆེང་སྔར་ཡང་བུ་བཙོལ་ཁང་དུ་ཁྲིད་ཡོང་བ་དང་ཆེང་ཆེང་ལ་དེ་གའི་ལས་དོན་མི་སྣ་རེ་རེ་དང་འབྲེལ་འདྲིས་བྱེད་དུ་བཅུག ཡུན་རིང་མ་ཐོག་པར་ལས་དོན་མི་སྣའི་ཁྲོད་ཀྱི་བུ་རྫི་ཨ་ཅག་ཀྱང་ལགས་ནི་དོགས་གནད་ཆེ་ཤོས་ཀྱི་མི་སྣར་འགྱུར།

"དེ་ཉིན་ཆིང་ཆིང་གིས་གཉིད་གཏན་ནས་ཉལ་རོགས་བྱེད་ཀྱི་མི་འདུག དེར་ངས……"ཨ་ཅག་ཀྲང་གིས་རང་གི་ནག་ཉེས་ཁས་ལེན་བྱས་པ་དང་། ཁོ་མོས་དེ་སྔོན་ཡང་གདུག་རྩུབ་ཀྱི་ལས་ཀ་དེ་འདྲ་བརྩམས་མྱོང་བ་མ་ཟད། ད་དུང་ཕྲུ་གུར་ཁྲིམ་བདག་ལ་བཤད་མི་ཆོག་པའི་འཇིགས་སྐུལ་བྱེད་ཀྱི་ཡོད་པས་ད་གཟོད་ཁོ་མོའི་ནག་ཉེས་གཞན་ལ་སྦྲ་གསང་བྱེད་ཐུབ་པ་རེད།

གནས་ཚུལ་དེ་ནི་ཞའོ་ཡུན་ལ་མ་ཉེས་ཁག་གཡོག་བྱས་ཡོད་པ་གསལ་པོ་བྱུང་སོང་། ཞའོ་ཡུན་གྱི་སེམས་སུ་ཨ་ཅག་ཀྲང་གི་གདུག་རྩུབ་ཀྱི་བྱ་སྤྱོད་དེར་འཁོན་སེམས་སྐྱེས་པ་དང་ཨ་ཅག་ཀྲང་ལ་སློབ་གསོ་ཙམ་ནས་ཐག་གཅོད་ནན་མོ་བྱེད་དགོས་ངེས་རེད་སྙམ།

"«ཉེས་ཁྲིམས་དག་བཅོས་འཆར་ཟིན (དགུ་པ)»ཐོན་རྗེས། «ཉེས་ཁྲིམས»ཀྱི་དོན་ཚན་ཉེས་བརྒྱ་དྲུག་ཅུ་པའི་ནང་དུ་ནང་གསེས་དོན་ཚན་ཞིག་ཁ་སྣོན་བརྒྱབ་ཡོད་དེ། ལོ་ན་མ་སོན་པ་དང་། རྒན་རྒོན། ནད་ཐོག་མཁན། དབང་པོ་སྐྱོན་ཅན་བཅས་ལ་ལྟ་སྲུང་དང་ལྟ་སྲུང་བྱེད་མཁན་གྱིས་ལྟ་སྲུང་དང་ལྟ་སྲུང་བྱ་ཡུལ་ལ་སྡུག་སྤྱོད་གཏོང་བའི་བྱ་སྤྱོད་བྱས་ནས་ཉེས་ཚབས་ཆེ་རིགས་ལ་དུས་བཙོན་ལོ་གསུམ་མན་གྱི་ཉེས་ཆད་དམ་བཙན་ཉར་ལས་བསྐུལ་གྱི་ཉེས་ཆད་གཅོད་རྒྱུ……དེར་བརྟེན་ནག་ཉེས་གསོག་མཁན་གྱི་བུ་ཐེ་དེ་ལས་གནས་ལས་ཕྱིར་འབུད་བྱ་རྒྱུ་མ་ཟད་ད་དུང་ཁོ་མོར་བསྒྲུགས་ནས་ཡོད་པ་ནི་ཁྲིམས་འདོམས་ཀྱི་ཆད་པ་རེད།"སློབ་གསོ་ཙམ་ནས་ཉེས་གསོག་བུ་ཐེ་དེ་འབྲེལ་ཡོད་ལས་ཁུངས་ལ་རྩིས་སྤྲོད་བྱས་པ་དང་། ཞའོ་ཡུན་ཡོད་སའི་བུ་བཙལ་ཁང་དེ་ལེགས་བཅོས་བྱ་རྒྱུའི་ཁྲབ་བསྒྲགས་བྱས། "ཕྱིན་ཆད་ངས་རང་གི་ལས་གནས་ཐོག་བྱེས་པ་དག་ལ་ཡིན་ཅིག་གཅེས་སྐྱོང་ཡག་པོ་བྱེད་དགོས།"ཞའོ་ཡུན་གྱིས་རང་ལ་དེ་ལྟར་དམ་བཅའ་བཞག

(རྩོམ་ཡིག་ཁྲོད་ཀྱི་མིའི་མིང་ནི་གསང་མིང་ཤ་སྟག་ཡིན)

ཁྲིམས་ལུགས་ཤེས་བྱ་འདྲེན་པ།

«ཉེས་ཁྲིམས»ཀྱི་དོན་ཚན་ཉིས་བརྒྱ་དྲུག་ཅུ་པའི་ནང་། ལོ་ན་མ་སོན་པ་དང་། རྒན་རྒོན། ནད་པོག་མཁན། དབང་པོ་སྐྱོན་ཅན་བཅས་ལ་ལྷ་སྲུང་དང་ལྷ་སྲུང་བྱེད་མཁན་གྱིས་ལྷ་སྲུང་དང་ལྷ་སྲུང་བྱ་ཡུལ་ལ་སྡུག་སྦྱོད་གཏོང་བའི་བྱ་སྤྱོད་བྱས་ནས་ཉེས་ཚབས་ཆེ་རིགས་ལ་དུས་བཙོན་ལོ་གསུམ་མན་གྱི་ཉེས་ཆད་དམ་བཙོན་ཞར་ལས་བཀྲལ་གྱི་ཉེས་ཆད་གཅོད་རྒྱུ། སྔ་ཚན་ལ་གོང་གསལ་ནང་གསེས་དོན་ཚན་གྱི་བྱས་ཉེས་བསགས་རིགས་ལ་སྔ་ཚན་ལ་དངུལ་ཆད་གཅོད་རྒྱུ་དང་སྒྲིགས་འགན་དངོས་སུ་འཁུར་བའི་གཙོ་སྐྱོང་མི་སྣ་དང་ཐད་ཀར་འགན་འཁྲི་འཁུར་མཁན་གཞན་དག་ལ་གོང་གསལ་ནང་གསེས་དོན་ཚན་གྱི་གཏན་འབེབས་ལྟར་ཉེས་ཆད་གཅོད་རྒྱུ། ནང་གསེས་དོན་ཚན་དང་པོའི་བྱ་སྤྱོད་སྤེལ་རིགས་ལས་དུས་མཚུངས་སུ་བྱས་ཉེས་གཞན་དག་བསགས་རིགས་ལ་ཉེས་ཆད་ཅུང་ལྗིད་པའི་གཏན་འབེབས་ལྟར་བྱས་ཉེས་གཏན་ཁེལ་བྱས་ནས་ཉེས་ཆད་གཅོད་རྒྱུ།

གཏམ་རྒྱུད་འདིའི་ནང་དུ་བུ་རྫི་ཨ་ཅག་ཀྲང་ལ་ཉེན་གྲུང་གི་སྐབས་སུ་བྱིས་པར་ལྷ་སྐྱོང་བྱེད་དགོས་པའི་འོས་འགན་ཡོད། ཡིན་ནའང་ཁོ་མོས་བྱིས་པར་ཁབ་བཙུགས་ནས་གཉིད་ཉལ་དུ་བཅུག་པ་དེ་ནི་ཉེས་ཚབས་ཆེ་བའི་ཁྲིམས་འགལ་གྱི་བྱ་སྤྱོད་ཅིག་ཡིན་པས་ཁོ་མོར་ཁྲིམས་ལྟར་ཆད་པ་ནན་མོ་གཅོད་ངེས་ཡིན་ནོ།།

༡༤ བྱེད་མི་རུང་བའི་"སླ་ཆ་མཐོ་བའི་ལས་གནས"

མ་ཀྲོའུ་ད་ལོ་ལོ་བཅོ་བརྒྱད་ལ་སོན་ཡོད་ཅིང་ཁོ་པས་ཉིན་རྒྱུན་དྲ་ཐོག་གི་རོལ་རྩེད་ལ་མགོ་འཁོར་ནས་བསྡད་ཀྱི་ཡོད་པས་ཁོ་པ་སློབ་ཆེན་དུ་རྒྱུགས་མ་འཕྲོད་པར་ལུས། མ་ཀྲའོ་དྲ་བར་རོལ་རྩེད་རྩེ་རྒྱུ་ལས་ལས་ཀ་གཞན་གང་ཡང་མེད་པས་ཡུན་རིང་མ་སོང་བར་ཁོ་པ“དྲ་ཁང་གི་མགྲོན་པོར” འགྱུར། མ་ཀྲོའུ་ཡི་ཕ་མས་རང་གི་བུ་ཕྲུག་ཉིན་རྒྱུན་ལས་ཀ་གང་ཡང་མེད་པར་དེ་ལྟར་དུས་ཚོད་འཕྲོག་བཀླག་བཏང་ནས་བསྡད་པར་སེམས་འཚབ་ནས་ཁོ་པར་སླར་སློབ་གྲྭར་ལོག་ནས་ལོ་ཕྱི་མའི་ཡིག་རྒྱུགས་ལ་ཞུགས་དགོས་ཚུལ་དང་། ཡང་ན་ལག་རྩལ་ཞིག་སྦྱོང་དགོས་པའི་རེ་བ་བཏོན། ཡིན་ནའང་མ་ཀྲོའུ་གིས་རང་འདོད་ཁོ་ན་ལས་ཕ་མའི་བསླབ་བྱ་དང་རེ་བ་བྱེད་པའི་ཤ་ཚའི་སྐད་ཆ་དག་ནི་ཁོས་རྣ་རྒྱབ་ཀྱི་ལྷུང་ལ་བསྐུར།

མ་ཀྲོའུ་ཡི་ཨ་ཕ་ནི་རང་གི་བུ་ཕྲུག་གིས་རིག་པ་མ་སྦྲིམ་པར་དུས་ཚོད་ཕངས་མེད་དུ་འཕྲོ་བཀླག་བཏང་ནས་ཉེ་མ་བསྐྱལ་བ་དེར་ཡིད་ཐང་ཆད་པ་དང་། ཐེངས་ཤིག་མ་ཀྲོའུ་ཡི་ཨ་ཕ་རླངས་འཁོར་བཏང་ནས་ལམ་དུ་བསྐྱོད་དུས་གཟབ་གཟབ་མ་བྱས་པར་གནས་ཚུལ་ལྟུགས་ནས་ཚེ་ལས་འདས། མ་ཀྲོའུ་ཡི་ཨ་མ་ཡང་ནད་རོ་གཅོང་ཁོག་ཏུ་འགྱུར་ནས་ལས་ཀ་ཤོར་བས་ཁོ་ཚོའི་ཁྱིམ་ཚང་གི་ཆ་རྐྱེན་གློ་བུར་དུ་ཇེ་སྡུག་ནས་ཇེ་སྡུག་ཏུ་འགྱུར། ཡིན་ནའང་མ་ཀྲོའུ་ཡིས་གནས་ཚུལ་དེ་དག་ལ་སེམས་འཁུར་མི་བྱེད་པ་མ་ཟད། དེ་བས་ཕྱིན་རྗེས་རང་ཉིད་སྔོན་མ་ལྟར་དངུལ་མང་པོ་འཕྱེར་ནས་དྲ་ཁང་དུ་རོལ་རྩེད་རྩེ་རྒྱུ་ཡོད་མེད་ལ་དོ་ཁུར་བྱེད་བཞིན་ཡོད་པ་རེད།

མ་ཀྲོའུ་ལ་དྲ་ཁང་དུ་འགྲོ་བའི་དངུལ་མེད་པས་ཁོས་ལས་ཀ་ཞིག་བཙལ་ནས་དངུལ་གསོག་ཐབས་བྱས། ཁོས་ཉེ་འཁོར་གྱི་བཟོ་གྲྭ་ཁ་ཤས་ལ་ལས་ཀ་འཚོལ་བར་སོང་ནའང་

བཟོ་གྲྭ་འགའ་ཞིག་གིས་ཁོ་པར་སློབ་གནས་མེད་པས་མི་ཉར་ཟེར་བ་དང་། ཡང་ན་བཟོ་གྲྭ་འགའ་ཞིག་གིས་ཁོ་པ་ལས་ཀར་བཙུག་འདོད་ནའང་ཁོ་པས་བཟོ་གྲྭ་དེའི་ལས་ཀ་དཀའ་ཚོགས་ཆེ་ལ་ཐོབ་ཆ་དམའ་འདུག་ཟེར་ནས་འགྲོ་འདོད་མི་བྱེད་པས་མཐར་ཁོ་པའི་འདོད་བློ་དང་མཐུན་པའི་ལས་ཀ་ཞིག་མ་རྙེད། མ་ཀྲོའུ་ཡིས་བསམ་བཞིན་པའི་ལས་ཀ་ནི་དཀའ་ཚོགས་མེད་ཅིང་ཐོབ་ཆ་མང་ལ་ལག་རྩལ་གྱི་ཚད་བཀག་མེད་པར་དལ་དལ་སྐྱིད་སྐྱིད་དུ་བསྡད་ཆོག་ཡོད་པ་ཞིག་རེད། ཡིན་ནའང་དེ་ལྟ་བུའི་ཐོབ་ཆ་མང་ལ་བློ་བདེ་བག་ཕེབས་ངང་བསྡད་ཆོག་པའི་ལས་ཀ་ཞིག་གང་དུ་འཚོལ་བར་འགྲོ་དགོས་སམ།

ཐོག་མར་ཁོས་ཕྱོགས་བཞི་གང་སར་ལས་ཀ་འཚོལ་དུ་བསྐྱོད། ཡིན་ནའང་ཁོའི་སེམས་ནས་བསམ་བཞིན་པའི་ལས་ཀ་དེ་འདྲ་ཞིག་གཏན་ནས་མ་རྙེད།

མ་ཀྲོའུ་ཡིས་དུས་རྒྱུན་དྲ་ཁང་དུ་གཞོན་ནུ་འགས་རྒྱ་ལས་ལ་བརྟེན་ནས་འཚོ་བ་བསྐྱལ་གྱི་ཡོད་པ་མཐོང་བ་དང་ཁོའི་སེམས་སུ་ཁོ་ཚོའི་ལས་ཀ་དེ་ནི་དཀའ་ལས་ཆུག་མི་དགོས་པར་ཡོང་སྒོ་མང་པོ་འདུག་སྙམ་ནས་ཁོས་རྒྱ་བརྒྱབ་རྒྱུའི་བསམ་བློ་འཁོར། ཁོའི་སེམས་སུ་སྤྱི་སྤྱོད་བླངས་འཁོར་དུ་མི་མང་པོ་ཡོད་པས་རྒྱ་རྒྱག་བདེ་པོ་ཡོད་སྙམ་སྟེ་ཁོ་པ་སྤྱི་སྤྱོད་བླངས་འཁོར་ཞིག་ལ་བསྡད། ཁོས་བླངས་འཁོར་དུ་དམིགས་ཡུལ་བརྒྱབ་ནས་ཡོད་པའི་སྐབས་སུ་བླངས་འཁོར་དེའི་ནང་དུ་རང་དང་“ལས་རིགས་གཅིག་པའི”མི་ཞིག་ཡོད་པ་མཐོང་བ་དང་མི་དེས་འགྲུལ་པ་ཞིག་གི་དངུལ་ཁུག་རྒྱ་རྐུས་བྱེད་བཞིན་ཡོད། མ་ཀྲོའུ་ཡིས་རང་དང་“ལས་རིགས་གཅིག་པའི”མི་དེས་མགྲོན་པོ་དེའི་དངུལ་ཁུག་ལག་ཏུ་ཐེབས་ཐུབས་ཡོད་པའི་གནས་ཚུལ་དེ་མཐོང་ནས་མི་དེར་ཡིད་སྨོན་སྐྱེས་བཞིན་མཆིས།

“ཀུན་མ། ངས་ཁྱེད་ཡུན་རིང་བསྒུགས་ནས་བསྡད་པ་ཡིན།”ཀློ་བུར་དུ་མ་ཀྲོའུ་དང་

"ལས་རིགས་གཅིག་པ་"ཡིན་པའི་མི་དེའི་ལག་པར་གྲང་ཅང་ཅང་གི་ལག་ལྕགས་ཤིག་བརྒྱབ་སོང་། ད་བྱེད་དུས་ཉེན་རྟོག་པས་སྤྱོན་ནས་མི་དེར་ཞིབ་ནས་ཡོད་པ་དང་དེ་རིང་ཏག་ཏག་མི་དེས་ཉེས་དོན་བཟོ་བ་དང་བསྟུན་ནས་ཁོ་པ་འཛིན་བཟུང་བྱས་པ་རེད་འདུག ཉེན་རྟོག་པས་རྐུན་མ་དེ་ཕྱིར་ཁྲིད་སོང་བ་དང་། སྤྱི་སྤྱོད་ནང་ས་འཁོར་ནང་དུ་མི་རྣམས་ཀྱིས་རྐུ་བརྒྱབ་པའི་ཉེས་དོན་དང་འཕྲོག་བཅོམ་བྱས་ནས་བཙོན་ཁང་དུ་འཛུལ་བའི་གནས་ཚུལ་ཤ་སྟག་གླེང་ནས་འདུག སྐབས་དེར་མ་ཀྲུའུ་ཡི་སེམས་སུ་རང་ཉིད་ཀྱང་བཙོན་ཁང་དུ་འཛུལ་འདོད་མེད་པས་ཁོ་པར་གར་ཡོང་མི་ཤེས་པའི་དངངས་སྐྲག་ཤིག་སྐྱེས།

མ་ཀྲུའུ་ཡིས་རྐུ་བརྒྱབ་ནས་དངུལ་གསོག་དགོས་སྙམ་པའི་བསམ་བློ་དེ་དོར་དགོས་བྱུང་སོང་། ཡིན་ནའང་ཁོ་པར་དངུལ་མེད་པས་དྲ་ཁང་དུ་འགྲོ་ཐབས་བྲལ། དེ་ཉིན་མ་ཀྲུའུ་དྲ་ཁང་གི་སྒོ་འགྲམ་དུ་ཕར་འགྲོ་ཚུར་འགྲོ་བྱས་ནས་བསྡད་པའི་སྐབས་སུ་དྲ་ཁང་སྦྱིན་བདག་གིས་ཁོ་པ་འབོད་བྱུང་། སྦྱིན་བདག་དེས་སྙོག་སྙོག་སུད་སུད་ཀྱིས་ངང་ནས"མ་ཀྲུའུ། ངས་རང་ལ་ལས་ཀ་ཞིག་ངོ་སྤྲོད་བྱས་ན་གང་འདྲ་འདུག"ཅེས་དྲིས།

"ལས་ཀ་ག་རེ་རེད།"མ་ཀྲུའུ་ཡིས་དཀའ་ལས་ཆེ་བའི་ལས་ཀ་དེ་འདྲ་བྱེད་འདོད་མེད་པས་ཁོས་དེ་ལྟར་དྲིས།

"ལས་ཀ་དེ་རང་དབང་ཆེ་ཞིང་རང་ལ་ཧ་ཅང་འཚམས་པོ་འདུག ལས་ཀ་འདི་གཙོ་བོ་ཐོབ་ཆ་མང་པོ་ཡོད་པ་མ་ཟད་ཁྱེད་ཀྱིས་ཏུར་ཐག་བྱས་ན་ཟླ་བ་གཅིག་ལ་སྒོར་ཁྲི་ཡན་གྱི་ཡོངས་འབབ་ཡོང་གི་རེད། འདི་སྤྱི་གཉེར་རྫོང་ལགས་ཀྱི་ཁ་པར་ཨང་གྲངས་རེད།" དྲ་ཁང་སྦྱིན་བདག་གིས་མ་ཀྲུའུ་ལས་ཀ་མེད་པར་ཡུན་རིང་སོང་ཡོད་པ་ཤེས་ཡོད་པ་དང་མ་ཀྲུའུ་ལ་རྒྱུས་མངའ་ཆེན་པོ་ཡོད་པས་ཁོས་ད་གཟོད་མ་ཀྲུའུ་ལ་ཁ་པར་ཨང་གྲངས་དེ་སྤྲད།

"སློབ་ཆེན་གྱི་སློབ་གནས་དགོས་སམ། ངོ་རྒྱུགས་གཏོང་དགོས་སམ།"མ་ཀྲོའུ་དྲ་ཁང་སྦྱིན་བདག་གིས་བཤད་པའི་ཐོབ་ཆ་མང་བའི་ལས་གནས་དེར་ཡ་མཚན་སྐྱེས་ནས་ཡོད་པ་དང་། དེ་རིང་རང་ཉིད་ཐུང་ཧ་རྒྱུག་སོང་སྐམ་སྐེ་བསམ་བློ་གཞན་པ་གང་ཡང་མ་གཏོང་བར་ཐུས་མེད་ཧོང་ཞེས་པའི་སྤྱི་གཉེར་བ་དེར་ཁ་པར་བརྒྱབ།

སྤྱི་གཉེར་ཧོང་གིས་མ་ཀྲོའུ་ལ་སློབ་ཆེན་གྱི་སློབ་གནས་མི་དགོས་ལ་ངོ་རྒྱུགས་ཀྱང་གཏོང་མི་དགོས་པར་ཐད་ཀར་ལས་ཀར་བཙུག་པ་དང་། ཁ་པར་ནང་དུ་ཁོ་པར་བརྗོད་དོན"ངའི་འདིར་ཚོང་ཞིག་ཡོད། ཐེངས་གཅིག་ལ་སྒོར༥༠༠སྤྲོད་ཆོག རང་མགྱོགས་པོkདམངས་གཉེར་སྨན་ཁང་དུ་ཤོག"ཟེར།

"ཐེངས་གཅིག་ལ་སྒོར༥༠༠རག་ན་ཟླ་བ་གཅིག་ལ་ཡོངས་འབབ་སྒོར་ཁྲི་ལས་བརྒལ་རྒྱུ་ནི་སྙིང་རེད་མི་འདུག"མ་ཀྲོའུ་ཡིས་དེ་ལྟར་བསམ་བཞིན་ཁ་ཆད་བྱས་པའི་ས་གནས་དེར་དམིགས་ནས་བྱ་འཕུར་བ་ལྟར་རྒྱུག་སོང་།

"རང་དང་པོ་ཚོས་སྒོ་བཀག་ནས་བསྡད་དགོས། དེ་མིན་གྱི་མི་དག་ང་དང་མཉམ་དུ་འགྲོ།"སྤྱི་གཉེར་ཧོང་གིས་མ་ཀྲོའུ་སྨན་ཁང་གི་སྒོ་བཀག་ནས་ནད་པ་ནང་དུ་འགྲོ་ཐུ་མི་བཙུག་པའི་བཀོད་སྒྲིག་བྱས་པ་དང་ཁོ་པས་མི་མང་པོ་ཁྲིད་ནས་སྨན་ཁང་ནང་དུ་ཤོར་སོང་། kདམངས་གཉེར་སྨན་ཁང་ནི་གསར་དུ་བཙུགས་པའི་སྨན་ཁང་ཞིག་ཡིན་པ་དང་སྨན་ཁང་གི་ཚོང་ཧ་ཅང་ཡག་པོ་ཡོད། མ་ཀྲོའུ་ཡི་སེམས་སུ་སྤྱི་གཉེར་ཧོང་གིས་དེ་ལྟར་བྱེད་དགོས་དོན་གང་ཡིན་མི་ཤེས་པ་དང་ཁོས་དེའི་སྐོར་སྐད་ཆ་འདྲི་དགོས་བསམ་ཚེ་ཁོ་དང་"ལས་རོགས་གཅིག་པའི"སྒོ་བཀག་མཁན་དེས"སྨན་ཁང་འདིར་སྨན་བཅོས་ལས་འཛོལ་གྱི་གནས་ཚུལ་ལྟགས་མ་ཐག་ཡིན་པས་སྤྱི་གཉེར་ཧོང་གིས་ནད་པའི་ནང་མིའི་ཚབ་

ཏུ་གནས་ཚུལ་དེའི་རྒྱུ་མཚན་འདྲི་རུ་སོང་བ་རེད་”ཅེས་བཤད།

མ་ཀྲོའུ་ཡི་སེམས་སུ་སྨན་ཁང་ནས་སྨན་བཅོས་ལས་འཛོལ་བྱུང་བ་ཡིན་ན་སྨན་ཁང་ནས་འགན་འཁུར་རྒྱུ་ནི་ཨ་ཅང་བརྗོད་མེད་རེད་སྙམ་སྟེ་སྒོ་བཀག་ནས་བསྡད། ཏ་ལམ་ཆུ་ཚོད་གཅིག་ཙམ་གྱི་རྗེས་སུ་སྤྱི་གཉེར་ཧྲོང་དང་ཁོ་པའི་རོགས་པ་དག་སྒྲོབས་ཉམས་དང་བཅས་སྨན་ཁང་ལས་ཕྱིར་ཐོན་ཡོང་བ་དང་། སྤྱི་གཉེར་ཧྲོང་གིས་སྒོ་བཀག་མཁན་དག་ལ་མི་རེར་སྒོར༩༠༠སྤྲོད་ཅིང་ལས་ཀ་ག་དུས་ཐོན་མིན་ཁོ་པའི་བརྡ་ལ་སྒུག་དགོས་པའི་བཀོད་སྒྲིག་བྱས།

དེ་ལྟར་དཀའ་ཚེགས་ཅི་ཡང་མེད་པའི་ཐོག་ནས་མ་ཀྲོའུ་ལ་སྒོར༩༠༠བྱུང་བ་དེ་ནི་ཁོའི་བསམ་ཡུལ་ལས་འདས་པ་དང་། ཁོས་དངུལ་དེ་འཁྱེར་ནས་དགའ་ལྷང་ལྷང་ངང་དྲ་ཁང་དུ་བསྐྱོད།

“ལས་ཀ་དེ་གང་འདྲ་འདུག་གམ།”དྲ་ཁང་སྒྲིན་བདག་གིས་མ་ཀྲོའུ་ལ་དྲིས། མ་ཀྲོའུ་གྱིས་སེམས་འགྲུལ་ཐེབས་པའི་མིག་ཟུར་དུ་དྲ་ཁང་སྒྲིན་བདག་ལ་བལྟས་ནས་མགོ་བོ་ནང་དུ་ལྡེམ་ཙམ་བྱས།

དེ་ལྟར་མ་ཀྲོའུ་སྤྱི་གཉེར་ཧྲོང་དང་མཉམ་དུ་སྨན་ཁང་མང་པོ་ཞིག་ཏུ་སྤྱི་གཉེར་ཧྲོང་གི་བཀོད་སྒྲིག་ལྟར་ལས་ཀ་མང་པོ་བྱས་པས་ཁོ་པའི་ཡོང་འབབ་ཀྱང་སྔར་ལས་ཇེ་མང་དུ་འགྱུར་ཡོད།

“མ་ཀྲོའུ། ཉེ་ཆར་རང་ལས་ཀ་ག་རེ་བྱེད་ཀྱི་ཡོད་པས་”མ་ཀྲོའུ་གྱི་ཨ་མས་རང་གི་ཕྲུ་གུ་ཉིན་རེ་བཞིན་འགྱུར་ལྡོག་ཕྱིན་ཡོད་པ་མཐོང་བས་དེ་ལྟར་དྲིས།

“ང་ལ་སྣ་མཐོ་བའི་ལས་ཀ་ཞིག་རག་བྱུང་།”མ་ཀྲོའུ་ཡིས་ཉེ་ཆར་རང་གིས་ལས་ཀ་གང་

དང་གང་བྱས་ཡོད་མེད་དག་གསལ་པོར་བཤད། མ་ཀྲོའུ་ཡི་ཨ་མས་གནས་ཚུལ་དེ་དག་གོ་མ་ཐག་མི་འགྲིག་པ་ཤེས་ནས་མ་ཀྲོའུ་ལ་ལས་ཀ་དེ་དག་བྱེད་མི་ཐུབ་པའི་ཁ་ཏ་བསླབ་བྱ་བྱས།

"ང་ཚོའི་ལས་ཀ་འདི་ནི་བདེན་པ་སྐྱོང་བའི་བྱ་བ་བཟང་པོ་ཞིག་རེད། རྐུ་བརྐྱབ་པ་ལྟར་བཙོན་ཁང་དུ་གཙུར་མི་སྲིད།"མ་ཀྲོའུ་ལ་དངུལ་ཏོག་ཙམ་བྱུང་བས་ཁོས་ལས་ཀ་དེའི་མཇུག་འབྲས་ལ་བསམ་བློ་མི་གཏོང་བ་དང་། རང་གི་ཨ་མས་ལས་ཀ་དེ་བྱེད་མི་ཐུབ་པའི་ཁ་ཏ་བསླབ་བྱ་བྱེད་དུས་ཁོས་ནང་ནས་ཐོན་ནས་ཨ་མ་དང་ཁ་བྲལ།

མ་ཀྲོའུ་ནི་ལས་ཀ་དེའི་ཐོག་ལ་ཧ་ཅང་"འཛོན་པོ"ཡོད་པས་ཡུན་རིང་མ་སོང་བར་སྤྱི་གཉེར་ཧྲང་གིས་ཁོ་པ་ལས་ཁུངས་ཀྱི་"གཙོ་གནད་རིམ་པར"འཛིན་པས་མ་ཀྲོའུ་"ཀུང་སི་"དེའི་གལ་ཆེན་མི་སྣར་འགྱུར། ཐོག་མར་ཁོས་སྔོ་བཀག་པའི་ལས་ཀ་སྣ་གཅིག་ནས་རིམ་བཞིན་སྨན་ཁང་དུ་གདུང་ཁང་བཙོས་པ་དང་། ནད་པ་སྨན་བཅོས་བྱེད་པར་འགོག་རྐྱེན་བཟོས་པ། སྨན་པ་ལ་གཅར་བརྡུང་བྱེད་པ་སོགས་བྱས་ནས་སྨན་ཁང་ལ་གནོད་ཤུགས་སྤྲོད་དེ་དེའི་ཁྲོད་ནས་ཁེ་བཟང་ལེན་གྱི་ཡོད་པས་ཁོ་པ་ནི་སྨན་ཁང་དུ་ཟིང་སློང་མཁན་གྱི་ཆེད་ལས་པ་ཞིག་ཏུ་འགྱུར།

སྐབས་རེ་མ་ཀྲོའུ་གྱིས་རང་གི་དེ་ལྟར་བྱས་པར་མི་འགྲིག་པ་ཤེས་ཀྱི་ཡོད་ནའང་དངུལ་ལོར་མང་པོ་མཐོང་ཚེ་ཁོས་ལས་ཀ་དེའི་མཇུག་འབྲས་ལ་ཁ་ཡ་མ་བྱས།

དུས་ཚོད་ནི་དེ་ལྟར་འཁྱུག་ཙམ་ཞིག་ལ༢༠༡༥ལོའི་དཔྱིད་ཀར་སླེབས་སོང་། དེ་ཉིན་མ་ཀྲོའུ་སྤྱི་གཉེར་ཧྲང་དང་ཁོ་པའི་རོགས་པ་ཁ་ཤས་ཤིག་དང་མཉམ་དུ་དམངས་གཉེར་སྨན་ཁང་ཞིག་ཏུ་སླེབས། ཁོ་ཚོས་འདས་པོའི་ནང་མིའི་"དྲང་གཞག"གི་ཆེད་དུ་སྨན་ཁང་དེའི་སྨན་པ་མང་པོ་ཞིག་ལ་གཅར་བརྡུང་བྱས་པས་ཉེན་རྟོག་པས་ཁོ་ཚོ་འཛིན་བཟུང་བྱས་ནས་

ཁྲིམས་ལ་སྲུར།

"ཏ་ལས་ནའི་དངུལ་ཆད་བཅད་པ་དང་ཉེན་ཤས་ལས་གཙུར་མི་སྲིད།"སྤྱི་གཉེར་རྫོང་གིས་མ་ཀྲོའུ་ལ་སེམས་གསོ་བྱེད་བཞིན་དེ་ལྟར་བཤད།

"«ཉེས་ཁྲིམས་དག་བཅོས་འཆར་ཟིན（དགུ་པ）»ནི༢༠༡༥ལོའི་ཟླ་བ་༡༡པའི་ཚེས་༡ཉིན་ནས་ལག་བསྟར་བྱས་ཡོད་ཅིང་དག་བཅོས«ཉེས་ཁྲིམས»གསར་པའི་དོན་ཚན་ཉིས་བརྒྱ་དགུ་ཅུ་པའི་ནང་གསེས་དང་པོར། མི་མང་དཔུང་བསྡེབས་ཀྱིས་སྤྱི་ཚོགས་ཀྱི་སྒྲིག་ལམ་དཀྲུགས་ནས་ནག་ཉེས་ཚབས་ཆེན་བཟོས་པའི་དབང་གིས་སྨན་བཅོས་བྱེད་ཐབས་བྲལ་ཏེ་གྲོང་གུན་ཚབས་ཆེན་བཟོས་ན་དེའི་ཉེས་ཅན་གཏེ་པོར་དུས་བཙོན་ལོ་གསུམ་ཡན་ནས་ལོ་བདུན་མན་བར་གྱི་ཉེས་ཆད་གཅོད་རྒྱུ་དང་། དེར་ཞུར་ཐག་གིས་ཞུགས་མཁན་གཞན་དག་ལ་དུས་བཙོན་ལོ་གསུམ་མན་ནམ་བཙན་ཞར་ལས་བཀྲུལ་ལམ་རྗེས་སྐྱོད་དོ་དམ་དང་ཡང་ན་ཆབ་སྲིད་ཀྱི་ཁེ་དབང་བཙན་འཕྲོག་གི་ཉེས་ཆད་གཅོད་རྒྱུ་ཡིན……གྲོད་དོན་འདིའི་ནང་དུ་ཁྱེད་ཚོ་ཉེས་ཅན་གཏེ་པོ་ཡིན་པས་ཁྲིམས་ཁང་ནས་ཉེས་ཆད་དྲག་པོ་གཅོད་རྒྱུ་རེད།"ཉེན་རྟོག་པ་དེས་ཏ་ཅང་ནན་ཏན་ངང་བཤད།

"ག་རེ་"སྤྱི་གཉེར་རྫོང་ནི་དངངས་སྐྲག་སྐྱེས་ནས་རྐང་པ་གཉིས་འདར་སིག་སིག་བྱེད་བཞིན་འདུག

"རྒྱུ་གང་འདྲ་ཞིག་ལ་བརྟེན་ན་འབྲས་བུའང་དེ་ལྟ་བུ་ཞིག་བྱུང་སྲིད། ངས་རྩ་བ་ནས་ནོར་འདུག"མ་ཀྲོའུ་ཡི་ཡིད་ལ་ཕ་འདས་པོ་དང་ད་ལྟ་ནད་ཀྱིས་མནར་བཞིན་ཡོད་པའི་ཨ་མ་དྲན་ནས་སེམས་གཏིང་ནས་འགྱོད་པ་སྐྱེས་བྱུང་།

（རྩོམ་ཡིག་ཁྲོད་ཀྱི་མིའི་མིང་ནི་གསང་མིང་ཤ་སྟག་ཡིན）

ཁྲིམས་ལུགས་ཤེས་བྱ་འདྲེན་པ།

«བདེ་འཇགས་དོ་དམ་གྱི་ཆད་པ་གཙོད་ཕྱོགས་སྐོར་གྱི་བཅའ་ཁྲིམས»ཀྱི་དོན་ཚན་ཉེར་གསུམ་པའི་ནང་། ལས་ཁུངས་དང་། ཚོགས་པ། ཁེ་ལས། ལས་དོན་ལས་ཁུངས་སོགས་ཀྱི་ལས་སྒྲུབ་སྒྲིག་ལམ་ལ་ཟིང་ཆ་སློང་ནས་ལས་ཀ་དང་། ཐོན་སྐྱེད། ཚོང་གཉེར། སློབ་ཁྲིད། ཚན་རིག་ཞིབ་འཇུག སྨན་བཅོས་བཅས་ལ་འགོག་རྐྱེན་བཟོས་ནའང་ཉེན་ཚབས་ཆེན་པོ་བཟོས་མེད་ན་དེའི་ཉེས་ཅན་ལ་ཐ་ཚིག་སྒྲོག་པ་དང་སྒོར་ཉིས་བརྒྱ་མན་གྱི་དངུལ་ཆད་གཅོད་རྒྱུ་དང་། གལ་ཏེ་ཉེན་ཚབས་ཆེ་རིགས་ལ་ཉིན་ལྔ་ནས་བཅུའི་བར་གྱི་བཙོན་ཉར་ལས་བསྐྱལ་དང་སྒོར་ལྔ་བརྒྱ་མན་གྱི་དངུལ་ཆད་གཅོད་རྒྱུ། གལ་ཏེ་མི་མང་དཔུང་བསྡེབས་ཀྱིས་གོང་གི་གནས་ཚུལ་ཐོན་རིགས་ལ་དེའི་ཉེས་ཅན་གཏོ་བོར་ཉིན་བཅུ་ནས་ཉིན་བཅོ་ལྔ་མན་བར་གྱི་བཙོན་ཉར་ལས་བསྐྱལ་དང་སྒོར་ཆིག་སྟོང་མན་གྱི་དངུལ་ཆད་གཅོད་རྒྱུ།

«ཉེས་ཁྲིམས»ཀྱི་དོན་ཚན་ཉིས་བརྒྱ་དགུ་ཅུ་པའི་ནང་གསེས་དང་པོར། མི་མང་དཔུང་བསྡེབས་ཀྱིས་སྤྱི་ཚོགས་ཀྱི་སྒྲིག་ལམ་དཀྲུགས་ནས་ནག་ཉེས་ཚབས་ཆེན་བཟོས་པའི་དབང་གིས་སྨན་བཅོས་བྱེད་ཐབས་བྲལ་ཏེ་གྱོང་གུན་ཚབས་ཆེན་བཟོས་ན་དེའི་ཉེས་ཅན་གཏོ་བོར་དུས་བཙོན་ལོ་གསུམ་ཡན་ནས་ལོ་བདུན་མན་བར་གྱི་ཉེས་ཆད་གཅོད་རྒྱུ་དང་། དེར་ཞུར་ཐག་གིས་ཞུགས་མཁན་གཞན་དག་ལ་དུས་བཙོན་ལོ་གསུམ་མན་ནམ་བཙོན་ཉར་ལས་བསྐྱལ་ལམ་རྗེས་སྙོད་དོ་དམ་དང་ཡང་ན་ཆབ་སྲིད་ཀྱི་ཁེ་དབང་བཅའ་འཕྲོག་གི་ཉེས་ཆད་གཅོད་རྒྱུ་ཡིན།

གཏམ་རྒྱུད་འདིའི་ནང་དུ་མ་ཀྲོའུ་དང་སྤྱི་གཉེར་ཧྲོང་གིས་སྨན་ཁང་དུ་གདུང་ཁང་བཙུགས་པ་དང་ནད་པ་སྨན་བཅོས་བྱེད་པར་འགོག་རྐྱེན་བཟོས་པ། སྨན་པ་ལ་གཅར་བརྡུང་བྱས་པ་སོགས་སྨན་ཁང་ལ་གནོད་ཤུགས་སྤྱོད་པའི་བྱ་སྤྱོད་དེས་སྨན་བཅོས་བྱེད་པ་ལ་འགོག་རྐྱེན་བཟོས་ནས་གྱོང་གུན་ཚབས་ཆེན་བཟོས་ཡོད་པ་མ་ཟད། མ་ཀྲོའུ་དང་སྤྱི་གཉེར་ཧྲོང་ནི་གནས་ཚུལ་དེའི་ཁྲོད་ཀྱི"བྱེད་གཏེ་གཙོ་བོ"ཡིན་པས་ཁོ་གཉིས་ལ་དུས་བཙོན་ལོ་གསུམ་ཡན་ནས་ལོ་བདུན་མན་བར་གྱི་ཉེས་ཆད་གཅོད་རྒྱུ།

༡༧ ལི་ཞོར་པའི་ས་འདིར་སླེབས་སྐྱོང་།

ལི་ཞའོ་པའེ་གྱི་མིང་ངོ་མར་ལི་ཏྲན་ཟེར་གྱི་ཡོད་ཅིང་། ཁོ་པ་ནི་ཡུལ་སྐོར་ལ་འགྲོ་རྒྱུར་ཤིན་ཏུ་དགའ་བ་མ་ཟད། དུས་རྒྱུན་ཁོ་པ་ནི་ཐང་རྒྱལ་རབས་ཀྱི་ལྷབས་ཆེན་གྱི་སྙན་ངག་པ་ལི་པའེ་ལྷ་བུའི་འཆར་ཡན་རིང་ལུགས་པར་དད་སེམས་ཤིན་ཏུ་ཆེ་བས་ཁོས་སོ་སོར"ལི་པའེ"ཞེས་མིང་ཞིག་ཀྱང་བཏགས་ཡོད། ལི་ཞའོ་པའེ་ད་ལྟ་ལོ་༧༨ལས་སོན་མེད་ནའང་ཁོ་པས་གནའ་ཤུལ་གྲགས་ཅན་མང་པོར་བསྐྱོད་མྱོང་ཡོད་ཅིང་། ཁོ་པ་དེ་ལྟར་ཡུལ་སྐོར་ལ་སོང་ནས་ཕྱིར་ལོག་དུས་ཁོ་ལ་གནའ་ཤུལ་དེ་དག་སྐོར་གྱི་གཏམ་རྒྱུད་ཇོགས་རྒྱུ་མེད་པ་ཤོད་རྒྱུ་ཡོད།

ལི་ཞའོ་པའེ་ནི་ལྷ་རྒྱ་མཐོང་རྒྱ་ཆེ་བས་སློབ་མ་མང་པོས་ཁོ་པར་ཡིད་སྨོན་སྐྱེས་བཞིན་ཡོད་པ་དང་ཡང་སློབ་མ་འགས་ཁོ་པར་ཐུག་དོག་བྱེད་བཞིན་ཡོད། ཉིན་ཞིག་གློ་བུར་དུ་སློབ་མ་ཞིག་གིས"ཁྱེད་གནའ་ཤུལ་མང་པོ་དེ་འདྲར་སོང་མྱོང་ན། རྗེས་དྲན་གྱི་དངོས་པོ་འདྲ་མེད་དམ"ཞེས་ཡིད་མི་ཆེས་པའི་རྣམ་འགྱུར་དང་བཅས་དྲིས།

"ངས་པར་མང་པོ་བརྒྱབ་ཡོད། འདི་དག་ཚང་མ་ཡིད་དུ་འོང་བའི་ཕྱིར་དྲན་ཤ་སྟག་ཡིན།"ལི་ཞའོ་པའེ་གྱིས་སྤོབས་ཉམས་ངང་ལན་བཏབ།

"རང་སོ་སོས་པར་བརྒྱབ་པ་འདི་དག་རང་དང་རང་གི་སྐད་འཕྲིན་གྲོགས་ཚོམས་ཀྱི་མི་དག་གིས་མ་གཏོགས་ཤེས་ཀྱི་མ་རེད། ཁྱེད་ཀྱིས་གནའ་ཤུལ་གྲགས་ཅན་དེ་དག་ལ་རྗེས་དྲན་གྱི་དཔང་རྟགས་བཞག་ཡོད་དམ། མི་མང་པོ་ཁྱེད་གནའ་ཤུལ་གྲགས་ཅན་དེ་དག་ལ་སོང་བ་ཤེས་ཀྱི་ཡོད་དམ་ཟེར་བ་ཡིན།"སློབ་མ་དེས་ཟུར་ཟའི་ངང་ལི་ཞའོ་པའེ་ལ་དེ་ལྟར་དྲིས།

སློབ་མ་དེས་ལི་ཞའོ་པའེ་ལ་དེ་ལྟར་རྩེད་མོ་རྩེ་བ་ཡིན་ནའང་ལི་ཞའོ་པའེ་ཡི་སེམས་

སུ་སློབ་མ་དེས་བཤད་པའི་སྐད་ཆ་ལ་རྒྱུ་མཚན་འདུག ཕྱིན་ཆད་རང་ཉིད་གནའ་ཤུལ་གྲགས་ཅན་དག་ལ་ཡུལ་སྐོར་དུ་སོང་དུས་ངེས་པར་དུ་དཔང་རྟགས་ཤིག་བཞག་དགོས། རབ་བྱུང་ན་"ལི་ཞའོ་པའི་ས་ཆ་འདིར་སླེབས་སྐྱོང་།"ཞེས་པའི་ཡི་གེ་དག་འབྲི་དགོས་བསམས།

དབྱར་གསེང་དེར། ལི་ཞའོ་པའི་རང་གི་ཕ་མ་གཉིས་དང་མཉམ་དུ་གནའ་ཤུལ་གྲགས་ཅན་ག་གེ་མོ་ཞིག་ལ་ཡུལ་སྐོར་དུ་སོང་། ལི་ཞའོ་པའི་ཡིས་གནའ་མིས་བཞག་པས་བསིལ་ཁང་དང་བ་གམ་ཅན་གྱི་ཁང་པ་དག་མཐོང་དུས་ཁོ་པ་རང་ཉིད་གནའ་དུས་སུ་སླེབས་པ་ལྟར་སེམས་པ་རབ་ཏུ་གཡོས་བྱུང་། སྐབས་དེར་ལི་ཞའོ་པའི་ཡིས་ས་ཆ་ཞིག་བཙལ་ནས་རང་གིས་མིང་འབྲི་དགོས་སྙམ།

ལི་ཞའོ་པའི་ཡིས་གནས་ཚུལ་ཞིག་ལ་ཁག་བཏགས་ནས་ཕ་མ་གཉིས་ལས་ཁ་གྱེས་ཏེ་རང་གཅིག་པོས་གནའ་ཤུལ་ལ་སྐོར་བ་བརྒྱབ་ནས་ཡོད་ཅིང་། ཁོས་གོ་སྐབས་བཙལ་ནས་གནའ་ཤུལ་གྱི་ས་ཆ་གང་རུང་ཞིག་ཏུ་རི་མོ་འབྲི་བའམ་ཡང་ན་རང་མིང་བྲིས་ཏེ་རང་ཉིད་གནས་དེར་སླེབས་པའི་དཔང་རྟགས་བཞག་དགོས་སྙམ། སློ་བུར་དུ་ཁོས་གནའ་ཟླ་ཐོག་ཁང་གི་འགྲམ་དུ་ལོ་ངོ་སྟོང་ལ་སླེབས་པའི་རྒྱ་ལྕང་ཞིག་ཡོད་པ་མཐོང་བས་ཁོས་རྒྱ་ལྕང་གི་སྡོང་པོའི་སྟེང་དུ་རང་མིང་འབྲི་ཐབས་བྱེད་བཞིན་ཡོད།

ལི་ཞའོ་པའི་ཡིས་རྒྱ་ལྕང་དེའི་ཉེ་འགྲམ་དུ་གཅར་བ་དང་ཁོས་ཙུང་ངོས་སྐོམས་པའི་ཡལ་ག་ཞིག་བཙལ་རྗེས་ལྟོ་ཕད་ལས་གྲི་ཆུང་བཏོན་ནས་རང་མིང་དེའི་སྟེང་དུ་འགོད་རྩིས་བྱེད།

"བུ། རྒྱ་ལྕང་ལ་གཅེས་སྲུས་བྱ་རྒྱུ་ནི་མི་ཚང་མ་ལ་འགན་འཁྲི་ཡོད། རང་གིས་རྒྱ་ལྕང་

སྟེང་ལ་མིང་འབྲི་མི་ཉན།”ཡུལ་སྐོར་བ་ཞིག་གིས་དེ་ལྟར་བརྗོད་པ་དང་ལི་ཞའོ་པའི་ཡི་བྱ་སྤྱོད་ལ་བཀག་འགོག་བྱས།

ལི་ཞའོ་པའི་ཡིས་དེ་ལྟར་ཐོས་རྗེས་ཡུལ་སྐོར་བ་དེས་བཤད་པའི་སྐད་ཆ་ལ་རྒྱུ་མཚན་འདུག དེ་ལས་ངས་ས་ཆ་གཞན་ཞིག་ཏུ་རང་མིང་བྲི་དགོས་བསམ་སྟེ་གནས་དེ་ནས་ཁ་བྲལ།

ལི་ཞའོ་པའི་ཡིས་རྒྱ་ལྟང་གི་ནགས་ཁྲོད་བརྒྱུད་ནས་བསྐྱོད། མི་རིང་བར་ཁོས་རྡོ་ཡི་རྐུབ་སྟེགས་ཤིག་མཐོང་བ་དང་སེམས་སུ་རྒྱ་ལྟང་ལ་ཚེ་སྲོག་ཡོད་ན་རྡོ་ལ་ཚེ་སྲོག་ཡོད་མི་སྲིད་པས་རྡོ་ཡི་རྐུབ་སྟེགས་སུ་རང་མིང་འགོད་ན་སྐྱོན་ཡོད་ཀྱི་མ་རེད་སྙམ་ནས་བྱ་སྤྱོད་སྤེལ་རྩིས་བྱེད།

“བུ། རྡོ་ཡི་རྐུབ་སྟེགས་དེ་དག་མི་རྣམས་ལ་ངལ་གསོ་བྱེད་དུ་མགོ་འདོན་བྱེད་པ་ཡིན་པས་དེའི་སྟེང་དུ་རང་མིང་བྲི་མི་ཉན།” ལི་ཞའོ་པའི་ཡིས་གྲི་ཆུང་བཏོན་ནས་མིང་བྲི་བར་བརྩམ་དུས་ཡུལ་སྐོར་བ་འགའ་ཞིག་ཁོ་པ་ལ་དེ་ལྟར་བརྗོད་པ་དང་ཁོའི་བྱ་སྤྱོད་ལ་བཀག་འགོག་བྱས།

“ངས་རང་གི་མིང་ཙམ་བྲི་འདོད་པ་ཡིན། འདིས་ཡུལ་སྐོར་བ་ཚོར་གནོད་བསྐྱལ་མི་སྲིད།”ལི་ཞའོ་པའི་ཡིས་དེ་ལྟར་བརྗོད།

“འདིར་ཡོད་པའི་དངོས་པོ་མཐའ་དག་ནི་གནའ་མིས་བཞག་པའི་རྩ་ཆེའི་རིག་དངོས་ཤ་སྟག་རེད། རྡོ་ཡི་རྐུབ་སྟེགས་འདི་དག་མི་རྣམས་ལ་ངལ་གསོ་བྱེད་པར་མགོ་འདོན་བྱས་པ་མ་ཟད། ད་དུང་ཞིབ་འཇུག་གི་རིན་ཐང་ཆེན་པོ་ཡོད། ཡང་གཅིག་བཤད་ན་ང་ཚོས་རྡོ་སྟེགས་འདི་དག་གི་སྟེང་དུ་བསྡད་ཆོག་གི་མི་འདུག” ཡུལ་སྐོར་བ་དེ་དག་གི

ཁྲིད་དུ་ལོ་ན་བགྲེས་ཙམ་ཡོད་པའི་སྒྲོ་བོ་ལགས་ཤིག་གིས་དེ་ལྟར་གསུངས།

ལི་ཞའོ་པའི་ཡི་སེམས་སུ་རྡོ་ཞིག་ལ་ཞིབ་འཇུག་གི་རིན་ཐང་ག་རེ་ཡོད་དམ་སྙམ་པ་དང་སྐབས་དེར་མི་ཚོགས་ཇེ་མང་ནས་ཇེ་མང་དུ་འགྲོ་བས་ཁོས་གནས་དེ་ནས་ཁ་གྱེས།

ལི་ཞའོ་པའི་ཡིས་རྡོ་ཡི་རྐུབ་སྟེགས་དེ་དག་བཞག་ནས་ཤིང་གི་བཀོས་བརྐན་ཆེན་པོ་ཞིག་གི་མདུན་དུ་སླེབས། ཤིང་གི་བཀོས་བརྐན་དེ་ནི་ཆེ་ཞིང་ཟེལ་ཉམས་ལྡན་པ་ཞིག་ཡོད་པས་ཁོའི་སེམས་སུ་བཀོས་བརྐན་དེའི་སྟེང་དུ་རང་མིང་འགོད་ཐུབ་ན་དེ་ནི་གཟི་བརྗིད་ལྡན་པ་ཞིག་རེད་སྙམ། ཐེངས་འདིར་ཁོས་རྟོལ་རྒྱུགས་མ་བྱེད་པར་ཕྱོགས་བཞིའི་ཡུལ་སྐོར་བར་ཞིབ་དཔྱད་བྱས་ནས་བསྡད།

ཅུང་ཙམ་ནས་ཡུལ་སྐོར་བ་དག་གཅིག་རྗེས་གཉིས་མཐུད་དང་ཉུང་དུ་སོང་བ་དང་བཀོས་བརྐན་དེའི་འཁྲིས་སུ་མི་གཅིག་ཀྱང་མེད་དུས་ད་གཟོད་ལི་ཞའོ་པའི་ཡིས་གྲི་ཆུང་བཏོན་ནས་ཤིང་གི་བཀོས་བརྐན་སྟེང་རང་མིང་འགོད་པར་བརྩམས།

“བུ། བཀོས་བརྐན་དེར་ལག་པ་མ་ཆོངས། འདི་ནི་ཤིང་ནག་བཀོས་བརྐན་རྩེ་གྲ་ཞིག་རེད། འདིར་ལོ་ངོ་ཆིག་སྟོང་བརྒྱད་བརྒྱ་ལྷག་གི་ལོ་རྒྱུས་ཡོད་རེད།”ལི་ཞའོ་པའི་ཡིས་ཤིང་གི་བཀོས་བརྐན་དེར་ལག་པ་བཅངས་ནས་རང་མིང་འགོད་གྲབས་ཡོད་དུས་དོ་དམ་མི་སྒྲ་ཞིག་གང་ནས་ཡོང་བ་མི་ཤེས་པར་ཁོ་པར་དེ་ལྟར་བརྗོད།

“ང་ཤིང་གི་བཀོས་བརྐན་འདིར་ཧ་ཅང་དགའ་པོ་ཡོད། ངས་འདིར་ལག་པས་ཐུག་ཙམ་བྱེད་དགོས་བསམ་བྱུང་།”ལི་ཞའོ་པའི་ཡིས་དེ་ལྟར་བརྗོད་པ་དང་ལམ་སེང་གྲི་ཆུང་ཁུག་མར་བསྲུས་ནས་བཀོས་བརྐན་དེར་སྐྱོང་རོལ་བྱེད་བཞིན་ཡོད་པའི་བཟོ་ལྟ་སྟོན།

“བཀོས་བརྐན་ལ་དགའ་པོ་ཡོད་ན་དེ་ལ་གཅེས་སྲུས་བྱེད་དགོས་རེད།”དོ་དམ་མི་

སྐབས་དེ་ལྟར་བཤད་པ་དང་ལི་ཞའོ་པའི་ཡིས་བཀོས་བརྐན་ལ་དགའ་པོ་ཡོད་རབས་བཤད་པ་ན་དོ་དམ་མི་སྐུས་དམག་འཁྲུག་དུས་རབས་ནས་ཞི་བདེའི་དུས་རབས་དང་སླར་ཡང་ཞི་བདེའི་དུས་རབས་ནས་དམག་འཁྲུག་དུས་རབས་བར་ལ་བཀོས་བརྐན་དེ་དག་ཇི་ལྟར་སྲུང་སྐྱོབ་བྱེད་ཚུལ་ཐད་ཅིར་གྲོས་མོལ་འཁྲོས་བཤད།

"ད་བྱེད་དུས་བཀོས་བརྐན་དེ་དག་སྲུང་སྐྱོབ་བྱེད་པར་ལས་སླ་པོ་རེད་མི་འདུག"ལི་ཞའོ་པའི་ཡིས་བཤད།

"ད་ལྟ་ལོ་ཆུང་དག་གིས་མེས་པོས་བཞག་པའི་རིག་དངོས་ལ་གཅེས་སྲུས་མི་བྱེད་པ་མ་ཟད་དེ་བས་གཏོར་སྐྱོན་བཏང་བའི་སྣང་ཚུལ་འདུག ང་ཚོས་ཐབས་ཤེས་མེད་པར་ཁ་སྟོན་ནས་འདིར་ཁབ་མགོའི་བརྐན་མིག་བསྐར་ཡོད། ཡིན་ནའང་ད་དུང་མི་འགས་རིག་དངོས་གཏོར་སྐྱོན་བཏང་བར་འགོག་ཐུབ་ཀྱི་མི་འདུག"དོ་དམ་མི་སྐུས་དེ་ལྟར་བཤད་པ་དང་བཀོས་བརྐན་ཕྱོགས་སུ་མཛུབ་མོས་སྟོན་ཙམ་བྱས།

གློ་བུར་དུ་ལི་ཞའོ་པའི་ཡི་གདོང་ལ་ཚ་ལམ་ལམ་བྱས་བྱུང་།

"དེ་སྔོན་ང་ཚོས་རིག་དངོས་ལ་གཏོར་སྐྱོན་བཏང་བའི་གཞོན་ནུ་འགའ་བཟུང་བ་ཡིན། དེ་དུས་འབྲེལ་ཡོད་ཚན་པས«བདེ་འཇགས་དོ་དམ་གྱི་ཆད་པ་གཅོད་ཕྱོགས་སྐོར་གྱི་བཅའ་ཁྲིམས»ཀྱི་དོན་ཚན་རེ་གསུམ་པའི་ནང་གསེས་དང་པོ་ལྟར། རྐང་བཙུགས་ནས་རྒྱལ་ཁབ་ཀྱིས་སྲུང་སྐྱོབ་བྱེད་པའི་རིག་དངོས་དང་གནའ་ཤུལ་གྲགས་ཅན་ལ་འབྲི་འགོད་དང་སུབ་བཙོས་ཡང་ན་དེ་མིན་གྱི་ཐབས་གཞན་ལ་བརྟེན་ཏེ་གཏོར་སྐྱོན་བཏང་བའི་གནས་ཚུལ་ཐོན་རིགས་ལ་ཐ་ཚིག་སྒྲོག་པ་དང་སྒོར་ཉིས་བརྒྱ་མན་གྱི་དངུལ་ཆད་གཅོད་རྒྱུ་དང་། གལ་ཏེ་ཉེན་ཚབས་ཆེ་རིགས་ལ་ཉིན་ལྔ་ནས་བཅུའི་བར་གྱི་བཙོན་འཇུར་ལས་

བསྐྱལ་དང་སྒོར་ཉིས་བརྒྱ་ནས་ལྔ་བརྒྱ་མན་བར་གྱི་དངུལ་ཆད་གཅོད་རྒྱུའི་གཏན་འབེབས་ལྟར་ཆད་པ་བཅད་འདུག ཡིན་ནའང་གཏན་འབེབས་དེས་ནུས་པ་ཆེར་མི་ཐོན་པས་རིག་དངོས་གཏོར་སྐྱོན་གྱི་གནས་ཚུལ་མཚམས་མི་ཆད་པར་ལྷགས་ཀྱི་འདུག”དོ་དམ་མི་སྣས་བཤད།

“ད་བྱས་དུས་གནས་ཚུལ་དེ་འགན་ལྷེ་པོ་དེ་འདྲ་ཡོད་པ་རེད།”ལི་ཞའོ་པའི་ཡིས་སྨིན་མ་བསྡུས་ཤིང་དེ་ལྟར་བསམས།

“ཡིན་ནའང་གནས་ཚུལ་དེ༢༠༡༥ལོའི་ཟླ་བ༡༡པའི་ཚེས༡ནས་ལེགས་བཅོས་ཐུབ་ཡོད། རྒྱུ་མཚན་ནི་དག་བཅོས་ཟིན་པའི«ཉེས་ཁྲིམས»གསར་མའི་དོན་ཚན་སུམ་བརྒྱ་ཉེར་བཞི་པའི་ནང་གསེས་གཉིས་པའི་ནང་། རྒྱལ་ཁབ་ནས་སྲུང་སྐྱོང་བྱེད་པའི་གནའ་ཤུལ་གནས་མཆོག་བསམ་བཞིན་དུ་གཏོར་བརླག་བཏང་བའི་ཉེས་ཚབས་ཆེ་རིགས་ལ་དུས་བཙོན་ལོ་ལྔ་མན་ནམ་བཙན་ཉར་ལས་བསྐྱལ་གྱི་ཉེས་ཆད་གཅོད་རྒྱུ་དང་དངུལ་ཆད་ཆབས་སྒྲིགས་སུ་གཅོད་རྒྱུའམ་གཅིག་པུར་གཅོད་རྒྱུ་ཞེས་གཏན་འབེབས་བྱས་ཡོད་པ་དེས་བསམ་བཞིན་དུ་རིག་དངོས་ལ་གཏོར་སྐྱོན་བཏང་བ་ན«ཉེས་ཁྲིམས»དང་འགལ་ཡོད་པས‘ཀྲང་བཙུགས་ཏེ་གནའ་ཤུལ་གྲགས་ཅན་གཏོར་སྐྱོན་བཏང་བའི་ནག་ཉེས’བསགས་ཡོད་པ་རེད།”དོ་དམ་མི་སྣའི་གདོང་ལ་བློ་བདེ་བའི་ཉམས་ཤིག་ཤར་ནས་དེ་ལྟར་བརྗོད།

གནས་ཚུལ་དེ་ཇ་དྲག་དེ་འདྲ་ཡོད་པ་ལི་ཞའོ་པའི་ཡི་བསམ་ཡུལ་ལས་འདས་ཤིང་ཁོས་རང་གིས་བྱ་སྤྱོད་སྡེལ་རྩིས་ཡོད་པའི་དོན་དག་ཡིད་ལ་འཁོར་ནས་ཞེད་སྣང་སྐྱེས།

“ཡིན་ནའང་བློ་ཕངས་པ་ཞིག་ལ་ང་ཚོའི་བརྟན་མིག་ཚོད་འཛིན་གྱིས་ཕྱོགས་བཞི་མཚམས་བརྒྱུད་ལ་ལྟ་སྐྱུལ་བྱེད་ཐུབ་ཀྱི་མེད་པས། རིག་དངོས་དང་གནའ་ཤུལ་གྲགས་ཅན་

ལ་གཅེས་སྤྲས་བྱ་རྒྱུ་དེ་ནི་མི་ཚང་མའི་རང་འགུལ་དང་གཅེས་སེམས་ལ་བརྟེན་དགོས་པ་རེད།”ངོ་དམ་མི་སྣས་པོ་དོན་ཟབ་མོའི་ཐོག་ནས་དེ་ལྟར་བརྗོད།

“ངས་རིག་དངོས་གཅེས་སྲུས་པའི་གདོང་ལེན་པ་ཞིག་བྱས་ནས་རིག་དངོས་དང་གནའ་ཤུལ་གྲགས་ཅན་ལ་རང་ཉིད་ལ་དཔག་པའི་ནུས་པ་ཕྲན་བུ་ཙམ་འབུལ་རྒྱུ་ཡིན།”ལི་ཞའོ་པའི་ཡིས་རང་ཉིད་ལ་དེ་ལྟར་བརྗོད།

ཡུལ་སྐོར་མཇུག་གྲིལ་རྗེས་ལི་ཞའོ་པའི་ཕྱིར་སློབ་གྲྭར་ལོག ད་ཐེངས་ཁོས་རང་གི་ཡུལ་སྐོར་གྱི་མྱོང་བ་དང་པར་རིས་སོགས་གཞན་ལ་ངོམ་སོ་མི་བྱེད་པ་དང་། ཁོས་སློབ་མ་གཞན་ལ་རིག་དངོས་ལ་སྲུང་སྐྱོབ་བྱེད་པའི་དོན་སྙིང་མང་པོ་བཤད་པས་སློབ་མ་རྣམས་ཀྱིས་ཧ་པར་མོས་པའི་ཐལ་མོའི་རྡེབ་སྒྲ་ཤུགས་ཀྱིས་གྲགས་བྱུང་། སྔོན་མ་ལི་ཞའོ་པའི་ལ་ཟུར་ཟ་བྱེད་མཁན་གྱི་སློབ་མ་དེ་ངོ་ཚས་སྐྱེངས་ནས་མགོ་བོ་དུད་ནས་འདུག

(རྩོམ་ཡིག་བྲིད་ཀྱི་མིའི་མིང་ནི་གསང་མིང་ཤ་སྟག་ཡིན)

ཁྲིམས་ལུགས་ཤེས་བྱ་འབྲིན་པ།

ཀང་བཙུགས་ཏེ་གནའ་ཤུལ་གྲགས་ཅན་གཏོར་སྐྱོན་བཏང་བའི་ནག་ཉེས། དེ་ནི་རྒྱལ་ཁབ་ཀྱིས་སྲུང་སྐྱོབ་བྱེད་པའི་གནའ་ཤུལ་གྲགས་ཅན་ལ་ཀང་བཙུགས་ཏེ་གཏོར་སྐྱོན་བཏང་བའི་གནས་ཚུལ་ཚབས་ཆེ་ཡོད་རིགས་ལ་ཟེར།

«བདེ་འཇགས་ངོ་དམ་གྱི་ཆད་པ་གཅོད་ཕྱོགས་སྐོར་གྱི་བཅའ་ཁྲིམས»ཀྱི་དོན་ཚན་རེ་གསུམ་པའི་ནང་གདན་འབེབས་བྱས་དོན། གཤམ་གསལ་གྱི་གནས་ཚུལ་ཐོན་རིགས་ལ་ཐ་ཚིག་སྒྲོག་པ་དང་སྒོར་ཉིས་བརྒྱ་མན་གྱི་དངུལ་ཆད་གཅོད་རྒྱུ་དང་། གལ་

ཏེ་ཉེན་ཚབས་ཆེ་རིགས་ལ་ཉིན་ཟླ་ནས་བཅུའི་བར་གྱི་བཙན་ཞར་ལས་བསྐྱལ་དང་སྒོར་ཉིས་བརྒྱ་ནས་ཟླ་བརྒྱ་མན་བར་གྱི་དངུལ་ཆད་གཅོད་རྒྱུ།

（གཅིག） རྐང་བཙུགས་ནས་རྒྱལ་ཁབ་ཀྱིས་སྲུང་སྐྱོབ་བྱེད་པའི་རིག་དངོས་དང་གནའ་ཤུལ་གྲགས་ཅན་ལ་འབྲི་འགོད་དང་སྦུབ་བརྩེས་ཡང་ན་དེ་མིན་གྱི་ཐབས་གཞན་ལ་བརྟེན་ཏེ་གཏོར་སྐྱོན་བཏང་བ།

（གཉིས） རྒྱལ་ཁབ་ནས་གཏན་འབེབས་བྱས་པའི་ཁྲིམས་ལས་འགལ་ཏེ་རིག་དངོས་སྲུང་སྐྱོབ་བྱེད་མཁན་གྱི་ཚན་པའི་ཉེ་འགྲམ་དུ་གང་བྱུང་དུ་རྡོག་པ་དང་གཏོར་བ་སོགས་བྱས་ནས་རིག་དངོས་སྲུང་སྐྱོབ་ལ་གནོད་སྐྱོན་བཏང་བ།

«ཉེས་ཁྲིམས»དོན་ཚན་སུམ་བརྒྱ་ཉེར་བཞི་པའི་ནང་གསེས་གཉིས་པའི་ནང་། རྒྱལ་ཁབ་ནས་སྲུང་སྐྱོང་བྱེད་པའི་གནའ་ཤུལ་གནས་མཆོག་བསམ་བཞིན་དུ་གཏོར་བརླག་བཏང་བའི་ཉེས་ཚབས་ཆེ་རིགས་ལ་དུས་བཙོན་ལོ་ཟླ་མན་ནམ་བཙན་ཞར་ལས་བསྐྱལ་གྱི་ཉེས་ཆད་གཅོད་རྒྱུ་དང་དངུལ་ཆད་ཆབས་སྦྲགས་སུ་གཅོད་རྒྱུའམ་གཅིག་པུར་གཅོད་རྒྱུ།

གཏམ་རྒྱུད་འདིའི་ནང་དུ་ལི་ཞའོ་པའི་ཡིས་གཏོར་སྐྱོན་བཏང་བའི་བྱ་སྤྱོད་ཐེལ་མེད་པས་ན་ཁོ་པར་གནའ་ཤུལ་གྲགས་ཅན་ལ་གཏོར་སྐྱོན་བཏང་བའི་ཉེས་པ་མེད། «ཉེས་ཁྲིམས་དག་བཅོས་འཆར་ཟིན་ (དགུ་པ) »ལག་བསྟར་མ་བྱས་པའི་སྔོན་དུ་བསམ་བཞིན་དུ་རིག་དངོས་གཏོར་སྐྱོན་བྱས་པར་དངུལ་ཆད་དང་བཙན་ཞར་ལས་བསྐྱལ་བྱེད་ངེས་ཡིན། ཡིན་ནའང«ཉེས་ཁྲིམས་དག་བཅོས་འཆར་ཟིན་ (དགུ་

པ） »ལག་བསྟར་བྱས་ཚུན་དུ་བསམ་བཞིན་དུ་རིག་དངོས་ལ་གནོད་སྐྱོན་བཏང་བའི་ཉེས་གསོག་དོགས་ཡོད་མི་སྣ་ལ“དུས་བཙོན་ལོ་ལྔ་མན་ནམ་བཙན་ཉར་ལས་བསྐུལ་གྱི་ཉེས་ཆད”གཅོད་རྒྱུའི་གཏན་འབེབས་ནན་མོ་བྱས་ཡོད།

༡༨ དུག་སྦྲུལ་མིག་ཤེལ་ཅན་ཞིག

ཨེར་ཀྲུའུ་ཡི་ནང་ལ་རི་བོང་མང་པོ་གསོས་ཡོད་པ་དང་རི་བོང་ནི་རྒྱ་སྐྱེགས་བཟའ་རྒྱུར་ཧ་ཅང་དགའ་པོ་ཡོད་པས་ཁོ་ཚང་ལ་རྒྱ་སྐྱེགས་དགོས་མཁོ་ཤིན་ཏུ་ཆེ། རྒྱ་སྐྱེགས་ནི་ལོ་གཅིག་གམ་གཉིས་ལ་སྐྱེ་བའི་སྐྱེས་དངོས་ཤིག་ཡིན་པས་དུས་རྒྱུན་རི་ངོས་དང་ཞིང་ཚིགས་གང་སར་མཐོང་རྒྱུ་ཡོད། ལོ་7ནུལ་སོན་པའི་ཨེར་ཀྲུའུ་ཉིན་རྒྱུན་སློབ་གྲྭ་གྲོལ་མ་ཐག་སླེལ་པོ་ཆུང་ཆུང་དེ་རྒྱབ་ཏུ་ཁུར་ནས་རི་ངོས་དང་ཞིང་ཚིགས་བར་དུ་རྒྱ་སྐྱེགས་འཐུ་བར་འགྲོ་གི་ཡོད།

དེ་ཉིན་སློབ་གྲྭ་གྲོལ་རྗེས་ཨེར་ཀྲུའུ་རྣམ་ཀུན་ལྟར་ཞིང་ཚིགས་ཀྱི་བར་དུ་རྒྱ་སྐྱེགས་འཐུ་བར་བསྐྱོད། སློ་བུར་དུ་ཁོས་ཞིང་ཚིགས་ཀྱི་བར་ནས་རྒྱ་སྐྱེགས་མང་པོ་ཞིག་མཐོང་བ་དང་དེ་དག་འཐུ་བར་བརྩམ་དུས་དུག་སྦྲུལ་མིག་ཤེལ་ཅན་ཞིག་གང་ནས་ཡོང་བ་མ་ཤེས་པར་རྒྱ་སྐྱེགས་ཀྱི་མདུན་དུ་སླེབས་ནས་རང་ལ་ལྡིར་ནས་བསྡད། ཨེར་ཀྲུའུ་ཡིས་དུག་སྦྲུལ་མིག་ཤེལ་ཅན་ལ་དུག་ཡོད་པ་ཤེས་ཀྱི་ཡོད་པས་ཁོས་དུག་སྦྲུལ་དེས་རང་ཉིད་ལ་སོ་བརྒྱབ་པར་དོགས་ནས་འགུལ་ཙམ་ཡང་བྱེད་མ་ཕོད།

ཨེར་ཀྲུའུ་དེ་ལྟར་ག་བྱེད་འདི་བྱེད་མེད་པར་ལུས་བསྡད་པའི་སྐབས་སུ་སློ་བུར་དུ་བ་ཞིག་དུག་སྦྲུལ་དེའི་སྟེང་བགབ་སོང་བས་ད་གཟོད་ཁོ་པ་དུག་སྦྲུལ་དེའི་འཇིགས་པ་ལས་ཐར། ཨེར་ཀྲུའུ་ཁ་ཕྱིར་འཁོར་ནས་ལྟ་དུས་དེ་ནི་རང་གི་གྲོགས་པོ་བཟང་པོ་ཧྲན་ཧོའི་ཡིན་པ་ཤེས། ཧྲན་ཧོའི་དང་ཨེར་ཀྲུའུ་བར་ལོ་གཅིག་གཉིས་ལས་ཁྱད་པར་མེད་ཅིང་། དེ་ཉིན་ཧྲན་ཧོའི་ཉ་འཛིན་པར་བསྐྱོད་སྐབས་ཨེར་ཀྲུའུ་དུག་སྦྲུལ་གྱི་འཇིགས་པ་ལས་མི་ཐར་བ་མཐོང་ནས་ཁོ་པས་དྲ་བ་བགབ་ནས་ཨེར་ཀྲུའུ་ལ་རྨས་སྐྱོན་མི་ཐོག་པར་བྱས།

“རང་གིས་ངའི་སྲོག་སྐྱབ་པར་ཐུགས་རྗེ་ཆེ།”ཨེར་ཀྲུའུ་ཡིས་བཀའ་དྲིན་བསམ་

བཞིན་རྒན་ཧོའི་ལ་དེ་ལྟར་བརྗོད།

"ངེད་གཉིས་གྲོགས་པོ་རེད། རང་ང་ལ་ཐུགས་འཚེམ་བྱེད་དགོས་དོན་མེད། དུག་སྦྲུལ་མིག་ཤེལ་ཅན་ནི་ལུས་གསོ་བར་ཤིན་ཏུ་ཕན་པ་དང་སྨན་རག་ནང་དུའང་སྦྱངས་ཆོག རང་གིས་ནང་ལ་འཁྱེར་ནས་རྨོ་བོ་ལགས་ལ་སྤྲོད་དང་"རྒན་ཧོའི་ཡིས་དེ་ལྟར་བཤད་རྗེས་ཁོ་པ་རྒྱ་འགྲམ་དུ་ཉ་འཛིན་པར་བསྐྱོད།

ཨེར་ཀྲུའུ་ཡི་རྨོ་བོར་གྲུམ་པའི་ནད་སྐྱེ་མོ་ཞིག་ཐོག་ཡོད་པ་དང་གལ་ཏེ་དུག་སྦྲུལ་མིག་ཤེལ་ཅན་སྨན་རག་ནང་དུ་སྦྱངས་ནས་བཏུང་ཚེ་ནུས་པ་ཡག་པོ་ཐོན་ངེས་ཡིན་པས་ཨེར་ཀྲུའུ་ཡིས་སྦྲུལ་དེ་འཁྱེར་ནས་ནང་ལ་ལོག

ཨེར་ཀྲུའུ་ཡི་རྨོ་བོ་ནི་སངས་རྒྱས་ཆོས་ལུགས་ལ་དད་པ་བྱེད་མཁན་ཞིག་ཡིན་པས་ཁོ་མོས་ཨེར་ཀྲུའུ་ལ་སྦྲུལ་དེ་ཕྱིར་ཚེ་ཐར་གཏོང་དགོས་པའི་སྐུལ་མ་བྱས། ཨེར་ཀྲུའུ་ཡིས་ཕྱི་ཚུལ་ཙམ་ནས་རང་གི་རྨོ་བོ་ལགས་ལ་སྦྲུལ་དེ་ཚེ་ཐར་གཏོང་རྒྱུའི་ཁས་ལེན་བྱས་ཡོད་ནའང་ཁོས་སྐོག་ཏུ་སྦྲུལ་དེ་དངོས་པོ་གང་ཞིག་དང་བརྗེ་དགོས་མིན་ཐད་བསམ་བློ་གཏོང་བཞིན་ཡོད། ཨེར་ཀྲུའུ་ཡིས་ཤེས་གསལ་ལ་ཉེན་ཤས་ཀྱི་སྔོན་དུ་ཧ་རྫེད་ཙུ་ཁག་གི་འཁྲབ་སྟོན་བྱེད་པའི་སྦྲུལ་དེ་ཤི་ཡོད་པ་དང་ད་ལྟ་ཧ་རྫེད་ཙུ་ཁག་ཏུ་སྦྲུལ་ཞིག་དགོས་ངེས་ཡིན་པས། གལ་ཏེ་ཧ་རྫེད་ཙུ་ཁག་གིས་ཁོ་པའི་སྦྲུལ་དེ་ཉོས་ཚེ་རིན་གོང་མཐོ་པོ་སྤྲོད་ངེས་རེད་སྙམ་ནས་ཁོས་དེའི་ཕྱོགས་སུ་བྱ་འཕུར་བ་ལྟར་བསྐྱོད།

ཧ་རྫེད་ཙུ་ཁག་གི་སྐྱེས་པ་རྒྱ་བོ་དེས་ཨེར་ཀྲུའུ་ལ་བལྟ་ཙམ་དང་ཡང་དྲ་བའི་ནང་གི་དུག་སྦྲུལ་དེར་བལྟ་ཙམ་བྱས་ནས་ལག་གཡས་པའི་མཛུབ་མོ་ལྔ་པོ་གནམ་ལ་ཀེར་བྱུང་། ཨེར་ཀྲུའུ་ཡི་སེམས་སུ་སྦྲུལ་དེར་རིན་གོང་སྒོར་ལྔ་བཅུ་ཐོབ་སོང་སྙམ་ནས་དགའ་ནས་

ཡོད་པའི་སྐབས་སུ་སྐྱེས་པ་དེས“སྒོར་ལྔ་སྤྲོད་ཆོག ཁྱེད་ཀྱི་སྦྲུལ་དེ་འདྲ་ག་ནས་འཛིན་ཀྱང་ཆོག སྦྲུལ་དེ་མ་འཚོང་ནའང་སྐྱོན་མེད”ཟེར།

ཨེར་ཀྲུའུ་ཡི་སེམས་སུ་སྦྲུལ་དེར་མ་མཐའ་ཡང་སྒོར་ལྔ་བཅུ་ཐོབ་ངེས་ཡིན། ཧ་ཅེད་ཙུ་ཁག་གི་སྐྱེས་པ་རྒྱ་བོ་དེས་རང་ལ་མགོ་སྐོར་གཏོང་གི་འདུག་སྙམ་ནས་ཁོས་སྦྲུལ་དེ་འཁྱེར་ནས་ཧ་ཅེད་ཙུ་ཁག་ལས་ཁ་གྱེས།

ཡིན་ནའང་ཨེར་ཀྲུའུ་ཡིས་ཁོ་པའི་སྦྲུལ་དེ་ད་དུང་སུས་ཉོ་མིན་མི་ཤེས་པས་ཁོས་ཁྲོམ་གཞུང་དུ་བསྐྱོད་ནས་སྦྲུལ་ཉོ་མཁན་གྱི་མི་ཞིག་འཚོལ་བཞིན་ཡོད།

“ཨེར་ཀྲུའུ། ཁྱེད་ཀྱིས་སྦྲུལ་དེ་གང་ནས་འཁྱེར་ཡོང་བ་ཡིན་ནམ།”ཁྲོམ་གཞུང་དུ་ཨེར་ཀྲུའུ་ལ་རང་དང་གྲོང་ཚོ་གཅིག་པའི་ཙོག་ལི་འཕྲད་པ་དང་ཙོག་ལི་ཡིས་ཁོ་པར་དེ་ལྟར་དྲིས།

“འདི་གཅེན་པོ་ཧྲན་ཧྲོའི་ཡིས་ཟིན་པ་རེད།”ཨེར་ཀྲུའུ་ཡིས་ལན་བཏབ།

ཙོག་ལི་ཡིས་ཨེར་ཀྲུའུ་གྱིས་འཁྱེར་བའི་སྦྲུལ་དེར་ཞིབ་ཏུ་བལྟས་ནས་སྒོར་༣༠སྤྲོད་ཆོག་ཟེར། ཨེར་ཀྲུའུ་ཡི་སེམས་སུ་སྦྲུལ་དེ་ཧ་ཅེད་ཙུ་ཁག་ལ་འཚོང་བ་ལས་ཙོག་ལི་ལ་འཚོང་ན་ཁེ་བཟང་ཆེ་བ་འདུག་སྙམ་ནས་སྦྲུལ་དེར་སྒོར་༣༠བྱུས་ནས་ཙོག་ལི་ལ་བཙོངས།

ཨེར་ཀྲུའུ་ཡིས་སྒོར་༣༠དེ་འཁྱེར་ནས་རང་གི་རྨོ་བོ་ལགས་ལ་བཟའ་རྒྱུ་ཞིག་ཉོ་དགོས་སྙམ་ནས་སླར་ཡང་ཁྲོམ་གཞུང་དུ་སྐོར་བ་རྒྱག་བཞིན་ཡོད།

ཙུང་ཙམ་ནས་ཨེར་ཀྲུའུ་སྦྲུལ་ཟས་ཁང་ཞིག་གི་སྒོ་འགྲམ་དུ་སླེབས། སྐབས་དེར་ཁོས་ཙོག་ལི་སྦྲུལ་ཟས་ཁང་ནས་ཕྱིར་ཐོན་ཡོང་བ་དང་བརྒྱ་ལོར་གཉིས་ཁྱུག་མར་བཙུག་པ་མཐོང་བས་ཨེར་ཀྲུའུ་ཡི་སེམས་སུ་ཙོག་ལི་ཡིས་རང་ལ་མགོ་སྐོར་བཏང་འདུག་སྙམ་སྟེ་

ཁོང་ཁྲོ་ཟ་བཞིན་མདུན་དུ་སོང་ནས་ཅོག་ལི་ལ་སྐད་ཆ་འདྲི་བར་བརྩམ།

"ཨེར་ཀྲུའུ། སྐད་ཅོར་མ་རྒྱག། དངུལ་ཡོད་དུས་ང་གཉིས་མཉམ་དུ་གསོག་ན་མི་ཆོག་གམ།"ཅོག་ལི་ཡིས་སྐད་ཆུང་ངུས་ཨེར་ཀྲུའུ་ལ་དེ་ལྟར་བརྗོད་པ་དང་། ཁོ་པའི་བཟོ་ལྟ་ལ་བལྟས་ན་མི་གཞན་གྱིས་གང་ཞིག་གོ་བར་དོགས་ནས་ཡོད་པ་དང་ཁོས་སྐོག་སྐོག་སུད་སུད་ངང་ཨེར་ཀྲུའུ་ལ་སྒོར༥༠གཏད་ནས"འདི་གུན་ཚབ་ཡིན"ཟེར།

དུག་སྦྲུལ་མིག་ཤེལ་ཅན་ལ་རིན་གོང་མཐོ་པོ་འདི་འདྲ་ཐོབ་པ་ནི་ཨེར་ཀྲུའུ་ཡི་བསམ་ཡུལ་ལས་འདས་པ་དང་ཁོའི་སེམས་སུ་གཅེན་པོ་རྒྱན་རྟོའི་ལ་ད་དུང་སྦྲུལ་དེ་འདྲ་མང་ཙམ་འཛིན་དུ་བཅུག་སྟེ་སྦྲུལ་ཟས་ཁང་དུ་འཚོང་དགོས་སྙམ། སྐབས་དེར་གློ་བུར་དུ་ཉེན་རྟོག་པའི་ཞྭ་ངས་འཁོར་ཞིག་ཁོ་གཉིས་ཀྱི་མདུན་དུ་ཁ་བཀག་བྱུང་། ཞྭ་ངས་འཁོར་ལས་ཉེན་རྟོག་པ་མང་པོ་ཕྱིར་ཐོན་པ་དང་ཉེན་རྟོག་པ་འགས་ཁོ་གཉིས་ཀྱི་འགྲོ་ལམ་བཀག་པ་དང་ཉེན་རྟོག་པ་འགའ་ཞིག་སྦྲུལ་ཟས་ཁང་དུ་ཕྱིན་སོང་།

སྐར་མ་འགའི་རྗེས་སུ་ཉེན་རྟོག་པས་སྦྲུལ་ཟས་ཁང་གི་སྦྱིན་བདག་ལ་ལག་ལྕགས་བརྒྱབ་ནས་ཁྲིད་ཡོང་བ་དང་། ཨེར་ཀྲུའུ་དང་ཅོག་ལི་ཡང་སྦྱིན་བདག་དེ་དང་མཉམ་དུ་ཞྭ་ངས་འཁོར་དུ་བསྐྱུགས་ནས་མངགས་གཏོང་ཁང་དུ་ཁྲིད།

"ངས་ཁྲིམས་འགལ་གྱི་ལས་ཀ་གང་ཡང་བྱས་མེད། ང་འཛིན་བཟུང་བྱེད་དོན་གང་ཡིན་ནམ།" ཨེར་ཀྲུའུ་ཡིས་རང་ཉིད་གློ་བུར་དུ་འཛིན་བཟུང་བྱས་པར་མགོ་བོ་རྨོངས་ནས་ཡོད་པས་ཁོས་ཅོག་ལི་ལ་བལྟས་ནས་དེ་ལྟར་དྲིས། ཅོག་ལི་ནི་གཞོགས་ཤིག་ཏུ་ལག་པས་མགོ་བོ་བཀབ་ནས་གདོང་མདོག་ཡོངས་སུ་ཤོར་ནས་འདུག

"སྦྲུལ་ཟས་ཟ་ཁང་འདིས་རྒྱལ་ཁབ་ཀྱིས་སྲུང་སྐྱོབ་བྱེད་པའི་རི་དྭགས་དཀོན་རིགས་

འགའ་ཤོག་འཚོང་བྱེད་བཞིན་པའི་དོགས་པ་འདུག ང་ཚོས་ཟ་ཁང་འདིར་ལྟ་ཞིབ་བྱས་ནས་ཡུན་རིང་ཕྱིན་སོང་།" ཉེན་རྟོག་པ་དེས་དོ་ནན་ངང་བཤད། ད་བྱེད་དུས་ཉེན་རྟོག་པ་དག་གིས་ཟ་ཁང་དེའི་ཉེ་འགྲམ་དུ་བསྡད་ནས་ལྟ་ཞིབ་བྱས་ནས་ཡོད་པ་དང་ཅིག་ལི་ནི་རི་དྭགས་དཀོན་རིགས་དེ་དག་བར་འཚོང་བྱེད་མཁན་ཡིན་པས་ཉེན་རྟོག་པས་ཟུར་ནས་འཛིན་བཟུང་བྱ་རྒྱུའི་དམིགས་ཡུལ་དུ་འགྱུར་ཟིན།

"དུག་སྦྲུལ་མིག་ཤེལ་ཅན་བཟུང་ན་ཁྲིམས་ལས་འགལ་བ་རེད་དམ།"ཨེར་ཀྲུའུ་ཡི་སེམས་སུ་དེ་སྔོན་གྲོང་མི་དག་གིས་སྦྲུལ་དེ་རིགས་འཛིན་གསོད་བྱས་ནའང་དེ་ལ་དོ་དམ་བྱེད་མཁན་མི་འདུག་སྙན་ནས་དེ་ལྟར་བསམ།

"《ཉེས་ཁྲིམས》དོན་ཚན་སུམ་བརྒྱ་ཞེ་གཅིག་པའི་ནང་། ཁྲིམས་དང་འགལ་ནས་རྒྱལ་ཁབ་ཀྱིས་གཙོ་གནད་དུ་སྲུང་སྐྱོབ་བྱེད་པའི་རི་དྭགས་དཀོན་རིགས་དང་ཛོགས་ཉེན་དུ་སླེབས་རིགས་ཛོན་འཛིན་གསོད་གསུམ་བྱས་པ་ཡང་ན་རྒྱལ་ཁབ་ཀྱིས་གཙོ་གནད་དུ་སྲུང་སྐྱོབ་བྱེད་པའི་རི་དྭགས་དཀོན་རིགས་དང་ཛོགས་ཉེན་དུ་སླེབས་རིགས་དང་དེའི་གྲུབ་རྫས་དག་ཁྲིམས་འགལ་གྱིས་ཉོ་སྒྲུབ་དང་། འཁོར་འདྲེན། ཕྱིར་འཚོང་བཅས་བྱས་རིགས་ལ་དུས་བཙོན་ལོ་ལྔ་མན་ནམ་བཙན་ཉར་ལས་བཀྲལ་གྱི་ཉེས་ཆད་གཅོད་རྒྱུ་དང་། དངུལ་ཆད་ཆབས་སྒྲིགས་སུ་གཅོད་རྒྱུ། བྱས་ཉེས་ཚབས་ཆེ་རིགས་ལ་དུས་བཙོན་ལོ་ལྔ་ཡན་ནས་ལོ་བཅུ་མན་བར་གྱི་ཉེས་ཆད་གཅོད་རྒྱུ་དང་དངུལ་ཆད་ཆབས་སྒྲིགས་སུ་གཅོད་རྒྱུ། བྱས་ཉེས་ཚབས་ཧ་ཅང་ཆེ་བའི་རིགས་ལ་དུས་བཙོན་ལོ་བཅུ་ཡན་གྱི་ཉེས་ཆད་གཅོད་རྒྱུ་དང་དངུལ་དམ་རྒྱུ་ནོར་གཞུང་བཞེས་ཀྱི་ཉེས་ཆད་ཆབས་སྒྲིགས་སུ་གཅོད་རྒྱུ……དུག་སྦྲུལ་མིག་ཤེལ་ཅན་ནི་རྒྱལ་སྤྱིའི་ཐོག་ལ《རྒྱལ་སྤྱིའི་ཉོ་ཚོང་སྤྱི་ཆིངས་ལས་སྐྱོངས་ལ་ཉེ་བའི་

རི་སྐྱེས་སྲོག་ཆགས་དང་རྩི་ཤིང་ཁག་གི་བྲུར་བཀོད»དུ་ཚུད་ཅིང་རང་རྒྱལ་ལ་མཚོན་ན་འང་དུག་སྦྲུལ་མིག་ཤེལ་ཅན་ནི«རྒྱལ་ཁབ་ཀྱིས་སྲུང་སྐྱོབ་བྱས་ཤིང་གལ་ཆེའི་དཔལ་འབྱོར་དང་། ཚན་རིག་ཞིབ་འཇུག་ལ་རིན་ཐང་ཆེ་བའི་སྐམ་སར་སྐྱེས་པའི་རི་སྐྱེས་སྲོག་ཆགས་ཀྱི་མིང་ཐོའི»ནང་དུ་ཚུད་ཡོད། དུག་སྦྲུལ་མིག་ཤེལ་ཅན་ནི་རྒྱལ་ཁབ་ཀྱིས་སྲུང་སྐྱོབ་བྱེད་པའི་རིམ་པ་དང་པོའི་སྲོག་ཆགས་ཁོངས་སུ་ཚུད་ཅིང་དེར་གསོད་འཛིན་དང་བར་འཚོང་བྱས་ཚེ་ཁྲིམས་ཆད་ཐོག་ངེས་རེད།"ཞེན་རྟོག་པས་ཨེར་ཀྲུའུ་ལ་སྐྱོན་བརྗོད་སློབ་གསོ་གནང་བ་དང་དུས་མཚུངས་སུ་སྦྲུལ་ཟས་ཁང་གི་སྦྱིན་བདག་དང་ཅོག་ལི་ཡི་བྱས་ཉེས་དག་གོང་རིམ་ཚན་པར་སྙན་སེང་ཞུས།

"ངས་གནས་ཚུལ་འདི་གང་མགྱོགས་རྒྱན་རྟོའི་ལ་ལབ་ན་མ་གཏོགས་ཁོ་པས་ཀྱང་བྱས་ཉེས་གསོག་ངེས་རེད།"ཨེར་ཀྲུའུ་མངགས་གཏོང་ཁང་ནས་ཕྱིར་ཐོན་དུས་དེ་ལྟར་བསམ་ཞིང་མྱུར་མོར་རང་གི་གྲོགས་པོ་རྒྱན་རྟོའི་འཚོལ་དུ་སོང་།

(རྩོམ་ཡིག་ཁྲིད་ཀྱི་མིའི་མིང་ནི་གསང་མིང་ཤ་སྟག་ཡིན)

ཁྲིམས་ལུགས་ཤེས་བྱ་འདྲེན་པ།

«ཉེས་ཁྲིམས»དོན་ཚན་སུམ་བརྒྱ་ཞེ་གཅིག་པའི་ནང་། ཁྲིམས་དང་འགལ་ནས་རྒྱལ་ཁབ་ཀྱིས་གཙོ་གནད་དུ་སྲུང་སྐྱོབ་བྱེད་པའི་རི་དྭགས་དཀོན་རིགས་དང་རྫོགས་ཉེན་དུ་སླེབས་རིགས་རྫོན་འཛིན་གསོད་གསུམ་བྱས་པ་ཡང་ན་རྒྱལ་ཁབ་ཀྱིས་གཙོ་གནད་དུ་སྲུང་སྐྱོབ་བྱེད་པའི་རི་དྭགས་དཀོན་རིགས་དང་རྫོགས་ཉེན་དུ་སླེབས་རིགས་དང་དེའི་གྲུབ་རྫས་དག་ཁྲིམས་འགལ་གྱིས་ཉོ་སྒྲུབ་དང་། དབོར་འདྲེན། ཕྱིར་

འཚོང་བཅས་བྱས་རིགས་ལ་དུས་བཙོན་ལོ་ལྔ་མན་ནམ་བཙན་ཞར་ལས་བསྐུལ་གྱི་ཉེས་ཆད་གཅོད་རྒྱུ་དང་། དངུལ་ཆད་ཆབས་སྦྲགས་སུ་གཅོད་རྒྱུ། བྱས་ཉེས་ཚབས་ཆེ་རིགས་ལ་དུས་བཙོན་ལོ་ལྔ་ཡན་ནས་ལོ་བཅུ་མན་བར་གྱི་ཉེས་ཆད་གཅོད་རྒྱུ་དང་དངུལ་ཆད་ཆབས་སྦྲགས་སུ་གཅོད་རྒྱུ། བྱས་ཉེས་ཚབས་ཧ་ཅང་ཆེ་བའི་རིགས་ལ་དུས་བཙོན་ལོ་བཅུ་ཡན་གྱི་ཉེས་ཆད་གཅོད་རྒྱུ་དང་དངུལ་དམ་རྒྱུ་ནོར་གཞུང་བཞེས་ཀྱི་ཉེས་ཆད་ཆབས་སྦྲགས་སུ་གཅོད་རྒྱུ།

རི་དྭགས་རྫོན་རྒྱུའི་སྐོར་གྱི་ཁྲིམས་སྲོལ་དང་འགལ་ནས་རྫོན་བཀག་ས་ཁུལ་དང་རྫོན་བཀག་དུས་སུའམ་བེད་སྤྱོད་བྱེད་མི་ཆོག་པའི་ཡོ་བྱད་དང་ཐབས་ཤེས་སྤྱད་ནས་རྫོན་བརྒྱབ་པ་དང་རི་དྭགས་ཀྱི་ཐོན་ཁུངས་གཏོར་བཤིག་བཏང་ཚུལ་ཚབས་ཆེ་རིགས་ལ་དུས་བཙོན་ལོ་གསུམ་མན་ནམ་བཙན་ཞར་ལས་བསྐུལ་ལམ་རྗེས་སྐྱོད་དོ་དམ་གྱི་ཉེས་ཆད་གཅོད་རྒྱུའམ་དངུལ་ཆད་གཅོད་རྒྱུ།

གཏམ་རྒྱུད་འདིའི་ནང་དུ་ཧྲན་ཧྲོའི་ཡིས་དུག་སྦྲུལ་མིག་ཤེལ་ཅན་བཟུང་བ་དང་། ཨེར་ཀྲུའུ་དང་ཅོག་ལི་གཉིས་ཀྱིས་སྦྲུལ་དེ་བཙོངས་པ། སྦྲུལ་ཟས་ཁང་གི་སྤྱིན་བདག་གིས་སྦྲུལ་དེ་བསད་པ་སོགས་ཀྱི་བྱ་སྤྱོད་ཚང་མ་ནི་ཁྲིམས་འགལ་རེད། ཡིན་ནའང་ཨེར་ཀྲུའུ་དང་ཧྲན་ཧྲོའི་གཉིས་ནི་ནར་མ་སོན་པའི་སྐྱེ་བོ་ཡིན་པས་ཁོ་གཉིས་ལ་སྐྱོན་བརྗོད་སློབ་གསོ་བརྒྱབ་པ་དང་། ཅོག་ལི་དང་སྦྲུལ་ཟས་ཁང་གི་སྤྱིན་བདག་གཉིས་ལ་ཁྲིམས་ཆད་ནན་མོ་གཅོད་ངེས་རེད།

༡༩ ཤོང་ཚད་ལས་བརྒལ་བའི་འགྲུལ་སྐྱེལ་རླངས་འཁོར།

གྲང་མའོ་ཡི་ཨ་ནེ་དང་ཨ་ནེའི་ཟླ་བོ་ནི་གྲོང་གསེབ་ཏུ་ཡོད་ཅིང་ཁོ་གཉིས་བསྡད་སའི་གྲོང་ཚོ་དེ་ནས་གྲོང་ཁྱེར་བར་ལམ་ཐག་ཏ་ཙང་རེད། གྲོང་ཚོ་དེའི་གྲོང་མི་དག་གྲོང་ཁྱེར་དུ་འགྲོ་བའི་འཁྲིམ་འགྲུལ་གྱི་དཀའ་ངལ་ཏ་ཙང་ཆེ། སྐབས་དེར་གྲང་མའོ་ཡི་ཨ་ནེའི་ཟླ་བོས་དེ་ནི་དངུལ་གསོག་པའི་གོ་སྐབས་ཡག་པོ་ཞིག་རེད་སྙམ་ནས་དངུལ་བུན་གཡར་ཏེ་འགྲུལ་སྐྱེལ་རླངས་འཁོར་འབྲིང་བ་ཞིག་ཉོས། ཉིན་རྒྱུན་ཨ་ནེའི་ཟླ་བོས་རླངས་འཁོར་གཏོང་བ་དང་ཨ་ནེས་སྤྲ་སེ་འཚོང་བཞིན་ཡོད། ཁོ་གཉིས་ཀྱིས་དངུལ་བསགས་ནས་དངུལ་བུན་འཇལ་ལ་ཉེ་སྐབས་གྲང་མའོ་ཡི་ཨ་ནེར་གྲང་ཆུང་གི་ནད་སྐྱེ་མོ་ཞིག་ཐོག་པས་ཁོ་མོ་སྒུ་མཐུད་དུ་སྤྲ་སེ་འཚོང་བར་བསྐྱོད་མི་ཐུབ། སྐབས་དེར་ཏག་ཏག་གྲང་མའོ་མཐོ་འབྲིང་ཡིག་རྒྱུགས་ཚར་ནས་བསྡད་ཡོད་པས་ཁོ་མོས་རང་འགུལ་ངང་ཨ་ནེའི་ཚབ་ཏུ་སྤྲ་སེ་འཚོང་དུ་བསྐྱོད།

གྲང་མའོ་ལས་གར་སོང་བའི་ཉིན་དང་པོ་དེར་ཨ་ནེའི་ཟླ་བོའི་རླངས་འཁོར་དུ་མི་གྲངས་ཚད་ལས་བརྒལ་ཡོད་པ་ཤེས། འགྲུལ་སྐྱེལ་རླངས་འཁོར་འབྲིང་གྲས་དེ་རིགས་ལ་གཏན་འབེབས་ལྟར་ན་མི་སུམ་ཅུ་ལས་བརྒལ་མི་ཆོག་ནའང་ད་ལྟ་ཨ་ནེའི་ཟླ་བོའི་རླངས་འཁོར་དུ་མི་གྲངས་བཞི་བཅུ་ལས་བརྒལ་ཡོད་པ་མ་ཟད། ད་དུང་ལམ་འགྲམ་དུ་ལག་པ་བརྐྱངས་ནས་རླངས་འཁོར་བཀག་མཁན་ཡོད་ཚེ་ཨ་ནེའི་ཟླ་བོས་རླངས་འཁོར་བཀག་ནས་འགྲུལ་པ་བླུགས་ཀྱི་ཡོད།

རླངས་འཁོར་དུ་མི་གྲངས་ཚད་ལས་བརྒལ་ཚེ་རླངས་འཁོར་ཚོད་འཛིན་གྱི་ནུས་པ་སྐྱོ་རུ་སོང་བ་དང་། ཤང་གྲོང་གི་གཞུང་ལམ་དུ་རླངས་འཁོར་རྐྱང་བཞྒྲོད་མ་གཏོགས་བྱེད་མི་ཆོག་པས་འཁྲིམ་འགྲུལ་གྱི་ལས་འཛོལ་ཐོན་སླ་བ་སོགས་གྲང་མའོ་ཡིས་ཐོན་ནས་ཤེས་

ཡོད་པས། ཁོ་མོས་རླངས་འཁོར་གྱི་མི་ཚོགས་བརྒྱུད་དེ་ཨ་ནེའི་ཟླ་བོའི་གམ་དུ་སླེབས་ནས། "ཨ་ནེའི་ཟླ་བོ། རླངས་འཁོར་དུ་མི་གྲངས་ཚད་ལས་བརྒལ་འདུག"ཅེས་སྐད་ཆུང་ངུས་ལན་བསྐྱལ་ཙང་ཨ་ནེའི་ཟླ་བོས་ཁོ་མོར་བལྟ་ཙམ་བྱས་པ་ལས་ཨ་ལན་ཅི་ཡང་མི་སྟེར།

ཨ་ནེའི་ཟླ་བོས་ལན་ཅི་ཡང་མི་སྟེར་བས་གྲང་མཚོ་ཡིས་བསམ་པར་ཨ་ནེའི་ཟླ་བོས་གོ་མ་སོང་སྙམ་སྟེ་སླར་ཡང"ཨ་ནེའི་ཟླ་བོ། རླངས་འཁོར་དུ་མི་གྲངས་ཚད་ལས་བརྒལ་འདུག"ཅེས་ལབ།

"གལ་ཆེད་ཀྱི་མ་རེད།"ཨ་ནེའི་ཟླ་བོས་སྣང་འཛོག་མེད་པའི་སྐད་ཆ་དེ་བཤད་རྗེས་སུ་མཐུད་རླངས་འཁོར་གཏོང་བཞིན་མདུན་དུ་བསྐྱོད།

ཨ་ནེའི་ཟླ་བོས་ཁོ་མོར་ཁ་ཡ་དེ་ཙམ་མ་བྱས་པས་ཁོ་མོ་སོ་སོའི་སྡོད་གནས་སུ་ལོག་དགོས་བྱུང་། ལམ་བར་དུ་གྲང་མཚོ་ཡི་སེམས་སུ་འཁྲིམ་འགྲུལ་གྱི་གནས་ཚུལ་ཐོན་མི་ཡང་ངམ་སྙམ་ནས་སེམས་ཁྲལ་བྱས་ཏེ་དངངས་འཚབ་སྐྱེས་བཞིན་གནས།

ཀུག་ཀྱོག་དང་འབར་འབུར་གྱི་ལམ་ཐག་ཐུང་རིང་ཙམ་ཞིག་བསྐྱོད་རྗེས་ཁོ་ཚོ་གྲོང་ཁྱེར་གྱི་ཉིས་བགྲོད་གཞུང་ལམ་ཐོག་སླེབས། སྐབས་དེར་གྲང་མཚོ་ཡི་དངངས་སྐྲག་སྐྱེས་བཞིན་པའི་སེམས་དེ་ཐུང་ཟད་དུ་བབས།

ཡིན་ནའང་ཐུང་ཙམ་ལས་མ་འགོར་བར་གྲང་མཚོ་ཡི་སྣང་དུ་གྲོང་ཁྱེར་གྱི་ཉིས་བགྲོད་གཞུང་ལམ་སྟེང་རླངས་འཁོར་ཤིན་ཏུ་མང་ལ། སློ་བུར་རླངས་འཁོར་ཆེ་གྲས་ཤིག་ཁོ་ཚོའི་མདུན་དུ་ཡོད་པ་དང་ཡང་སློ་བུར་དུ་འཛིབ་འཁོར་ཆུང་ཆུང་ཞིག་ཁོ་ཚོའི་མདུན་དུ་རྒྱུག་ཡོང་བ་སོགས་སྣང་ནའང་ཨ་ནེའི་ཟླ་བོ་ནི་རླངས་འཁོར་གཏོང་བར་ཤིན་ཏུ་མཁས་པས་ཁོ་ཚོ་གནས་ཚུལ་གང་ཡང་མ་ལྷགས་པར་མདུན་དུ་བསྐྱོད།

གྲོང་ཁྱེལ་དུ་མ་སླེབས་པའི་མཚམས་དེར་ཨ་ནེའི་ཟླ་བོས་ཀླངས་འཁོར་ལམ་ཟུར་དུ་བཀག་ནས་ཀྲང་མའོ་དང་འགྲུལ་པ་ཁ་ཤས་ཀླངས་འཁོར་ལས་འབབ་ཏུ་བཅུག

ཀྲང་མའོ་ཡིས་ཨ་ནེའི་ཟླ་བོས་ཁོ་ཚོ་ཀླངས་འཁོར་ལས་འབབ་བཅུག་དོན་ཅི་ཡིན་སྙམ་ནས་བསྡད་པའི་སྐབས་སུ།

"གྲོང་ཁྱེལ་དུ་འཁྲིམ་འགྲུལ་ཉེན་རྟོག་པ་ཡོད་རེད། མི་གྲངས་ཚད་ལས་བརྒལ་ཡོད་པ་ཤེས་ཚེ་དངུལ་ཆད་གཏོང་གི་རེད། རྟོག་ཙམ་སྐྱུག་དང་ཁོས་ང་ཚོ་ལེན་པར་ཡོང་གི་རེད།"ཅེས་འགྲུལ་པ་དག་གིས་དེ་ལྟར་བཤད། རང་སོས་ཐོག་ཀླངས་འཁོར་ལས་འབབ་མཁན་གྱི་འགྲུལ་པ་དག་ནི་ཨ་ནེའི་ཟླ་བོ་དང་ཕ་ཡུལ་གཅིག་པ་ཡིན་པས་ཁོ་ཚོས་ཀྱང་ཨ་ནེའི་ཟླ་བོས་ཁོ་ཚོ་དེ་ལྟར་སྐྱུག་བཅུག་པར་བསམ་ཤེས་ཐུབ་ཀྱི་ཡོད། གྲོང་ཚོ་ཊུ་ཨ་ནེའི་ཟླ་བོ་གཅིག་པོར་མ་གཏོགས་ཀླངས་འཁོར་མེད་པས་ཀླངས་འཁོར་དུ་མི་གྲངས་ཚད་ལས་བརྒལ་ནའང་གྲོང་མི་དག་གྲོང་ཁྱེར་དུ་འགྲོ་རྒྱུའི་ཆེད་དུ་དེ་ལྟར་ཚང་ཁ་ཤིག་ཤིག་དང་ཀླངས་འཁོར་དུ་འཛུལ་ནས་ཡོད།

འགྲུལ་པ་ཞིག་ཡིན་པའི་ངོས་ནས་རང་གི་བདེ་འཇགས་ལའང་དོ་སྣང་མེད་པའི་བྱེད་སྟངས་དེར་ཀྲང་མའོ་ཡིས་བསམ་ཤེས་བྱེད་མ་ཐུབ། ཁོ་མོ་ཀླངས་འཁོར་ལས་བབས་ནས་ལམ་ཟུར་དུ་བསྒུགས་ནས་བསྡད་དུས་འགྲུལ་པ་དག་གིས་བཤད་པ་བཞིན་ཨ་ནེའི་ཟླ་བོས་ཀླངས་འཁོར་བཏང་ནས་ཁོ་ཚོ་ལེན་དུ་སླེབས་པ་དང་ཁོ་ཚོ་མཉམ་དུ་གྲོང་ཁྱེར་དུ་བསྐྱོད།

ཨ་ནེའི་ཟླ་བོའི་ཀླངས་འཁོར་འཁྲིམ་འགྲུལ་ཉེན་རྟོག་པའི་ས་ཚིགས་ལས་གྲོལ་ནས་གྲོང་ཁྱེར་དུ་སླེབས།

"མའོ་མའོ། རང་གིས་ངའི་ལག་རྩལ་ལ་ཡིད་ཆེས་བྱེད་དགོས།"རླངས་འཁོར་དུ་མི་གྲངས་ཚད་ལས་བརྒལ་ཡོད་ནའང་ང་ཚོས་དེར་ཐབས་ཤེས་བཏང་ནས་ཐག་གཅོད་བྱེད་དགོས་རེད་ཅེས་ཨ་ནེའི་ཟླ་བོའི་གདོང་ལ་རྒྱལ་ཁའི་མདངས་ཤིག་མངོན་ནས་དེ་ལྟར་བཤད།

"ཨ་ནེའི་ཟླ་བོ། རླངས་འཁོར་དུ་མི་གྲངས་ཚད་ལས་བརྒལ་མི་ཉེན། དེ་ལྟར་བྱས་ན་ཉེན་ཁ་ཡོད་པ་རེད།"ཀྲང་མའོ་ཡིས་སེམས་ཁྲལ་དང་བཤད། ཀྲང་མའོ་ཡི་བསམ་འཆར་དེར་ཨ་ནེའི་ཟླ་བོས་དགོད་ཙམ་བྱས་པ་ལས་ལན་གང་ཡང་མ་བཏབ། ཁོ་གཉིས་ཀྱིས་རླངས་འཁོར་འབབ་ཚུགས་ནས་འགྲུལ་པ་དག་ཕྱིར་འོང་རྒྱུར་བསྒུགས་ནས་བསྡད་པ་དང་། འགྲུལ་པ་དག་རླངས་འཁོར་དུ་སླེབས་ཟིན་རྗེས་ཀྲང་མའོ་ཡིས་ཞིབ་རྩིས་ཤིག་བརྒྱབ་པས་མི་གྲངས་ནི་རླངས་འཁོར་གྱི་ཚད་གཞི་མི་གྲངས་དང་ཏག་ཏག་བསྡད་ཡོད།

ཀྲང་མའོ་ཡི་སེམས་ལ་རང་ཉིད་ཀྱིས་ཨ་ནེའི་ཟླ་བོར་ཁ་ཏ་བྱས་པར་ནུས་པ་ཐོན་ཏེ་རླངས་འཁོར་དུ་མི་གྲངས་ཚད་ལས་བརྒལ་མི་འདུག་སྙམ། ཡིན་ནའང་རླངས་འཁོར་གྲོང་ཁྱེར་ལས་ཕྱིར་ཐོན་མ་ཐག་ལམ་ཟུར་དུ་འགྲུལ་པ་འགས་ལག་པ་གཡུག་གཡུག་བྱས་ནས་རླངས་འཁོར་བཀག་པས་ཨ་ནེའི་ཟླ་བོས་རླངས་འཁོར་དལ་བུར་ཁ་བཀག

ཨ་ནེའི་ཟླ་བོས་འགྲུལ་པ་དག་རེ་རེ་བཞིན་རླངས་འཁོར་དུ་ཞུགས་པས་ཀྲང་མའོ་ཡིས་བསམ་ཤེས་མ་ཐུབ་པའི་མིག་མདངས་དེ་ཨ་ནེའི་ཟླ་བོ་ལ་ཅེར་ནས་བསྡད།

ཀྲང་མའོ་ཡིས་ཁ་མ་གྲག་གོང་ཨ་ནེའི་ཟླ་བོས་དགོད་བཞིན་དུ"དངུལ་གསོག་ཡག་གི་གོ་སྐབས་ཡག་པོ་འདི་འདྲ་འཚོར་དུ་འཇུག་མི་ཉན"ཟེར་བས། ཁོ་མོར་སྐད་ཆ་ཤོད་རྒྱུ་མ་རག ཨ་ནེའི་ཟླ་བོའི་རླངས་འཁོར་དུ་མི་གྲངས་ཚད་ལས་བརྒལ་བ་ནི་འགོག་ཏུ་མེད་

པའི་གནས་ཚུལ་ཞིག་དང་འདྲ་བར་ཉེན་རྒྱུན་སྣང་ཚུལ་དེ་ལྟར་ཐོན་འོང་།

དུས་རྒྱུན་ཨ་ནེའི་ཟླ་བོའི་རླངས་འཁོར་དུ་མི་གྲངས་ཚད་ལས་བརྒལ་ནའང་འགྲིམ་འགྲུལ་གྱི་གནས་ཚུལ་མ་ལྡོགས་པས་ཀྱང་མཐོ་ཡང་རིམ་བཞིན་གནས་ཚུལ་དེར་དེ་ལྟར་དོ་སྣང་མི་བྱེད་པ་དང་། མཚམས་རེ་ཕོ་མོས་ལམ་བྱུར་དུ་འགྲུལ་པ་ཡོད་པ་མཐོང་ཚེ་ཨ་ནེའི་ཟླ་བོ་བོས་ནས་འགྲུལ་པ་བླུགས་པར་སྐྱུལ་གྱི་ཡོད། ཡིན་ནའང་ཉེན་འགའི་རྗེས་ཀྱི་གནས་ཚུལ་ཞིག་གིས་ཕོ་གཉིས་ཀྱིས་རླངས་འཁོར་དུ་མི་གྲངས་ཚད་ལས་བརྒལ་བའི་གནས་ཚུལ་དེར་ཤེས་རྟོགས་གསར་པ་བྱུང་ཡོད།

ཉེན་དེར། ཨ་ནེའི་ཟླ་བོས་དུས་རྒྱུན་ལྟར་རླངས་འཁོར་དུ་མི་གྲངས་ཚད་ལས་བརྒལ་བ་བླུགས་ཏེ་གྲོང་ཁྱེར་དུ་བསྐྱོད་པའི་སྐབས་སུ་ལམ་བར་ནས་འགྲིམ་འགྲུལ་ཉེན་རྟོག་པས་ཨ་ནེའི་ཟླ་བོའི་རླངས་འཁོར་བཀག་བྱུང་།

འགྲིམ་འགྲུལ་ཉེན་རྟོག་པས་རླངས་འཁོར་དུ་ཡོང་ནས་རླངས་འཁོར་གྱི་ཚད་གཞི་ལས་བརྒལ་བའི་མི་གྲངས་ལ་ཞིབ་རྩིས་བརྒྱབ་ཟིན་རྗེས། འགྲུལ་སྐྱེལ་རླངས་འཁོར་གྱིས་རང་གི་ཚད་གཞི་ལས་བརྒལ་བའི་མི་གྲངས་བརྒྱ་ཆ༢༠ཡན་ཟིན་ཚེ་སྐར་མ༦གཅོག་རྒྱུ་དང་ཉེས་ཆད་སྒོར༧༠༠གཏོང་རྒྱུ་ཡིན་ཞེས་པའི་ཉེས་ཆད་འཛིན་ཤོག་ཅིག་ཨ་ནེའི་ཟླ་བོའི་ལག་ཏུ་བཞག

ཨ་ནེའི་ཟླ་བོས་འགྲིམ་འགྲུལ་ཉེན་རྟོག་པར་ཕྱིན་རྗེས་གནས་ཚུལ་འདི་འདྲ་མི་ལྡོགས་པའི་ཁས་ལེན་བྱས་པ་དང་ཉེས་ཆད་ཀྱི་དངུལ་དག་རྩིས་སྤྲོད་བྱས།

"སྐར་མ་གཅོག་པ་དང་། དངུལ་ཆད་གཏོང་བ་སོགས་ནི་ང་ཚོ་འགྲིམ་འགྲུལ་ཉེན་རྟོག་པའི་དམིགས་ཡུལ་མ་ཡིན། དེ་ནི་ཁྱེད་ཚོར་འགྲིམ་འགྲུལ་ལས་འཛོལ་མི་ཡོང་བ་དང་

འགྲིམ་འགྲུལ་ལས་འཛོལ་བཀག་འགོག་བྱེད་པའི་ཐབས་ལམ་ཞིག་རེད། ཁྱེད་ཀྱི་རླངས་འཁོར་གསར་པ་རེད་འདུག ཡིན་ནའང་སྐར་མ་གཙོག་པ་ཐེངས་གཅིག་གཉིས་རེད་མི་འདུག”ཅེས་འགྲིམ་འགྲུལ་ཉེན་རྟོག་པ་དེས་ཁ་ཐུག་པའི་རྣམ་འགྱུར་དང་བཅས་བཤད། འགྲིམ་འགྲུལ་ཉེན་རྟོག་པ་དེའི་སྐད་ཆར་ཉན་རྗེས་ཀྱང་མའོ་ཡིས་ཨ་ནེའི་ཟླ་བོར་འགྲིམ་འགྲུལ་གྱི་ཚད་པ་བཅད་པ་ཐེངས་དང་པོ་མིན་པ་ཤེས། ཡིན་ནའང་ཁོ་མོའི་སེམས་སུ་ཨ་ནེའི་ཟླ་བོས་རང་གི་ནོར་འཁྲུལ་ལ་ཡོ་བསྲང་མི་བྱེད་པར་མུ་མཐུད་ཁྲིམས་བརྒལ་གྱི་བྱ་བ་བརྩམ་པར་བསམ་ཤེས་བྱ་ཐབས་བྲལ།

“དངུལ་ཆད་འདི་ཙམ་ལ་ཧ་ལས་རྒྱུ་ཡོད་པ་མ་རེད། ཁྱེད་ཚོས་མགྱོགས་པོ་གསོག་ཐུབ་ཀྱི་རེད། ཡིན་ནའང་རྗེས་སུ་གནས་ཚུལ་རིགས་ཐོན་ཚེ་དངུལ་ཆད་ཙམ་གྱི་གནད་དོན་མ་རེད། སྤྱི་ལོ༢༠༡༥ལོའི་ཟླ་བ༤པའི་ཚེས༢༨ཉིན་སྐབས་གཉིས་པའི་རྒྱལ་ཡོངས་མི་དམངས་འཐུས་མི་ཚོགས་ཆེན་རྒྱུན་ལས་ཨུ་ཡོན་གྱི་ཚོགས་འདུ་ཐེངས་བཅུ་དྲུག་པའི་ནང་གྲོས་འཆམ་བྱུང་དོན། «ཉེས་ཁྲིམས་དག་བཅོས་འཆར་ཟིན་ （དགུ་པའི） »ནང་གཞུང་ལམ་ཐོག་འགྲུལ་སྐྱེལ་རླངས་འཁོར་གྱི་འགྲུལ་པ་ཤོང་ཚད་གཏན་འཁེལ་བའི་འགྲུལ་པ་ཤོང་ཚད་ལས་བརྒལ་ཡོད་ན་ཉེན་ཁ་ཆེ་བའི་རླངས་འཁོར་གཏོང་བའི་ནག་ཉེས་སུ་ཚུད་པའི་གཏན་ཁེལ་བྱས་ཡོད། གཏན་འབེབས་འདི་ཟླ་བ༡༡པའི་ཚེས༡ནས་ལག་བསྟར་བྱ་རྒྱུ་ཡིན།” ཞེས་འགྲིམ་འགྲུལ་ཉེན་རྟོག་པ་དེས་ཧ་ཅང་དོ་ནན་དང་བཤད།

“རླངས་འཁོར་དུ་མི་གྲངས་ཚད་ལས་བརྒལ་ན་ཁྲིམས་འགལ་གྱི་ནག་ཉེས་གསོག་པ་རེད་པས་”ཞེས་ཨ་ནེའི་ཟླ་བོས་ཧ་ལས་པའི་ངང་དྲིས།

“«ཉེས་ཁྲིམས་དག་བཅོས་འཆར་ཟིན་ （དགུ་པའི） »ནང་ཉེས་ཁྲིམས་ཀྱི་དོན་

ཚན་བརྒྱ་དང་སོ་གསུམ་པའི་ནང་གསེས་དོན་ཚན་གསུམ་པར་འདི་ལྟར་བཟོ་བཅོས་བརྒྱབ་ཡོད་དེ། སློབ་གྲྭའི་རླངས་འཁོར་གྱི་ལས་སྒོའམ་འགྲུལ་བ་སྐྱེལ་འདྲེན་གྱི་ལས་དོན་སྒྲུབ་པར་འགྲུལ་པ་སྔོད་གྲངས་ཚད་བཅད་ལས་བརྒལ་ཐལ་ཤོར་བ་དང་། ཡང་ན་གདན་ལ་ཕབ་པའི་ཆུ་ཚོད་རེའི་མྱུར་ཚད་ལས་བརྒལ་ཐལ་ཤོར་བའི་གནས་ཚུལ་བྱུང་ན་བཙན་ཤར་ལས་བསྐྱལ་གྱི་ཉེས་ཆད་གཅོད་པ་དང་སྦྲགས་དངུལ་ཆད་གཅོད་རྒྱུ། དུས་མཚུངས་སུ་འཕྲུལ་སྒྲུལ་འཁོར་རིགས་ཀྱི་བདག་པོ་དང་དོ་དམ་བྱེད་མཁན་ལ་གོང་གསལ་ནང་གསེས་ཀྱི་དོན་ཚན་གསུམ་པའི་བྱ་སྤྱོད་ལ་ཐད་ཀའི་འགན་འཁྲི་འཁུར་མཁན་ལ་གོང་གསལ་ནང་གསེས་དོན་ཚན་གྱི་གདན་འབེབས་ལྟར་ཉེས་ཆད་གཅོད་རྒྱུ་རེད”ཅེས་འཁྲིམ་འགྲུལ་ཉེན་རྟོག་པ་དེས་གདན་འབེབས་ཀྱི་སྒྲིག་སྲོལ་དག་ཨ་ནེའི་ཟླ་བོར་གསལ་པོར་བཤད།

“ཨ་ནེའི་ཟླ་བོ”གྲང་མའོ་ཡིས་ཨ་ནེའི་ཟླ་བོར་མིག་འབྱུར་ཚུགས་སུ་བལྟས།

ཨ་ནེའི་ཟླ་བོས“ད་བྱས་ན་དངོས་གནས་རླངས་འཁོར་དུ་མི་གྲངས་ཚད་ལས་བརྒལ་རྒྱུ་མི་འདུག”ཅེས་ཟེར་བ་དང་། ཁོའི་སེམས་སུ་ཁྲིམས་འགལ་དང་རླངས་འཁོར་བཏང་ན་ཉེན་ཚབས་ཇི་ལྟར་ཡོད་མིན་དང་སྐད་ཕྱིན་ཁོས་རླངས་འཁོར་ཇི་ལྟར་གཏོང་དགོས་མིན་ཡང་གསལ་པོ་ཤེས་ཡོད།

（རྩོམ་ཡིག་ཁྲིད་ཀྱི་མིའི་མིང་ནི་གསང་མིང་ཤ་སྟག་ཡིན）

ཁྲིམས་ལུགས་ཤེས་བྱ་འདྲེན་པ།

«གཞུང་ལམ་འཁྲིམ་འགྲུལ་བདེ་འཇགས་སྐོར་གྱི་བཅའ་ཁྲིམས»ཀྱི་དོན་ཚན་གོ་གཉིས་པའི་ནང་། གཞུང་ལམ་ཐོག་འགྲུལ་སྐྱེལ་ཐ་སྣང་འཁོར་གྱི་འགྲུལ་པ་ཉིང་ཚད་གཏན་འཁེལ་བའི་འགྲུལ་པ་ཉིང་ཚད་ལས་བརྒལ་ཡོད་ན། དེར་སྒོར་ཉིས་བརྒྱ་ཡན་ནས་སྒོར་ལྔ་བརྒྱ་མན་ཆད་བར་གྱི་དངུལ་ཆད་གཏོང་རྒྱུ་དང་། གཏན་འཁེལ་བའི་འགྲུལ་པ་ཐུགས་ཚད་ཀྱི་བརྒྱ་ཆ་ཉི་ཤུ་ལས་བརྒལ་བའམ་གཏན་འབེབས་དང་འགལ་ནས་དངོས་ཐོག་འགོལ་བ་ཡིན་ན། དེར་སྒོར་ལྔ་བརྒྱ་ཡན་ནས་སྒོར་ཉིས་སྟོང་མན་ཆད་བར་གྱི་དངུལ་ཆད་གཏོང་རྒྱུ།

«ཉེས་ཁྲིམས»ཀྱི་དོན་ཚན་བརྒྱ་དང་སོ་གསུམ་པའི་ནང་། འཁྲིམ་འགྲུལ་སྐྱེལ་འདྲེན་གྱི་དོ་དམ་ཁྲིམས་སྲོལ་དང་འགལ་བའི་རྐྱེན་གྱིས་ལས་འཛོལ་བྱུང་ཉེས་ཆེན་པོ་བྱུང་ནས་མི་ལ་རྨས་སྐྱོན་ཚབས་ཆེན་དང་ཤི་སྐྱོན་ནམ་གཞུང་སྒེར་གྱི་རྒྱུ་ནོར་ལ་གྱོང་གུན་ཚབས་ཆེན་བྱུང་རིགས་ལ་དུས་བཙོན་ལོ་གསུམ་མན་ནམ་བཙོན་ཞར་ལས་བསྐྱུལ་གྱི་ཉེས་ཆད་གཏོང་རྒྱུ་དང་། འཁྲིམ་འགྲུལ་སྐྱེལ་འདྲེན་གྱི་འགལ་འཛོལ་ཆག་སྒོ་བཟོས་རྗེས་བྲོས་བྱོལ་སོང་བ་ཡང་ན་བྱས་ཉེས་གདུག་རྩུབ་ཆེ་བ་གཞན་དག་བསགས་རིགས་ལ་དུས་བཙོན་ལོ་གསུམ་ཡན་ནས་ལོ་བདུན་མན་བར་གྱི་ཉེས་ཆད་གཏོང་རྒྱུ་དང་། བྲོས་བྱོལ་དུ་སོང་བའི་དབང་གྱིས་མི་ལ་ཤི་སྐྱོན་བྱུང་ན་དུས་བཙོན་ལོ་བདུན་ཡན་གྱི་ཉེས་ཆད་གཏོང་རྒྱུ།

«ཉེས་ཁྲིམས་དག་བཅོས་འཆར་ཟིན་（དགུ་པའི）»ནང་ཉེས་ཁྲིམས་ཀྱི་དོན་

ཚན་བརྒྱ་དང་སོ་གསུམ་པའི་ནང་གསེས་དོན་ཚན་གསུམ་པར་འདི་ལྟར་བཟོ་བཅོས་བརྒྱབ་ཡོད་དེ། སློབ་གྲྭའི་རླངས་འཁོར་གྱི་ལས་སྒོ་ཡང་ན་འགྲུལ་བ་སྐྱེལ་འདྲེན་གྱི་ལས་དོན་སྒྲུབ་པར་འགྲུལ་པ་སྡོད་གྲངས་ཚད་བཅད་ལས་བརྒལ་ཐལ་ཕྱིར་བ་དང་། ཡང་ན་གཏན་ལ་ཕབ་པའི་ཆུ་ཚོད་རེའི་མྱུར་ཚད་ལས་བརྒལ་ཐལ་ཕྱིར་བའི་གནས་ཚུལ་བྱུང་ན་བཙན་ཤར་ལས་བསྐྱུལ་གྱི་ཉེས་ཆད་གཅོད་པ་དང་སྒྲིགས་དངུལ་ཆད་གཅོད་རྒྱུ། དུས་མཚུངས་སུ་འཕྲུལ་སྐྱུལ་འཁོར་རིགས་ཀྱི་བདག་པོ་དང་དོ་དམ་བྱེད་མཁན་ལ་གོང་གསལ་ནང་གསེས་ཀྱི་དོན་ཚན་གསུམ་པའི་བྱ་སྤྱོད་ལ་ཐད་ཀའི་འགན་འཁྲི་འཁུར་མཁན་ལ་གོང་གསལ་ནང་གསེས་དོན་ཚན་གྱི་གཏན་འབེབས་ལྟར་ཉེས་ཆད་གཅོད་རྒྱུ།

གཏམ་རྒྱུད་འདིའི་ནང་དུ་གྲང་མའོ་ཡི་ཨ་ནེའི་ཟླ་བོས༢༠༡༥ལོའི་ཟླ་བ༡༡པའི་ཚེས༡གི་གོང་ལ་རླངས་འཁོར་དུ་མི་གྲངས་ཚད་ལས་བརྒལ་བ་དེ་ནི«གཞུང་ལམ་འགྲིམ་འགྲུལ་བདེ་འཇགས་སྐོར་གྱི་བཅའ་ཁྲིམས»ལས་འགྲིམ་འགྲུལ་ཁྲིམས་འགལ་གྱི་བྱ་སྤྱོད་ཅིག་རེད། ཡིན་ནའང་ཟླ་བ༡༡པའི་ཚེས༡གི་རྗེས་ནས་རླངས་འཁོར་དུ་མི་གྲངས་ཚད་ལས་བརྒལ་ཚེ་དེ་ནི་བྱས་ཉེས་གསོག་པའི་བྱ་སྤྱོད་ཅིག་ཡིན་པས་བཙན་ཤར་ལས་བསྐྱུལ་གྱི་ཉེས་ཆད་གཅོད་པ་དང་དངུལ་ཆད་གཅོད་རྒྱུ་རེད། རླངས་འཁོར་དུ་མི་གྲངས་ཚད་ལས་བརྒལ་ཚེ་འགྲིམ་འགྲུལ་གྱི་ལས་འཛོལ་ཐོན་སླ་བ་ཞིག་ཡིན་པས། ཁ་ལོ་བས་རླངས་འཁོར་དུ་མི་གྲངས་གཏན་འབེབས་ལྟར་བླུགས་པ་ལས་ཚད་ལས་བརྒལ་མི་ཆོག་ལ་འགྲུལ་པས་ཀྱང་མི་གྲངས་ཚད་ལས་བརྒལ་བའི་རླངས་འཁོར་དུ་བསྐྱོད་མི་ཆོག

༢༠ ཞེད་སྣང་སྐྱེས་དགོས་པའི་“རིམས་ནད”

ཀྲང་ལྷེ་ལོ་༧༤ལ་སོན་ཡོད་ཅིང་ཁོ་མོ་ནི་གྲོང་ཁྱེར་ག་གེ་མོའི་འཕྲོད་བསྟེན་སློབ་གྲྭ་ཞིག་གི་ལོ་རིམ་གཉིས་པའི་སློབ་མ་ཡིན། ཁོ་མོ་གསོ་རིག་ལ་མོས་ཤིང་དེ་བས་སྐད་འཕྲིན་རྩེ་རྒྱུར་ཤིན་ཏུ་དགའ། དུས་རྒྱུན་ཁོ་མོར་ལས་ཀ་མེད་དུས་སྐད་འཕྲིན་རྩེ་ནས་བསྡད་ཀྱི་ཡོད་པ་དང་མཚམས་རེ་རང་གི་གྲོགས་མོའི་གྲོགས་ཚོམས་སུ་བསྐྱུར་བའི་ཆ་འཕྲིན་དག་གཞན་ལ་བརྒྱུད་བསྐྱུར་བྱས་པ་དང་ཡང་མཚམས་རེ་རང་གི་སྐད་འཕྲིན་དུ་པར་རིས་བསྟན་ནས་གྲོགས་ཚོམས་སུ་བསྐྱུར་བ་སོགས་བྱེད་ཀྱི་ཡོད། ཡུན་རིང་མ་སོང་བའི་སྔོན་ཞིག་ལ། ཀྲང་ལྷེ་ཡིས་གསོ་རིག་དང་འབྲེལ་བའི་སྐད་འཕྲིན་གྱི་ཆ་འཕྲིན་ཞིག་ལ་དོ་སྣང་ཆེན་པོ་བྱུང་།

དེ་ནི་གཟའ་ཉི་མའི་ཞོགས་པ་ཞིག་རེད། ཀྲང་ལྷེ་ཡིས་ཞོགས་པ་སྔ་པོ་ནས་ལངས་ཏེ་འཆར་ཅན་ལྷར་ཁ་པར་ཁ་ཕྱེ་ནས་བལྟ་དུས། སློ་བུར་དུ་རང་གི་རོགས་པའི་གྲོགས་ཚོམས་སུ་རིམས་ནད་སྔོར་གྱི་ཆ་འཕྲིན་ཞིག་ཡོད་པ་དེ་ཁོ་མོས་ཞིབ་ཏུ་བལྟས། ཆ་འཕྲིན་དེའི་ནང་དོན་ནི། ཉིན་ཤས་ཀྱི་སྔོན་ལ་ཙེ་ཁྣ་ནད་དུག་ཅེས་པའི་འགོས་ནད་ཅིག་ཀྲང་ལྷེ་ཡོད་སའི་གྲོང་ཁྱེར་དེའི་མི་མང་པོར་འགོས་ནས་རྒྱ་ཁྱབ་ཏུ་སོང་ཡོད་པ་དང་མི་མང་པོ་འདས་གྲོངས་བྱུང་ཡོད་ཅིང་ད་ལྟ་གྲོང་ཁྱེར་དེའི་རིམས་ནད་ཚོད་འཛིན་ལྟེ་གནས་ཀྱིས་ཕྱོགས་ཡོངས་ནས་གནས་ཚུལ་དེར་དོ་ཁུར་དང་སྔོན་འགོག་བྱེད་བཞིན་ཡོད་པ་བཤད་ལ། ཆ་འཕྲིན་དེའི་མཇུག་ཏུ་ཤ་ཚའི་དྲན་སྐུལ་ཞེས་ཕྱི་ལ་ཐོན་དུས་ངེས་པར་དུ་ཁ་རས་བཀབ་ནས་སྔོན་འགོག་བྱེད་དགོས་པ་དང་ད་དུང་ཆ་འཕྲིན་དེ་གཞན་ལ་བརྒྱུད་སྐྱུར་བྱས་ནས་ཁྱབ་གདལ་དུ་གཏོང་དགོས་པའི་སྐུལ་མ་བྱས་ཡོད།

ཀྲང་ལྷེ་ཡི་ཕ་མ་གཉིས་པོ་ནི་ལས་བྱེད་པ་ཡིན་པས་ཉིན་རྒྱུན་ལས་ཀར་སོང་ནས་ཏ་

ཅང་བྲེལ་བ་ཆེ། ཀྲང་ལྷེ་ཡི་སེམས་སུ་རང་གི་ཕ་མ་གཉིས་པོ་མི་མང་པོ་འཛོམས་སར་འགྲོ་དགོས་ཀྱི་ཡོད་པས་ཁོ་གཉིས་ལ་རིམས་ནད་དེ་འགོས་ཉེན་ཡོད་སྙམ་ནས་ལམ་སེང་ཁ་པར་བརྒྱབ་ནས་གནས་ཚུལ་དེ་ཕ་མ་གཉིས་པོར་བཤད་པ་དང་སྔོན་འགོག་བྱེད་དགོས་པའི་སྐུལ་མ་བྱས།

"བུ་མོ་ཡག་བྱུང་། ང་ཚོས་རང་ཉིད་ལ་ལྟ་སྐྱོང་ཡག་པོ་བྱེད་ངེས་ཡིན།" ཀྲང་ལྷེ་ཡི་ཕ་མ་གཉིས་པོ་སེམས་འགུལ་ཐེབས་ནས་དེ་ལྟར་བརྗོད།

ཀྲང་ལྷེ་ཡིས་བསྐུར་བའི་ཆ་འཕྲིན་དེ་ཕ་མ་གཉིས་པོས་དང་ལེན་བྱས་པས་ཁོ་མོའི་སེམས་སུ་དགའ་ལྷང་ལྷང་བྱས་ཤིང་ཡོད་པ་དང་ཁོ་མོས་སླར་ཡང་རིམས་ནད་སྐོར་གྱི་ཆ་འཕྲིན་དེ་གཞན་ལ་བརྒྱུད་བསྐུར་བྱ་རྒྱུའི་སྤོབས་པ་སྐྱེས། ཞའོ་ཧྲང་ནི་ཀྲང་ལྷེ་ཡི་གྲོགས་མོ་ཡིན་ཞིང་ཁོ་མོ་ནི་སློབ་གྲྭ་གཞན་ཞིག་ཏུ་རིག་གནས་ཚན་ཁག་སྐོར་གྱི་སློབ་སྦྱོང་བྱེད་བཞིན་ཡོད་པ་དང་ཀྲང་ལྷེ་ཡིས་ཞའོ་ཧྲང་ལ་རིམས་ནད་དེ་འགོས་པར་སེམས་ཁྲལ་བྱས་ཏེ་སླར་ཡང་ཆ་འཕྲིན་དེ་ཞའོ་ཧྲང་ལ་སྐུར།

ཞའོ་ཧྲང་ནི་རིག་གནས་ཚན་ཁག་གི་སློབ་མ་ཞིག་ཡིན་པས་ཁོ་མོས་སེམས་རྩ་འཁོལ་པོས་ཀྲང་ལྷེ་ལ་ཐུགས་རྗེ་ལེགས་འབུལ་ཞུ་བ་དང་ཁོ་མོས་ཀྱང་ཆ་འཕྲིན་དེ་གཞན་ལ་སྐུར་རྒྱུའི་ཁས་ལེན་བྱས།

ཀྲང་ལྷེ་ལ་ཞའོ་ཧྲང་ཕུད་པའི་དེ་མིན་གྱི་གྲོགས་མོ་མང་པོ་ཡོད། ཁོ་མོས་གྲོགས་མོ་དེ་དག་ལ་རིམས་ནད་སྐོར་གྱི་ཆ་འཕྲིན་དེ་རེ་རེ་བཞིན་སྐུར་དགོས་ཚེ་དེ་ནི་དུས་ཚོད་ངེས་ཅན་ཞིག་དགོས་ཀྱི་ཡོད་པས་དེ་ལས་རང་གི་གྲོགས་ཚོམས་སུ་བརྒྱུད་སྐུར་བྱས་ན་རང་གི་གྲོགས་མོ་དག་གིས་མཐོང་ཐུབ་ཀྱི་རེད་སྙམ་ནས་ཀྲང་ལྷེ་ཡིས་ཆ་འཕྲིན་དེ་རང་གི་གྲོགས་

ཚོམས་སུ་བརྒྱུད་བསྐྱུར་བྱས།

ཅུང་ཙམ་ནས་ཀྲང་ལྷེ་ཡི་གྲོགས་མོ་མང་པོས་ཁོ་མོས་རིམས་ནད་སྐོར་གྱི་ཆ་འཕྲིན་དེ་འདྲ་བརྒྱུད་བསྐྱུར་བྱེད་པར་ཐུགས་རྗེ་ཆེ་ཞེས་པའི་འཕྲིན་ཐུང་མང་པོ་བསྐྱུར་ཡོང་།

"ཀྲང་ལྷེ། རང་ལ་གསོ་རིག་གི་རྒྱུན་ཤེས་མེད་དམ། ཅེ་ཁ་ནད་དུག་དེ་མཁའ་རླུང་ལ་བརྟེན་ནས་འགོས་ཀྱི་ཡོད་དམ། ཡང་ན་མཆིལ་མ་ལ་བརྟེན་ནས་འགོས་ཀྱི་ཡོད་དམ། ཁ་རས་བཀྱབ་པ་ཙམ་གྱིས་སྔོན་འགོག་བྱེད་ཐུབ་ཀྱི་ཡོད་དམ།"ཀྲང་ལྷེ་ཡི་སེམས་སུ་རང་གིས་ལས་བཟང་བྱས་ཡོད་སྙམ་ནས་དགའ་ཞིང་ཡོད་པའི་སྐབས་སུ་ཞའོ་ཧྭ་ཡིས་ཁོ་མོར་ཁ་པར་བརྒྱབ་ཡོང་ནས་དེ་ལྟར་དྲིས། ཞའོ་ཧྭ་ནི་ཀྲང་ལྷེ་དང་མཚུངས་པར་གསོ་རིག་ལ་མོས་ཤིང་སྐད་འཕྲིན་རྩེ་རྒྱུར་དེ་བས་དགའ། ད་ལྟ་ཁོ་མོས་ཀྲང་ལྷེ་ཡིས་བསྐྱུར་བའི་རིམས་ནད་སྐོར་གྱི་ཆ་འཕྲིན་དེར་དོགས་པ་ཟ་བཞིན་ཡོད།

རེད་ཨང་། རིམས་ནད་དེ་ཡང་སྙིང་གང་འདྲ་ཞིག་ཡིན་ནམ། ངས་རིམས་ནད་དེར་རྒྱུས་མངའ་ཅི་ཡང་མི་འདུག རིམས་ནད་དེར་ཁ་རས་བཀྱབ་ན་སྔོན་འགོག་བྱེད་ཐུབ་ཀྱི་ཡོད་དམ། ཀྲང་ལྷེ་ཡི་སེམས་སུ་དྲི་བ་མང་པོ་ཞིག་གཅིག་རྗེས་གཉིས་མཐུད་དུ་འཁོར་ཡོང་།

ཀྲང་ལྷེ་ཡིས་རིམས་ནད་དེར་རྒྱུས་མངའ་ཡོང་ཆེད་དྲ་བའི་ཐོག་ནས་དཔྱད་གཞི་མང་པོར་བལྟས་པས། ཅེ་ཁ་ནད་དུག་ཅེས་པ་དེ་ནི་འབྲུའི་ནད་དུག་ཅིག་ཡིན་ཞིང་དེ་ནི་འབྱུས་གཞན་ལ་སོ་བརྒྱབ་ནས་འགོས་ཀྱི་ཡོད་པ་དང་། ནད་རྟགས་གཙོ་བོ་ནི་ཚ་བ་བརྒྱབ་ཅིང་ཐོར་པ་དམར་པོ་ཐོན་གྱི་ཡོད། རིམས་ནད་དེ་ཐོག་མར་གྲི་ལི་རྒྱལ་ཁབ་ཏུ་ཐོན་པ་དང་དེ་ནས་རིམ་བཞིན་ཁྱོན་རྒྱལ་ཁབ་དང་ས་ཁུལ་༢༤ལ་ཁྱབ་ཡོད་ཅིང་དེའི་ཁྲོད་ནས་མེ་གླིང་ས་ཁུལ་༢༢ལ་རྒྱ་ཁྱབ་བྱུང་སྲོང་བའི་གནས་ཚུལ་བཀོད་ཡོད། མིག་སྔར། རང་རྒྱལ་དུ

རིམས་ནད་དེ་འདྲ་འགོས་ཡོད་པའི་ནད་པ༥ཐོན་ཡོད་པའི་གནས་ཚུལ་བཀོད་ཡོད་ནའང་ཀྲང་ལྷེ་ཡོད་སའི་གྲོང་ཁྱེར་དེར་ནད་པ་གཅིག་ཀྱང་ཐོན་མེད།

“ད་ཆེད་ན་ངས་བསྐུར་བའི་ཆ་འཕྲིན་དེ་དཀྲོག་གཏམ་ཡིན་ནམ། ཆ་འཕྲིན་དེར་ང་ཚོའི་གྲོང་ཁྱེར་དུ་མི་མང་པོར་རིམས་ནད་དེ་འདྲ་འགོས་ཡོད་ཟེར་དོན་གང་ཡིན་ནམ།” ཀྲང་ལྷེ་ཡི་སེམས་སུ་ངས་སྐུར་མི་ཉུང་བའི་ཆ་འཕྲིན་གང་བྱུང་དུ་བསྐུར་བ་མིན་ནམ་སྙམ།

ཀྲང་ལྷེ་ཡིས་རིམས་ནད་འགོས་པའི་ནད་པའི་ཁ་གྲངས་ལ་ཡང་བསྐྱར་ཞིབ་དཔྱད་བྱེད་དགོས་མིན་ཐད་ཐེ་ཚོམ་བྱེད་བཞིན་པའི་སྐབས་སུ་ཁོ་མོའི་གྲོགས་མོ་གཞན་ཞིག་གི་ཁ་པར་སླེབས་བྱུང་།

“གལ་ཏེ་མི་མང་པོ་དེ་འདྲར་རིམས་ནད་དེ་འགོས་ཡོད་ན་བརྙན་འཕྲིན་དང་སྙན་གཟུགས་གཞན་གྱིས་གནས་ཚུལ་དེ་ཁྱབ་བསྒྲགས་བྱེད་ངེས་རེད། ཡིན་ནའང་ད་ལྟའི་བར་དུ་བརྙན་འཕྲིན་དང་ཚགས་པར་སོགས་སྙན་གཟུགས་གཅིག་གིས་ཀྱང་གནས་ཚུལ་དེ་རིགས་ཁྱབ་བསྒྲགས་བྱས་མ་སོང་། རང་གིས་བསྐུར་བའི་རིམས་ནད་སྐོར་གྱི་ཆ་འཕྲིན་དེ་ཕལ་ཆེར་དཀྲོག་གཏམ་ཡིན་རྒྱུ་རེད། «ཉེས་ཁྲིམས»དག་བཅོས་མའི་དོན་ཚན་ཉིས་བརྒྱ་གོ་གཅིག་པའི་ནང་གསེས་གཉིས་པའི་ནང་གཏན་འབེབས་བྱས་དོན། ཉེན་ཁའི་གནས་ཚུལ་དང་། རིམས་ནད་བྱུང་ཚུལ། གནོད་སྐྱོན་བྱུང་ཚུལ། ཉེན་རྟོག་གནས་ཚུལ་བཅས་རྫུན་བཟོ་བྱས་ནས་ཆ་འཕྲིན་དྭ་བའམ་སྙན་གཟུགས་གཞན་དག་ཏུ་བརྒྱུད་གཏོང་བྱས་པ་དང་། ཡང་ན་གོང་སྨྲས་ཆ་འཕྲིན་རྫུན་མ་ཡིན་པ་ཤེས་བཞིན་དུ་ཆ་འཕྲིན་དྭ་བའམ་སྙན་གཟུགས་གཞན་དག་ཏུ་བརྒྱུད་གཏོང་བྱས་ནས་སྤྱི་ཚོགས་ཀྱི་སྒྲིག་ལམ་ལ་གནོད་སྐྱོན་ཚབས་ཆེན་བཟོ་རིགས་ལ་དུས་བཙོན་ལོ་གསུམ་མན་ནམ་བཙན་ཉར་ལས་བསྐུལ་ལམ་

ཡང་ན་རྩིས་སྤྲོད་དོ་དམ་གྱི་ཉེས་ཆད་གཅོད་རྒྱུ་དང་། མཇུག་འབྲས་ཚབས་ཆེན་པོ་བཟོ་རིགས་ལ་ལོ་གསུམ་ཡན་ནས་ལོ་བདུན་མན་བར་གྱི་ཉེས་ཆད་གཅོད་རྒྱུ་རེད།”ཞའོ་ཕུའི་ཡིས་ཀྲང་ལྷེ་ལ་ཁ་པར་ནང་དུ་དེ་ལྟར་བརྗོད། ཞའོ་ཕུའི་ནི་ཀྲང་ལྷེ་ཡི་མཐོ་འབྲིང་སྐབས་ཀྱི་སློབ་གྲོགས་ཡིན་ཞིང་སློབ་ཆེན་དུ་སླེབས་རྗེས་པོ་མོས་ཁྲིམས་ལུགས་རིག་པའི་ཆེད་ལས་སྦྱོང་བཞིན་ཡོད། ཞའོ་ཕུའི་ནི་གནས་ཚུལ་ལ་བསམ་གཞིག་བྱེད་དུས་གཏན་ཚིགས་ཕུངས་བཙན་ཡོད་མཁན་ཞིག་ཡིན་པས་ཁོ་མོས་ཀྲང་ལྷེ་ཡིས་བསྐུར་བའི་རིམས་ནད་སྐོར་གྱི་ཆ་འཕྲིན་དེའི་དོགས་གནད་ཀྱི་ཆ་དང་དེ་མིན་དཀྲོག་གཏམ་བཟོ་མཁན་ལ་འབྲེལ་ཡོད་ཀྱི་ཉེས་ཁྲིམས་ཀྱི་འགན་ཁུར་དགོས་པའི་གསལ་བཤད་བྱས།

“ང་ལ་ཁྲིམས་ཆད་ཐོག་གི་རེད་དམ།”ཀྲང་ལྷེ་ཡིས་ཞའོ་ཕུའི་ཡི་འགྲེལ་བཤད་དག་ཉན་རྗེས་རང་ཉིད་ཀྱིས་སྐུར་མི་ཉུང་བའི་ཆ་འཕྲིན་གང་བྱུང་དུ་སྐུར་ཡོད་པ་ཤེས་ནས་ཞེད་སྣང་སྐྱེས་པས་དེ་ལྟར་དྲིས།

“ཁྲིམས་ལུགས་ཀྱི་གཏན་འབེབས་ལྟར་ན། རྐང་བཙུགས་ནས་ཆ་འཕྲིན་རྫུན་མ་བཟོས་ནས་གཞན་ལ་སྐུར་ཚེ་ད་གཞོད་ཉེས་པ་བསགས་པ་རེད། རང་གི་སེམས་ཁྲལ་དེ་ཐལ་པ་རེད།”ཞའོ་ཕུའི་ཡིས་བཤད།

“ད་བྱས་ན་ང་བློ་བདེ་སོང་།”ཀྲང་ལྷེ་ཡིས་དབུགས་རིང་ཞིག་བཏང་ནས་དེ་ལྟར་ལན་བཏབ།

“ཉེས་པ་གསོག་མེད་ཚེ་དྲ་ཐོག་གི་ཆ་འཕྲིན་གང་བྱུང་དུ་བརྒྱུད་སྤེལ་བྱེད་ཆོག་པའི་ངེས་པ་མེད། རྒྱུ་མཚན་ནི་ཁྱེད་ཀྱིས་ཞིབ་དཔྱད་མ་བྱས་པར་གང་བྱུང་དུ་གཞན་ལ་བརྒྱུད་བསྐུར་བྱེད་པ་དེ་ཆ་འཕྲིན་རྫུན་བཟོ་བྱེད་མཁན་དག་གི་ངན་རོགས་སུ་འགྱུར་ཉེན་ཡོད།

དཔྱོད་ཤེས་ལྡན་ན་རྩུབ་གཏམ་དབྱེ་འབྱེད་ཐུབ་ངེས་ཡིན་པས་ང་ཚོས་དཀྲོག་གཏམ་མི་བཟོ་བ་དང་། དཀྲོག་གཏམ་གཞན་ལ་སྒྲོག་མི་ཉན། ང་ཚོས་གཞན་ལ་ཆ་འཕྲིན་བརྒྱུད་སྐུར་བྱེད་པའི་སྐབས་སུ་ཐོག་ལ་ཆ་འཕྲིན་དེར་ལེགས་པར་བརྟག་ནས་སྐྱོན་མེད་ཚེ་ད་གཟོད་གཞན་ལ་བརྒྱུད་བསྐུར་བྱས་པ་ལས། ཆ་འཕྲིན་དེའི་ཡོངས་ཁུངས་ཁུངས་བཙན་མིན་ན་ང་ཚོས་གཞན་ལ་གཏན་ནས་བརྒྱུད་བསྐུར་བྱེད་མི་ཉན།" ཞའོ་ཁུའེ་ཡིས་དེ་ལྟར་བརྗོད།

"ཞའོ་ཁུའེ། ངས་ཁྱེད་ལ་ཐུགས་རྗེ་ཆེ་ཞུ་རྒྱུ་ཡིན། ཁྱེད་ཀྱིས་ང་ལ་ཁྲིམས་ལུགས་ཀྱི་སློབ་ཚན་ཡག་པོ་ཞིག་ཁྲིད་བྱུང་། རྗེས་སུ་ངས་ཇི་ལྟར་བྱེད་དགོས་མིན་གསལ་པོ་ཤེས་སོང་།" ཀྲང་ལེ་ཡིས་དེ་ལྟར་ལན་བཏབ་རྗེས་རང་གི་གྲོགས་ཚོམས་སུ་བརྒྱུད་སྐུར་བྱས་པའི་ཆ་འཕྲིན་དེ་ལམ་སེང་སུབ་པ་དང་རང་གི་གྲོགས་མོ་དག་ལ་གནས་ཚུལ་དེའི་སྐོར་ལ་འགྲེལ་བཤད་བྱས།

(རྩོམ་ཡིག་ཁྲིད་ཀྱི་མིའི་མིང་ནི་གསང་མིང་ཤ་སྟག་ཡིན)

ཁྲིམས་ལུགས་ཤེས་བྱ་འདྲེན་པ།

«ཉེས་ཁྲིམས»ཀྱི་དོན་ཚན་ཉིས་བརྒྱ་གོ་གཅིག་པའི་ནང་གསེས་གཉིས་པའི་ནང་གཏན་འབེབས་བྱས་དོན། ཉེན་ཁའི་གནས་ཚུལ་དང་། རིམས་ནད་བྱུང་ཚུལ། གནོད་སྐྱོན་བྱུང་ཚུལ། ཉེན་རྟོག་གནས་ཚུལ་བཅས་རྫུན་བཟོ་བྱས་ནས་ཆ་འཕྲིན་དྲ་བའམ་སྨྱན་གཟུགས་གཞན་དག་ཏུ་བརྒྱུད་གཏོང་བྱས་པ་དང་། ཡང་ན་གོང་སྨྲས་ཆ་འཕྲིན་རྫུན་མ་ཡིན་པ་ཤེས་བཞིན་དུ་ཆ་འཕྲིན་དྲྭ་བའམ་སྨྱན་གཟུགས་གཞན་དག་ཏུ་བརྒྱུད་གཏོང་བྱས་ནས་སྤྱི་ཚོགས་ཀྱི་སྒྲིག་ལམ་ལ་གནོད་སྐྱོན་ཚབས་ཆེན་བཟོ་

རིགས་ལ་དུས་བཙོན་ལོ་གསུམ་མན་ནམ་བཙན་ཤར་ལས་བསྐྱལ་ཡང་ན་རྩིས་སྦྱོང་དོ་དམ་གྱི་ཉེས་ཆད་གཏོང་རྒྱུ་དང་། མཐུག་འབྲས་ཚབས་ཆེན་པོ་བཟོ་རིགས་ལ་ལོ་གསུམ་ཡན་ནས་ལོ་བདུན་མན་བར་གྱི་ཉེས་ཆད་གཏོང་རྒྱུ།

གཏམ་རྒྱུད་འདིའི་ནང་གྲང་ལྷེ་ཡིས་ཆ་འཕྲིན་དེ་བདེན་རྫུན་དབྱེ་བ་མེད་པའི་རྨང་གཞིའི་ཐོག་རང་མཚམས་ཀྱིས་གཞན་ལ་བརྒྱུད་བསྒྱུར་བྱས་པ་དེ་ནི་ཆ་འཕྲིན་རྫུན་མའི་“ནང་དོན་མ་ཤེས་པ”ཡིན་པ་དང་མི་གཞན་ལ“ཕན་ན་སྙམ་པའི་སྐྱུལ་སློང་”ཡིན་པས་ཁྲིམས་འགལ་གྱི་ཉེས་པ་གསོག་མེད། ཡིན་ནའང་ཉེས་པ་གསོག་མེད་ཚེ་དྲ་ཐོག་གི་ཆ་འཕྲིན་གང་བྱུང་དུ་བརྒྱུད་སྤེལ་བྱེད་ཆོག་པའི་ངེས་པ་མེད། རྒྱུ་མཚན་ནི་ཁྱེད་ཀྱིས་ཞིབ་དཔྱད་མ་བྱས་པར་གང་བྱུང་དུ་གཞན་ལ་བརྒྱུད་བསྒྱུར་བྱེད་པ་དེ་ཆ་འཕྲིན་རྫུན་བཟོ་བྱེད་མཁན་དག་གི་ངན་རོགས་སུ་འགྱུར་ཉེན་ཡོད། དཔྱོད་ཤེས་ལྡན་ན་རྫུན་གཏམ་དབྱེ་འབྱེད་ཐུབ་ངེས་ཡིན་པས་ང་ཚོས་དགྲོག་གཏམ་མི་བཟོ་བ་དང་། གྲོག་གཏམ་གཞན་ལ་སྒྲོག་མི་ཉན། ང་ཚོས་གཞན་ལ་ཆ་འཕྲིན་བརྒྱུད་སྒྱུར་བྱེད་པའི་སྐབས་སུ་སྔོན་ལ་ཆ་འཕྲིན་དེར་ལེགས་པར་བརྟག་ནས་སྐྱོན་མེད་ཚེ་ད་གཟོད་གཞན་ལ་བརྒྱུད་སྒྱུར་བྱས་པ་ལས། ཆ་འཕྲིན་དེའི་ཡོངས་ཁུངས་ཁུངས་བཙན་མིན་ན་ང་ཚོས་གཞན་ལ་གཏན་ནས་བརྒྱུད་བསྒྱུར་བྱེད་མི་ཉན།

༢༧ ངན་ལང་ཤོར་བའི་སླང་ཅིང་།

ཤང་ཅིང་ལོ་7ཐལ་སོན་ཡོད་ཅིང་ཕོ་མོ་ནི་དོན་དག་གང་འདྲ་ཞིག་ལ་ཐུག་ནའང་མི་གཞན་ལ་རྩོད་པ་བརྒྱབ་པ་དང་གཤེ་གཤེ་གཏོང་རྒྱུར་དགའ་བའི་བུ་མོ་ཞིག་རེད། ཡིན་ནའང་ཉིན་ཤས་ཀྱི་སྔོན་ནས་ཕོ་མོས་རང་གི་གོམས་གཤིས་དེར་འགྱུར་བ་བཏང་སྟེ་མི་གཞན་ལ་འབྲེལ་གཏུག་བྱེད་པའི་སྐབས་སུ་རང་གི་བྱ་སྤྱོད་ལ་དོ་སྣང་ཆེན་པོ་བྱེད་ཀྱི་ཡོད།

ཤང་ཅིང་གིས་མི་གཞན་ལ་རྩོད་པ་བརྒྱབ་པ་དང་གཤེ་གཤེ་གཏོང་རྒྱུར་དགའ་བའི་གོམས་གཤིས་དེ་ནི་ཕོ་མོས་རང་གི་ཨ་མའི་གཤིས་ཀ“རྒྱུན་འཛིན”བྱས་པ་ཞིག་ཡིན་ཏེ། ཤང་ཅིང་གི་ཨ་མ་ནི་གྲོང་ཚོའི་ནང་དུ་མིང་དུ་གྲགས་པའི་གཏུམ་མོ་ཞིག་ཡིན་པས་གྲོང་མི་དག་གིས་ཕོ་མོར་བསྟོད་ཀོ་ཐུས་མཁན་གཅིག་ཀྱང་མེད། དེ་ནི་གཟའ་ཉི་མའི་ཞོགས་པ་ཞིག་རེད། ཤང་ཅིང་དང་ཕོ་མོའི་ཨ་མ་གཉིས་སྒོ་རྫིས་ཚོང་ཁང་ཞིག་ཏུ་ཙ་ལག་ཉོ་བར་བསྐྱོད། དོན་དག་ཆུང་ཆུང་ཞིག་གི་རྐྱེན་ལས་ཤང་ཅིང་ཨ་མ་དང་ཙ་ལག་ཉོ་མཁན་གྱི་ཨ་ཅག་གཞན་ཞིག་གི་བར་རྩོད་པ་ཤོར།

“རང་ཤི་འདོད་འདུག་གམ།”ཤང་ཅིང་ཨ་མས་དེ་ལྟར་ཚིག་རྩུབ་སྨྲས་པས་ཨ་ཅག་དེ་ཡང་ཁྲོང་འཁྲུར་འདོད་མེད་པས་ཕོ་གཉིས་ཕན་ཚུན་རྩོད་པ་བརྒྱབ། ཚོང་ཁང་དུ་མི་མང་པོས་ཕོ་གཉིས་ལ་ལྟ་ཅུབ་བྱས་ཤིང་ཡོད་ནའང་ཕོ་གཉིས་ཀྱིས་དེ་དག་ལ་སྣང་བ་མ་གཏོང་བར་ཕན་ཚུན་རྒྱག་རེས་བརྒྱབ།

སྒོ་རྫིས་ཚོང་ཁང་གི་བདེ་སྲུང་མི་སྣས་གནས་ཚུལ་དེ་མཐོང་བས་ལམ་སེང་མདུན་དུ་ཡོང་ནས་བར་འདུམ་བྱས། ཡིན་ནའང་ཤང་ཅིང་ཨ་མས་བདེ་སྲུང་མི་སྣས་བར་འདུམ་བྱེད་པ་ལ་མི་ཉན་པ་མ་ཟད། ད་དུང་ཚོང་ཁང་གི་ཙ་ལག་གང་བྱུང་དུ་གཡུགས་པ་དང་བཅག་པ་སོགས་བྱེད་ཀྱི་ཡོད་པས་བདེ་སྲུང་མི་སྣ་ཐབས་ཟད་དེ་ཉེན་རྟོག་པར་ཁ་པར་

བརྒྱབ་ནས་གནས་ཚུལ་དེ་སྙན་སེང་ཞུས།

སྐར་མ་འགའི་རྗེས་སུ་ཉིན་ཧྲོག་པ་སླེབས་བྱུང་། ཉིན་ཧྲོག་པས་ལྷང་ཚེང་གི་ཨ་མ་དང་ཨ་ཅག་དེ་རྩོད་པ་བརྒྱབ་ནས་གནས་ཚུལ་ཇ་དྲག་ཏུ་འགྲོ་བ་མཐོང་བས་ཕོ་གཉིས་ལ་གནས་ཚུལ་གང་ཡིན་གནས་ལུགས་བཤད་པ་ལས་རྒྱག་རེས་བརྒྱབ་མི་ཆོག་པའི་རྒྱུ་མཚན་བཤད། ཉིན་ཧྲོག་པས་བར་འདུམ་བྱས་ཤིང་གནས་ལུགས་རྒྱུ་མཚན་གྱི་སྐད་ཆ་དག་བཤད་པས་ཨ་ཅག་དེས་རྩོད་པ་བརྒྱབ་མཚམས་བཞག་སོང་། ཡིན་ནའང་ལྷང་ཚེང་གི་ཨ་མས་བཟོད་སྒོམ་གཏན་ནས་མི་བྱེད་པར་ཐུར་བཞིན་སྐད་ཅོར་བརྒྱབ་ནས་ཨ་ཅག་དེར་རྩོད་པ་བརྒྱབ།

“རང་ནོངས་དང་ཨ་ཅག་གིས་རང་ལ་རྩོད་པ་རྒྱག་གི་མི་འདུག རང་གིས་དོན་མེད་སྐད་ཅོར་མ་རྒྱོབ།”ཉིན་ཧྲོག་པས་བཤད།

“ཁྱེད་ཚོ་ཚང་མ་གོས་ཐུང་གཅིག་ནང་ཁང་པ་བརྒྱ་མཁན་གཅིག་པ་རེད།”ལྷང་ཚེང་གི་ཨ་མའི་སེམས་སུ་ཉིན་ཧྲོག་པ་སླེབས་རྗེས་ཨ་ཅག་དེས་རང་ལ་རྩོད་པ་མ་རྒྱག་པ་དང་ཉིན་ཧྲོག་པ་ནི་ཕོ་མོའི་རོགས་པ་རེད་སྙམ་ནས་ཐུར་བས་སྐད་ཤུགས་ཆེན་པོས་དེ་ལྟར་བཤད།

“མི་གཞན་དག་ཚོང་བརྒྱབ་པར་འགོག་རྐྱེན་བཟོ་མི་ཆོག”ཉིན་ཧྲོག་པས་ཐ་ཚིག་བསྒྲགས་བྱུང་།

“ཁྱེད་ཚོ་ལ་རྩུས་གཏོགས་ག་རེ་འདུག”ལྷང་ཚེང་གི་ཨ་མས་ཉིན་ཧྲོག་པར་ངར་བཤད་བརྒྱབ།

ལྷང་ཚེང་གི་ཨ་མ་ལ་གནས་ལུགས་བཤད་ནས་མི་ཉན་པས་ཉིན་ཧྲོག་པས་ཕོ་མོ་མངགས་གཏོང་ཁང་དུ་ཁྲིད་རྒྱུ་ཡིན་ཞེས་བཤད། ལྷང་ཚེང་གི་ཨ་མས་གཏམ་དེ་གོ་མ་ཐག

སྤྱིར་ལས་ཁོང་ཁྲོ་ལངས་ནས་ཞིན་རྟོག་པར་བཟོད་པར་དཀའ་བའི་ཚིག་རྩུབ་མང་པོས་ངན་སྨྲས་བྱས།

ཞིན་རྟོག་པས་མདུན་དུ་སོང་བ་ན་ལྷང་ཅིང་ཨ་མས་ཞིན་རྟོག་པར་མཆིལ་མ་འཐེན་པ་དང་རང་གི་མགོ་བོས་ཀླདངས་འཁོར་ལ་བརྟུང་བ་སོགས་བྱེད་ཀྱི་ཡོད། ཞིན་རྟོག་པས་ལྷང་ཅིང་ཨ་མའི"ལང་ཤོར"གྱི་བྱེད་སྟངས་དེར་བཀག་འགོག་བྱེད་དགོས་བསམ་ཆེ། ཁོ་མོས་གློ་བུར་དུ་གཞུང་ལམ་དཀྱིལ་དུ་སོང་སྟེ་དེར་སྤུས་མོ་བཙུགས་ནས་བསྡད་པས་ཀླངས་འཁོར་མང་པོ་ཞིག་ཁོ་མོར་གཡོལ་ནས་བསྐྱོད་དགོས་པ་དང་ཁོ་མོའི་བྱ་སྤྱོད་དེས་འཁྲིམ་འགྲུལ་ལས་འཛོལ་ཐོན་སླ་བས། སྐབས་དེར་ཞིན་རྟོག་པས་མགྱོགས་མྱུར་ངང་ལྷང་ཅིང་གི་ཨ་མ་ཚུར་འཐེན་པས་ད་གཟོད་འཁྲིམ་འགྲུལ་གྱི་ལས་འཛོལ་བྱུང་མ་སོང་།

ལྷང་ཅིང་གི་ཨ་མས་ད་དུང་བསམ་ཡུལ་ལས་འདས་པའི་བྱ་བ་གཞན་དག་མི་བརྩམ་པའི་ཆེད་དུ་ཞིན་རྟོག་པས་སྤྱི་བདེ་ཡན་ལག་ལ་འབྲེལ་བ་བྱས་ནས་མཐར་སྐོར་སྲུང་རུ་ཆེན་གྱི་རམ་འདེགས་འོག་ལྷང་ཅིང་གི་ཨ་མ་མངགས་གཏོང་ཁང་དུ་ཁྲིད་ཅིང་ཁྲིམས་ལྟར་བཙན་ཉར་བྱས།

ལྷང་ཅིང་གིས་གནས་ཚུལ་དེ་དག་མཐོང་བས་ཞེད་ཐག་ཆོད་དེ་ལམ་སེང་རང་གི་ཨ་ཕར་ཁ་པར་བརྒྱབ། ལྷང་ཅིང་གི་ཨ་ཕ་མངགས་གཏོང་ཁང་དུ་སླེབས་ནས་རང་གི་བཟའ་ཟླ་སློད་བཀྲོལ་གཏོང་རྒྱུའི་རེ་བ་བྱས།

"རང་གི་བཟའ་ཟླས་ཁྲིམས་འཛིན་ལས་སྒྲུབ་མི་སྣར་དམའ་འབེབས་བྱས་པའི་ངོགས་པ་ཡོད།"ཞིན་རྟོག་པས་ལྷང་ཅིང་གི་ཨ་ཕའི་རེ་བ་དང་ལེན་མ་བྱས།

"ཨ་མ། རང་གིས་ངོས་ལེན་ཅྱོས་དང་། གཅིག་བྱས་ན་གནས་ཚུལ་ཡོད་ཀྱི་མ་

རེད།”ཕྲང་ཅིང་གིས་སེམས་ཁྲལ་དང་བཅས་རང་གི་ཨ་མར་དེ་ལྟར་བརྗོད།

“ངས་མི་ལ་དམའ་འབེབས་བྱས་པ་ཙམ་ཡིན། དེ་སྔོན་ངས་མི་མང་པོ་ལ་དམའ་འབེབས་བྱས་མྱོང་དེ་དུས་གནས་ཚུལ་གང་ཡང་མི་འདུག རང་སེམས་ཁྲལ་བྱེད་མི་དགོས། འདིར་ཟ་རྒྱུ་ཡག་པོ་འདུག་ལ་ང་གཉིད་ཀྱང་སྐྱིད་པོ་ཞིག་ཁུག་གི་འདུག ཁོ་ཚོས་ང་སོང་ཟེར་ནའང་ང་འགྲོ་འདོད་མི་འདུག”ཕྲང་ཅིང་ཨ་མས་ཁུ་ཚུར་སྒྲིལ་ནས་མར་བསྣད་བྱུང་། ཁོ་མོའི་རྣམ་འགྱུར་ལ་བལྟས་ན་མངགས་གཏོང་ཁང་དུ་བཀག་ཉར་བྱས་པ་ནི་རྒྱུན་གཏན་གྱི་ལས་ཀ་ཞིག་ཡིན་པ་ལྟར་སྣང་།

ཕྲང་ཅིང་གི་ཨ་མ་ནི་སྔར་བཞིན“གཉའ་མི་ཆག”པས་ས་གནས་དེ་གའི་ཞིབ་དཔྱོད་ཁང་ནས་ཁོ་མོར་གཞུང་དོན་སྒྲུབ་པར་འགོག་རྐྱེན་བཟོས་པའི་མིང་ཐོག་ནས་ས་གནས་དེ་གའི་ཁྲིམས་ཁང་ལ་གཏུག་བཤེར་བྱས། ཁྲིམས་ཁང་ནས་འདྲི་གཅོད་མ་བྱེད་པའི་སྔོན་དུ་ཕྲང་ཅིང་གི་ཨ་ཕས་ཁོ་མོར་ཁྲིམས་ཁང་དུ་ང་རྒྱལ་བྱེད་མི་རུང་བའི་གནས་ལུགས་རྒྱུ་མཚན་བཤད་ནའང་ཁོ་མོ་ནི་ལམ་ནོར་ཕྱོག་ཤེས་མ་བྱས་པར་སྔར་བཞིན་རང་སྣང་གང་ཤར་བྱས།

«བདེ་འཇགས་དོ་དམ་གྱི་ཆད་པ་གཅོད་ཕྱོགས་སྐོར་གྱི་བཅའ་ཁྲིམས»གྱི་དོན་ཚན་ཞེ་གཉིས་པའི་ནང་གསེས་གཉིས་པའི་ནང་གཏན་འབེབས་བྱས་དོན། མངོན་སུམ་འཛེམ་མེད་ཀྱི་ཐོག་ནས་གཞན་ལ་དམའ་འབེབས་བྱས་པ་དང་དོན་དངོས་རྫུན་བཟོ་བྱས་ནས་གཞན་ལ་སྐུར་འདེབས་བྱས་རིགས་ལ་ཉིན་ལྔའི་མན་གྱི་བཙོན་ཉར་ལས་བསྐྱལ་དང་སྒོར་ལྔ་བརྒྱ་མན་གྱི་དངུལ་ཆད་གཅོད་རྒྱུ་དང་། བྱས་ཉེས་ཚབས་ཆེ་བ་ལ་ཉིན་ལྔ་ཡན་ནས་བཅུ་མན་བར་གྱི་བཙོན་ཉར་ལས་བསྐྱལ་དང་སྒོར་ལྔ་བརྒྱ་མན་གྱི་དངུལ་ཆད་གཅོད་

རྒྱུ……ཁྲིམས་དཔོན་གྱིས་སྐད་ཆ་བཤད་མ་ཚར་བའི་གོང་ལྷང་ཅིང་གི་ཨ་མས་ཁྲིམས་ཁང་དུ་སྐད་ཅོར་བརྒྱབ་བྱུང་།

"ངས་ཧ་གོ་གི་ཡོད། ཁྱེད་ཚོ་ཚང་མ་གཅིག་པ་རེད། ད་བྱས་དུས་ཁྲིམས་ཁང་དུའང་མི་ཡག་པ་གཅིག་ཀྱང་མི་འདུག"ཁྲིམས་རའི་ཐོག་གི་ཁྲིམས་ཆད་དེར་ལྷང་ཅིང་གི་ཨ་མས་དང་ལེན་བྱེད་མི་ཐུབ་པས་ཁོ་མོས་སྐད་ཅོར་བརྒྱབ་བྱུང་། ཁྲིམས་དཔོན་གྱིས་ཁོ་མོའི་བྱ་སྤྱོད་ལ་བཀག་འགོག་བྱེད་པར་བརྩམ་ནའང་ཁོ་མོས་དེར་སྣང་བ་ཙམ་ཡང་མི་བཏང་།

"རང་གིས་ཁྲིམས་དཔོན་ལ་དམའ་འབེབས་བྱས་པ་དང་ཁྲིམས་རའི་སྒྲིག་ལམ་དཀྲུག་པས……རང་གི་གྱོད་དོན་འདི་ཡང་བསྐྱར་གཏན་འབེབས་བྱེད་དགོས།"ཁྲིམས་དཔོན་གྱིས་དེ་ལྟར་བརྗོད། ལྷང་ཅིང་གི་ཨ་མའི་སེམས་སུ་རང་ལ་ཁྲིམས་ཁང་ནས་འདྲི་གཅོད་གང་འདྲ་བྱེད་ཡོང་སྙམ་པ་དང་སུ་མཐུད་ནས་སུ་དང་གང་ལ་ཡང་མི་སྐྲག་པའི་རྣམ་འགྱུར་བསྟན།

"«ཉེས་ཁྲིམས»ཀྱི་དོན་ཚན་སུམ་བརྒྱ་དང་དགུའི་ནང་གསེས་གསུམ་པའི་ནང་གཏན་འབེབས་བྱས་དོན། ཁྲིམས་འཛིན་ལས་བྱེད་མི་སྣ་འམ་གཏུག་བཤེར་ལ་ཞུགས་མཁན་ལ་བརྙས་བཅོས་དང་། སྐྱོན་འདོགས། འཇིགས་སྐུལ་བཅས་བྱས་ཏེ་ཁྲིམས་རས་བཀག་སྡོམ་ལ་མ་ཉན་པར་ཁྲིམས་རའི་སྒྲིག་ལམ་ཚབས་ཆེན་དཀྲུག་པའི་གནས་ཚུལ་བྱུང་ན་དུས་བཙོན་ལོ་གསུམ་མན་ནམ་བཙན་ཉར་ལས་བསྐུལ་ལམ་རྩིས་སྦྱོད་དོ་དམ་གྱི་ཉེས་ཆད་གཅོད་རྒྱུའམ་དངུལ་ཆད་གཅོད་རྒྱུ……"ཉིན་ཤས་ཀྱི་རྗེས་སུ་ལྷང་ཅིང་གི་ཨ་མའི་གྱོད་དོན་དེར་ཁྲིམས་ར་ཚོགས་ནས་ཁོ་མོ་བཙོན་འཛུག་བྱས།

"བུ་མོ། རང་གིས་ཨ་མའི་ལམ་དེར་མ་འགྲོ་རོགས། ངེས་པར་དུ་སློབ་སྦྱོང་ཡག་པོ་

བྱས་ནས་ཁྲིམས་ཤེས་པ་དང་ཁྲིམས་སྲུང་མཁན་གྱི་སྲི་འབངས་ཡག་པོ་ཞིག་བྱེད་དགོས།" ལྷང་ཅིང་གིས་བསྩོན་ཁང་དུ་རང་གི་ཨ་མར་ཐུག་འཕྲད་བྱེད་པར་འགྲོ་དུས་ཁོ་མོས་རང་གི་བུ་མོར་དེ་ལྟར་བརྗོད་པ་དང་རང་གི་སྔོན་མའི་བྱ་སྤྱོད་དེ་དག་ལ་འགྱོད་པ་དྲག་པོ་སྐྱེས་ནས་འདུག

"ཨ་མ་ལགས། ངས་ཤེས་སོང་།" ལྷང་ཅིང་གིས་རང་གི་ཨ་མས་བཤད་པའི་བསླབ་བྱ་དེ་དག་ཡིད་ལ་ངེས་ནས་རང་གི་གཞིས་ཀ་ལ་འགྱུར་བ་གཏོང་འགོ་བཙམ།

(རྩོམ་ཡིག་ཁྲིད་ཀྱི་མིའི་མིང་ནི་གསང་མིང་ཤ་སྟག་ཡིན)

ཁྲིམས་ལུགས་ཤེས་བྱ་འདྲེན་པ།

«དམངས་དོན་གདུག་བཤེར་བཅའ་ཁྲིམས»ཀྱི་དོན་ཚན་བརྒྱ་དང་བཅུ་གཅིག་གི་དོན་ཚན་གསུམ་པའི་ནང་། ཁྲིམས་འཛིན་ལས་བྱེད་མི་སྣར་ཉེས་བརྡུང་བཏང་བ་དང་། བརྙས་བཅོས། སྐྱོན་འདོགས། འཇིགས་སྐུལ་སོགས་བྱས་པ་དང་ཁྲིམས་ཁང་གི་སྒྲིག་བཀོད་ལ་ཚབས་ཆེན་གཏོར་བརླག་བྱེད་རིགས་ལ་མི་དམངས་ཁྲིམས་ཁང་ནས་ཉེས་གསོག་མི་སྣ་དེར་ཉེས་ཁྲིམས་འགན་འཁྲི་རྩད་གཅོད་བྱ་རྒྱུ་དང་བྱས་ཉེས་ཚབས་ཆེན་མེད་ཚེ་དངུལ་ཆད་གཅོད་རྒྱུ་དང་བཙོན་འཇར་ལས་བསྐྱལ་བྱ་རྒྱུ།

«ཉེས་ཁྲིམས»ཀྱི་དོན་ཚན་སུམ་བརྒྱ་དང་དགུའི་ནང་གསེས་གསུམ་པའི་ནང་གཏན་འབེབས་བྱས་དོན། ཁྲིམས་འཛིན་ལས་བྱེད་མི་སྣའམ་གདུག་བཤེར་ལ་ཞུགས་མཁན་ལ་བརྙས་བཅོས་དང་། སྐྱོན་འདོགས། འཇིགས་སྐུལ་བཅས་བྱས་ཏེ་ཁྲིམས་རའི་བཀག་སྡོམ་ལ་མ་ཉན་པར་ཁྲིམས་རའི་སྒྲིག་ལམ་ཚབས་ཆེན་དཀྲུག་པའི་གནས་ཚུལ་

བྱུང་ན་དུས་བཙོན་ལོ་གསུམ་མན་ནམ་བཙན་ཉར་ལས་བསྐུལ་ལམ་རྩིས་སྤྱོད་དོ་དམ་གྱི་ཉེས་ཆད་གཅོད་རྒྱུའམ་དངུལ་ཆད་གཅོད་རྒྱུ།

གདམ་རྒྱུད་འདིའི་ནང་དུ་ཕང་ཅིང་གི་ཨ་མས་ཁྲིམས་འཛིན་མི་སྣ་ལ་བརྙས་བཅོས་དང་། སྐྱོན་འདོགས། དམའ་འབེབས་སོགས་བྱས་པ་མ་ཟད། ད་དུང་ཁྲིམས་རའི་སྒྲིག་ལམ་ཚབས་ཆེན་དཀྲུག་པའི་གནས་ཚུལ་བྱུང་བས་འབྲེལ་ཡོད་ཚན་པས་ཁོ་མོར་ཁྲིམས་ལྟར་ཉེས་ཁྲིམས་འགག་འཁྲི་རྩད་གཅོད་བྱས་པ་དང་བཙོན་འཛུག་བྱས་པ་རེད།

༢༢ སྒོ་ལྕགས་རྒྱབ་པའི་དེབ་ཁང་།

སློབ་ཚན་གྱི་སྲུས་ཚད་སྤར་ལས་ཇེ་བཟང་ཡོང་ཆེད། ལོ་རྒྱུས་དགེ་རྒན་གྱིས་སློབ་མ་དག་ལ་ཁྲིད་བྱའི་སློབ་ཚན་ལ་སྔོན་སྦྱོང་བྱེད་དུ་བཅུག་པ་མ་ཟད་སློབ་ཚན་དང་འབྲེལ་ཡོད་ཀྱི་དཔྱད་གཞིའི་ཡིག་ཆ་ལའང་ལྟ་ཀློག་བྱེད་བཅུག་གི་ཡོད། ཉིན་གཉིས་པའི་སློབ་ཚན་གྱི་ནང་དོན་ནི་ཨེ་ཧིབ་དང་འབྲེལ་བ་ཡོད་པ་དང་ཞང་ལུང་ནི་ཨེ་ཧིབ་ཀྱི་ལོ་རྒྱུས་ལ་ཧ་ཅང་དགའ་པོ་ཡོད་པས་ཁོས་ནང་དུ་སླེབས་མ་ཐག་ཀློག་ཁྲིད་ཁ་ཕྱེ་ནས་ཨེ་ཧིབ་དང་འབྲེལ་བའི་ལོ་རྒྱུས་ལྟ་འགོ་བཙམ། ཞང་ལུང་གིས་ཀློག་ཁྲིད་དུ"ཨེ་ཧིབ་ཀྱི་ལོ་རྒྱུས"ཞེས་པའི་ཡི་གེ་འགའ་བཏགས་པས་དེ་མ་ཐག་ཏུ་ཨེ་ཧིབ་དང་འབྲེལ་བའི་ལོ་རྒྱུས་ཀྱི་དཔྱད་གཞི་ཡིག་ཆ་མང་པོ་མཐོང་བྱུང་། ཞང་ལུང་གི་སེམས་སུ་རང་ལ་མིག་ཐོལ་པ་ཁ་ཤས་ཤིག་ཡོད་ནའང་མཚན་མོ་གཅིག་གི་རིང་ལ་དཔྱད་གཞི་ཡིག་ཆ་དེ་དག་བལྟ་ཚར་བ་མི་འདུག་སྙམ་པ་དང་ཡང་ཁོས་གློ་བུར་དུ་དེ་སྔོན་ནང་ལ་མ་ཞིའུ་ལེ་ལི་ཡིས་བརྩམས་པའི«ཨེ་ཧིབ་ཀྱི་ལོ་རྒྱུས་མཁས་ཅན»ཞེས་པའི་དཔེ་དེབ་ཅིག་ཡོད་པ་ཡིད་ལ་དྲན་པས་དཔེ་དེབ་དེ་བཙལ་ནས་བལྟ་དགོས་སྙམ།

ཞང་ལུང་གིས་དཔེ་དེབ་དེ་ནང་གི་དེབ་ཁང་དུ་བཞག་ཡོད་པ་རབ་རིབ་ཅིག་དྲན་གྱི་ཡོད་པས་ཁོས་དེ་མྱུར་དེབ་ཁང་ཕྱོགས་སུ་བསྐྱོད། ཡིན་ནའང་ཁོའི་བསམ་ཡུལ་ལས་འདས་པ་ཞིག་ལ་དེབ་ཁང་གི་སྒོ་སྟེང་དུ་སྒོ་ལྕགས་ཆེན་པོ་ཞིག་བརྒྱབ་ཡོད་པ་མཐོང་བྱུང་། ཞང་ལུང་གི་ཕ་མ་གཉིས་པོ་ནི་ཕྱི་རྒྱལ་ནས་ལོག་ཡོང་བ་ཡིན་ཞིང་ཁོ་གཉིས་ཀྱི་རིག་གནས་ཀྱི་བྱུང་ཚད་མཐོ་པོ་ཡོད་པས་རྣམ་ཀུན་ཞང་ལུང་ལ་དཔེ་དེབ་མང་ཙམ་བལྟ་དགོས་པ་དང་དཔེ་དེབ་ཡག་པོ་དག་བལྟ་དགོས་པའི་སྐུལ་ལྕག་བཏང་གི་ཡོད། ཕ་མའི་ཤུགས་རྐྱེན་འོག་ཏུ་ཞང་ལུང་སློབ་ཆུང་ནས་དཔེ་ཀློག་བྱེད་པའི་གོམས་གཤིས་ཡག་པོ་ཞིག་ཡོད། སློབ་

འཁྱིད་དུ་སླེབས་པ་ནས་བཟུང་སློབ་ཚན་དང་སྦྱོང་ཚན་མང་དུ་ཕྱིན་པས་ཁོ་པ་དེབ་ཁང་དུ་སོང་ནས་དཔེ་ཀློག་བྱ་རྒྱུ་ཞུང་དུ་སོང་ཡོད། ཡིན་ནའང་ད་ལྟ་ཞང་ལུང་ལ་བསམ་ཡུལ་ལས་འདས་པའི་གནས་ཚུལ་ཞིག་འཕྲད་པ་དེ་ནི་ཕ་མས་དེབ་ཁང་ལ་སློ་སྐུགས་བརྒྱབ་ཡོད་པ་དེ་རེད།

"དེབ་ཁང་ལ་སློ་སྐུགས་བརྒྱབ་དགོས་དོན་གང་ཡིན་ནམ།"ཞང་ལུང་གིས་དེ་ལྟར་བསམ་པ་དང་ཁོ་པ་རང་ཉིད་དུས་རྒྱུན་སྦྱོང་ཚན་ལ་མགོ་འཁོར་ནས་ཡོད་པས་དེབ་ཁང་ལ་ག་དུས་ནས་སློ་སྐུགས་ཡོད་མེད་ཁོས་གསལ་པོ་མི་ཤེས།

"རང་དཔེ་དེབ་འཚོལ་དགོས་སམ།"ཞང་ལུང་གི་ཨ་ཕས་ཞང་ལུང་དེབ་ཁང་གི་སློ་འགྲམ་དུ་ལངས་ནས་ཡོད་པ་མཐོང་བས་དེ་ལྟར་བརྗོད་པ་དང་ལྡུག་མ་ལས་ལྡེ་མིག་བཏོན་ཏེ་དེབ་ཁང་སློ་ཕྱེ་བྱུང་། ཞང་ལུང་གིས་འཕྲུག་ཙམ་ཞིག་ལ་རང་ལ་དགོས་པའི་དཔེ་དེབ་དེ་རྙེད་པས་དཔེ་དེབ་དེ་འཁྱེར་ནས་རང་གི་ཉལ་ཁང་དུ་སླེབས། ཁོ་པ་ཉལ་ཁང་དུ་སླེབས་མ་ཐག་ཨ་ཕས་དེབ་ཁང་ལ་སློ་སྐུགས་བརྒྱབ་པའི་སྒྲ་ཐོས་བྱུང་།

ཐུང་ཙམ་ནས་ཞང་ལུང་གིས་རང་ལ་ད་དུང《ཨེ་ཇིབ་ཀྱི་གནའ་རྫས་རྟོག་ཞིབ་རིག་པ》ཞེས་པའི་དཔེ་དེབ་ཅིག་དགོས་ཀྱི་ཡོད་པས་ཁོ་པ་སྐྱར་ཡང་དེབ་ཁང་དུ་བསྐྱོད། ཞང་ལུང་གི་ཨ་ཕས་ཞང་ལུང་དཔེ་དེབ་འཚོལ་དགོས་ཀྱི་ཡོད་པ་ཤེས་པས་ཁོས་དེབ་ཁང་སློ་ཕྱེ་ནས་ཞང་ལུང་ནང་དུ་སོང་ནས་དཔེ་དེབ་འཚོལ་དུ་བཅུག ཡུན་རིང་མ་འགོར་བར་ཞང་ལུང་གིས་རང་ལ་དགོས་པའི་དཔེ་དེབ་དེ་རྙེད་བྱུང་། ཞང་ལུང་གིས་དཔེ་དེབ་དེ་འཁྱེར་ནས་དེབ་ཁང་ལས་ཁ་གྱེས་དུས་ཨ་ཕས་སྐྱར་ཡང་དེབ་ཁང་ལ་སློ་སྐུགས་བརྒྱབ་བྱུང་།

ཞང་ལུང་གིས་ཁ་ཕྱིར་འཁོར་ནས་ཨ་ཕར་བལྟ་ཙམ་བྱས་ཏེ་དེབ་ཁང་ལ་སློ་སྐུགས་

བརྒྱབ་དགོས་དོན་གང་ཡིན་ཞེས་འདྲི་དགོས་སྙམ་དུས་ཨ་ཕས་གདོང་པ་སློད་ནས་བསྡད་ཡོད་པས་ཞང་ལུང་གིས་རང་གི་འདྲི་བར་འདོད་པའི་སྐད་ཆ་དག་སྡུག་རུས་བྱས་ནས་ཁོག་ཏུ་མིད་དགོས་བྱུང་། ཡིན་ནའང་ཁོས་ཨ་ཕས་དེབ་ཁང་ལ་སྒོ་ལྕགས་བརྒྱབ་དགོས་དོན་གང་ཡིན་ནམ་སྙམ་ནས་མཚར་སྣང་སྐྱེས་ཤིང་ཡོད།

ཞང་ལུང་གི་སེམས་སུ་དེབ་ཁང་དུ་ཏན་ཏན་གཞན་ལ་གྲགས་མི་རུང་བའི་གསང་བ་ཞིག་སྦས་སྐུང་བྱས་ཡོད་ངེས་རེད་སྙམ་པ་དང་། ཡང་དེ་སྔོན་ཁོས་ཁྱིམ་ཚང་ཞིག་གིས་གསང་བའི་ཐོག་ནས་ཁང་མིག་ཅིག་ཏུ་ནོར་བུ་མང་པོ་སྦས་ཡོད་པའི་གཏམ་རྒྱུད་ཅིག་མཐོང་མྱོང་བས་དེབ་ཁང་དུ་ཕ་མེས་ནས་བརྒྱུད་ཡོང་བའི་ནོར་བུ་འདྲ་སྦས་མེད་དམ་སྙམ། གལ་ཏེ་དེབ་ཁང་དུ་ནོར་བུ་སྦས་ཡོད་ན་དེ་སྔོན་དེབ་ཁང་ལ་སྒོ་ལྕགས་མི་བརྒྱབ་པ་གང་ཡིན་ནམ། ཞང་ལུང་གིས་རང་ལ་དེ་ལྟར་ཐོག་འདྲི་བྱས་ནས་རང་གི་བསམ་ཚོད་དེ་ནོར་ཡོད་པའི་ངེས་ཤེས་སྐྱེད།

ཞང་ལུང་གི་སེམས་སུ་རང་གི་ཨ་མ་ལའང་དེབ་ཁང་གི་ལྡེ་མིག་ཅིག་ཡོད་པ་མཐོང་བས། ཁོའི་སེམས་སུ་ཕ་མ་གཉིས་པོས་དེབ་ཁང་ལ་སྒོ་ལྕགས་བརྒྱབ་པ་དེ་ནི་རང་ལ་གནས་ཚུལ་གང་ཞིག་སྦ་གསང་བྱེད་བཞིན་འདུག་སྙམ། ཞང་ལུང་གིས་ཕ་མ་གཉིས་པོས་རང་ལ་གནས་ཚུལ་གང་ཞིག་སྦ་གསང་བྱེད་བཞིན་པའི་ཐད་ལ་བསམ་བློ་ཡང་ཡང་བཏང་ནའང་གནས་ཚུལ་དེའི་རྒྱུ་རྐྱེན་གཏན་ནས་མ་རྟོགས།

ཡུན་རིང་ཞིག་ལ་ཞང་ལུང་གིས་གནས་ཚུལ་དེའི་རྒྱུ་རྐྱེན་འཚོལ་ནས་ཡོད། མཚམས་རེ་ཁོས་དཔྱད་གཞིའི་ཡིག་ཆ་འཚོལ་བར་ཁག་བཏགས་ནས་ཨ་མའི་ལྡེ་མིག་རང་ལ་རག་ཐབས་བྱེད། ཡིན་ནའང་ཨ་མས་ཁོ་པར་དེབ་ཁང་གི་སྒོ་ཕྱེ་ནས་ནང་དུ་བཏང་བ་ལས་ཁོ་

པར་ལྡེ་མིག་སྤྲོད་མེད་ལ་ཞང་ལུང་གིས་དེབ་ཁང་དུ་དཔེ་དེབ་དང་དཔྱད་གཞི་གཞན་ལ་བལྟ་བའི་སྐབས་སུ་ཨ་མས་དེབ་ཁང་ནས་སྐད་གཅིག་ཙམ་ཡང་ཁ་བྲལ་མི་སྲིད། ཞང་ལུང་གིས་དཔྱད་གཞིའི་ཡིག་ཆ་བལྟ་བ་ལ་ཁག་བཏགས་ནས་དེབ་ཁང་དུ་སོང་བའི་དུས་ཚོད་དེ་དག་གི་ཁྲོད་དུ་ཁོ་པར་འབྲས་བུ་ཅི་ཡང་མེད་པ་མ་ཡིན་ཏེ་ཁོས་དེབ་ཁང་ནང་དུ་དཔེ་སྒྲོམ་ཞིག་ལ་སྒོ་ལྕགས་བརྒྱབ་ཡོད་པ་མཐོང་བྱུང་།

"གསང་བ་དཔེ་སྒྲོམ་དེའི་ནང་དུ་ཡོད་ངེས། དཔེ་སྒྲོམ་དེའི་ནང་དུ་གསང་བའི་ཡིག་ཆ་དང་། ཡང་ན་གསང་བའི་ཡིག་ཚགས་ཡོད་དམ། གལ་ཏེ་ཤོས་དེ་ནི་ཡིག་ཆ་དེ་དག་ང་ལ་གསང་བ་བྱེད་དོན་གང་ཡིན་ནམ། ད་བྱས་ན་ཡིག་ཆ་དེ་དག་གི་ཁྲོད་དུ་ངའི་སྐྱེ་ཁུངས་ཀྱི་གསང་བ་ཡོད་དམ།"ཞང་ལུང་གིས་བསམ་བློ་གཏོང་གིན་གཏོང་གིན་གནས་ཚུལ་དེར་གནད་དོན་ཆེན་པོ་ཞིག་འདུག་སྙམ་པ་མ་ཟད་ཐ་ན་རང་ཉིད་ཕ་མ་གཉིས་པོའི་ཕྲུ་གུ་ངོ་མ་ཡིན་མིན་ལ་དོགས་པ་ཟ་བཞིན་ཡོད། ཞང་ལུང་གི་སེམས་སུ་ཉེ་ཆར་རང་ཉིད་དེབ་ཁང་དུ་ཐེངས་མང་བསྐྱོད་པ་དང་ཕ་མ་གཉིས་པོས་རང་ལ་གསང་བ་བྱ་ཆེད་དུ་དཔེ་སྒྲོམ་ལ་སྒོ་ལྕགས་བརྒྱབ་པ་ཡིན་ངེས་པས་གནད་དོན་དེ་གསལ་པོ་ཞིག་བཟོ་དགོས་ན་དཔེ་སྒྲོམ་ནང་གི་ཡིག་ཆ་དེ་དག་འགའ་རྩ་རེད་སྙམ།

ཞང་ལུང་གིས་བསམ་བློ་ཇི་ལྟར་བཏང་ནའང་དཔེ་སྒྲོམ་ནང་གི་ཡིག་ཆ་དེ་དག་གི་ནང་དུ་རང་གི་སྐྱེ་ཁུངས་ཡོད་ངེས་སྙམ་པ་དང་རང་ཉིད་ནི་ཕ་མ་གཉིས་པོས་གསོས་ཡོང་བ་ལས་ཁོ་གཉིས་ཀྱི་ཕྲུ་གུ་ངོ་མ་མིན་པ་མ་ཟད། རང་གི་ཕ་མ་ངོ་མ་གཉིས་ཀྱི་ཡིག་ཚགས་དག་དཔེ་སྒྲོམ་དེའི་ནང་དུ་ཡོད་ངེས་སྙམ་ནས་དཔེ་སྒྲོམ་གྱི་སྒོ་འབྱེད་ཐབས་བྱེད། ཡིན་ནའང་ཕ་མ་གཉིས་པོས་དེབ་ཁང་གི་ལྡེ་མིག་འཁྱེར་ནས་འགྲོ་གི་ཡོད་པས་ཞང་ལུང་ལ་གོ་

སྐབས་མ་རྙེད།

སྔབས་ལེགས་པ་ཞིག་ལ་ཉིན་ཤས་ཀྱི་རྗེས་སུ་ཞང་ལུང་གི་ངོགས་པ་དང་སེམས་ཁྲལ་དེ་དག་འཇང་ཡལ་བ་ལྟར་འགྱུར་སོང་། དེ་ཉིན་ཞང་ལུང་གིས་ཕ་མ་གཉིས་ནང་ལ་མེད་པའི་སྐབས་དང་བསྟུན་ནས་ཁོ་གཉིས་ཀྱི་གོས་སྒམ་སྒོག་པས་སྒམ་གྱི་མཐིལ་དུ་རང་གི་སྐྱེས་དུས་ཀྱི་དཔང་ཡིག་རྙེད་བྱུང་།

ད་བྱས་ན་དེབ་ཁང་དུ་གསང་བ་གང་ཞིག་སྦས་སྐྱུང་བྱས་ཡོད་དམ། ཞང་ལུང་གིས་བསམ་བློ་གཏོང་གིན་གཏོང་གིན་དུ་དངངས་སྐྲག་དང་སེམས་ཁྲལ་མཉམ་དུ་སྐྱེས་ནས་ཡོད་པས་ཁོས་གནས་ཚུལ་དེ་རང་གི་གྲོགས་པོ་ཞའོ་ཝེན་ལ་བཤད། ཞའོ་ཝེན་ནི་རྟོག་ཞིབ་བྱ་རྒྱུ་ལ་ཧ་ཅང་དགའ་པོ་ཡོད་པས་ཁོས་གནས་ཚུལ་དེར་དབྱེ་ཞིབ་བྱས་པ་དང་ཞང་ལུང་ལ་དྲི་བ་སྣ་ཚོགས་དྲིས། ཞའོ་ཝེན་གྱིས་བསམ་བློ་བཏང་བཏང་བའི་མཐར་དཔེ་སྒྲོམ་གྱི་སྒོ་ལྕགས་གཏོར་ནས་ཡིག་ཚགས་ཀྱི་ནང་དུ་ག་རེ་ཡོད་མེད་བལྟ་རྒྱུ་དེ་རེད། ཞང་ལུང་གི་སེམས་སུ་ཞའོ་ཝེན་གྱིས་བཤད་པའི་ཐབས་ཤེས་དེ་འགྲིག་མིན་མ་ཤེས་པར་ཐེ་ཚོམ་སྐྱེས་ནས་ཡོད་པའི་སྐབས་སུ་དེབ་ཁང་གི་གསང་བ་དེ་མ་གྲོལ་རང་ཐོར་དུ་འགྱུར་སོང་།

དེ་ཉིན་ཞང་ལུང་སློབ་གྲྭ་གྲོལ་ནས་ཁྱིམ་དུ་སླེབས་དུས་ནང་ལ་ཉེན་རྟོག་པ་འགའ་སླེབས་ཡོད་པ་མཐོང་། ཞང་ལུང་གི་ཨ་ཕས་ཚང་མའི་མདུན་དུ་དེབ་ཁང་གི་སྒོ་ཕྱེ་བ་དང་དཔེ་སྒྲོམ་ནས་དཔེ་དེབ་འགའ་ཕྱིར་བཏོན་བྱུང་།

"ཁྱེད་ཀྱིས་ད་ཐེངས་ཀྱི་གཙང་བཤེར་གྱི་སྒོ་སྐབས་དེ་དང་བསྟུན་ནས་དུས་ཐོག་དང་རྩིས་འབུལ་བྱས་པ་དེ་ཡང་རང་སྐྱོན་ལ་བསྒྱུར་བཅོས་བྱས་པ་རེད།" ཉེན་རྟོག་པས་བཤད།

“དཔེ་དེབ་དེ་གང་འདྲ་ཞིག་ཡིན་ནམ། ཉེན་རྟོག་པར་རྩིས་འབུལ་བྱས་ནས་དོ་དམ་བྱེད་དགོས་དོན་གང་ཡིན་ནམ།”ཞང་ལུང་གིས་དེ་ལྟར་བསམ་པ་དང་སེམས་སུ་དཔེ་སྒྲོམ་གྱི་གསང་བ་དེ་དཔེ་དེབ་འདི་དང་འབྲེལ་བ་འདུག་སྙམ་སྙེ་ཟུར་ཞིག་ཏུ་ལངས་ནས་བསྡད་པ་ལས་སྐད་ཆ་གང་ཡང་མ་བཤད།

“དེ་སྔོན་ཕྱི་རྒྱལ་དུ་སློབ་གྲྭ་འགྲིམ་དུས་གྲོགས་པོ་ཞིག་གིས་ང་ཚོར་དཔེ་དེབ་འགའ་སྤྲད་བྱུང་། མ་གཞི་དཔེ་དེབ་དེའི་ལེའུ་ཞིག་གི་ནང་དོན་ཡག་པོ་མེད་ནའང་གྲོགས་པོས་ང་ཚོར་ལག་རྟགས་སུ་སྤྲོད་པ་ཡིན་པས་དབྱུག་ཕོད་མ་བྱུང་། དེབ་དེའི་ནང་དོན་ཡག་པོ་མི་འདུག་ངས་དཔེ་སྒྲོམ་དུ་བླུགས་ནས་སྒོ་ལྕགས་བརྒྱབ་ནས་བཞག་པ་ཡིན། དེའི་རྐྱེན་གྱིས་ད་ལྟ་བྲུ་གུས་ཀྱང་དཔེ་སྒྲོམ་དེར་མཚར་སྣང་སྣ་ཚོགས་སྐྱེས་ཤིང་བློ་མི་བདེ་བར་འདུག”ཞང་ལུང་གི་ཨ་ཕས་དེ་ལྟར་འགྲེལ་བཤད་བརྒྱབ།

“ད་ལྟ་ཁྱབ་བསྒྲགས་བྱས་ཟིན་པའི«ཉེས་ཁྲིམས་དག་བཅོས་འཆར་ཟིན་（དགུ་པ）»ཡི«ཉེས་ཁྲིམས»ཀྱི་དོན་ཚན་བརྒྱ་དང་ཉི་ཤུ་པའི་ནང་གསེས་དོན་ཚན་དྲུག་པའི་ནང་། འཛིགས་སྐུལ་རིང་ལུགས་དང་མཐར་ཐུག་རིང་ལུགས་དྲིལ་སྒྲོག་བྱེད་པའི་དཔེ་དེབ་དང་། སྒྲ་ཟློས། བརྙན་ཟློས་རྒྱུ་ཆས་ཡང་ན་དངོས་རྫས་གཞན་དག་ཤེས་བཞིན་དུ་ཁྲིམས་འགལ་དུ་ཉར་འཛིན་བྱས་པ་དང་། ཉེས་ཚབས་ཆེ་རིགས་ལ་དུས་བཙོན་ལོ་གསུམ་མན་ནམ་བཙན་ཉར་ལས་བསྐྱལ་དང་རྩིས་སྤྱོད་དོ་དམ་གྱི་ཉེས་ཆད་གཅོད་པ་དང་སྦྲགས་དངུལ་ཆད་མཉམ་གཅོད་དང་ཡང་ན་གཅིག་པུར་གཅོད་རྒྱུ་ཞེས་གཏན་འབེབས་བྱས་ཡོད། གལ་ཏེ་ད་ཐེངས་ཁྱེད་ཚོས་བལྟ་ཀློག་བྱེད་མི་ཆོག་པའི་དཔེ་དེབ་དེ་དག་གོང་འབུལ་བྱེད་པའི་གོ་སྐབས་དམ་འཛིན་མ་བྱེད་ཚེ་བཙོན་ཁང་དུ་ཚུད་པའི་ཉེན་ཁ་ཡོད། ད་ཐེངས་

ང་ཚོས་བལྟ་སྐློག་བྱེད་མི་ཆོག་པའི་དཔེ་དེབ་དེ་དག་གཅིག་བསྡུས་ཀྱི་ཐོག་ནས་མཉམ་དུ་མེད་པ་བཟོ་རྩིས་ཡོད།”མི་དམངས་ཞིན་ཏོག་པས་དེ་ལྟར་བརྗོད།

“འགོ་ཁྲིད་ཀྱིས་བསམ་བློ་ཡག་པོ་བཏང་འདུག ཁྱེད་ཀྱིས་ང་ཚོའི་ཚབ་ཏུ་འགོ་ཁྲིད་ལ་ཐུགས་རྗེ་ཆེ་ཞུ་རོགས་གནང་།”ཞང་ལུང་གི་ཨ་མས་བཤད།

“ང་ཚོས་དག་བཅོས་ཟིན་པའི«ཉེས་ཁྲིམས»ནང་གི་དོན་ཚན་དེ་དག་ཤེས་པ་ནས་བཟུང་ཉེན་རྒྱུན་བློ་མི་བདེ་བ་དང་ད་དུང་དེབ་ཁང་ལ་སྒོ་ལྕགས་བརྒྱབ་དགོས་བྱུང་། ད་ནི་དེབ་ཁང་ལ་སྒོ་བརྒྱབ་དགོས་བྱུང་མ་སོང་”ཞང་ལུང་གི་ཨ་ཕས་བློ་བདེ་པོའི་ངང་བཤད།

མཚམས་འདིར་སླེབས་དུས། ཞང་ལུང་གིས་འཇིགས་སྐུལ་རིང་ལུགས་དྲིལ་སྒྲོག་བྱེད་པའི་དཔེ་དེབ་ལ་བལྟ་མི་རུང་བ་ཧ་གོ་བ་དང་། རང་གི་ཕ་མ་གཉིས་པོས་དེབ་ཁང་ལ་སྒོ་ལྕགས་བརྒྱབ་དགོས་པའི་རྒྱུ་མཚན་ངོ་མ་ཡང་རྟོགས་ལ། དེ་བས་ཕ་མ་གཉིས་པོས་རང་ལ་སེམས་ཁྲལ་དང་བྱམས་སྐྱོང་བྱེད་བཞིན་ཡོད་པ་དང་གིས་ཤེས་སོང་།

(རྩོམ་ཡིག་ཁྲོད་ཀྱི་མིའི་མིང་ནི་གསང་མིང་ཤ་སྟག་ཡིན)

ཁྲིམས་ལུགས་ཤེས་བྱ་འདྲེན་པ།

«ཉེས་ཁྲིམས»ཀྱི་དོན་ཚན་བརྒྱ་དང་ཉི་ཤུ་པའི་ནང་གསེས་དོན་ཚན་དྲུག་པའི་ནང་། འཇིགས་སྐུལ་རིང་ལུགས་དང་མཐར་ལྷུང་རིང་ལུགས་དྲིལ་སྒྲོག་བྱེད་པའི་དཔེ་དེབ་དང་། སྒྲ་བརྙན། བརྙན་རྙོས་རྒྱུ་ཆས་ཡང་ན་དངོས་རྫས་གཞན་དག་ཤེས་བཞིན་དུ་ཁྲིམས་འགལ་དུ་ཉར་འཛིན་བྱས་ཏེ། ཉེས་ཚབས་ཆེ་རིགས་ལ་དུས་བཙོན་ལོ་གསུམ་

མན་ནམ་བཙན་ཤར་ལས་བསྐྱལ་དང་རྟེས་སྤྱོད་དོ་དམ་གྱི་ཉེས་ཆད་གཙོད་པ་དང་སྤྲགས་དངུལ་ཆད་མཉམ་གཙོད་དང་ཡང་ན་གཅིག་པུར་གཙོད་རྒྱུ།

གཏམ་རྒྱུད་འདིའི་ནང་དུ་ཞང་ལུང་ཡོད་པའི་སྡེ་ཁུལ་དེར་མི་དམངས་ཉེན་རྟོག་པས་སྡེ་ཁུལ་གྱི་མི་དག་ལ་བརྙ་ཀློག་བྱེད་མི་ཆོག་པའི་དཔེ་དེབ་དག་གོང་འབུལ་བྱས་ན་འགན་ཁག་མེད་པ་དང་ སྔར་བྱས་རྒྱབ་བསྐྱར་བྱེད་པའི་གོ་སྐབས་ཤིག་སྤྲད། བྱ་ཐབས་དེ་ནི་ཏ་ཅང་བཟང་བས་ཞང་ལུང་གི་ཕ་མ་གཉིས་པོས་ཀྱང་རང་འགུལ་གྱི་ཐོག་ནས་བརྙ་ཀློག་བྱེད་མི་ཆོག་པའི་དཔེ་དེབ་དེ་དག་གོང་འབུལ་བྱས་པས་ཕྱིན་ཆད་གཞན་གྱིས་ཐེར་འདོན་བྱས་ནས་འགན་འཁྲི་བདའ་འདེད་བྱེད་མི་དགོས་པ་བྱུང་།

༢༣ ཉེན་ཁ་ཆེ་བའི་སྐྲུལ་འཁོར་སྒྲུ་གུ།

དབྱར་གསེང་སྐབས་སུ་སྡེ་ཁུལ་གྱི་བྱིས་པ་རྣམས་ནི་སྐྱུལ་འོད་སྨྱུ་གུ་རྩེ་རྒྱུར་ཤིན་ཏུ་དགའ་པོ་ཡོད་པས་སྡེ་ཁུལ་ཉེ་འཁོར་གྱི་སྒོ་རྩིས་ཚོང་ཁང་དང་ཚོང་ཁང་ཆུང་ཆུང་དག་གིས་ཚོང་གི་གོ་སྐབས་དེ་མཐོང་སྟེ་སྐྱུལ་འོད་སྨྱུ་གུ་སྣ་ཚོགས་ཤིག་ཚོང་སྡེགས་སུ་སྒྲིག་བྱུང་། ལྷུན་པོ་ལོ་༡༣ལ་སོན་ཡོད་ཅིང་ད་ལྟ་དམའ་འབྲིང་ལོ་རིམ་དང་པོའི་སློབ་མ་ཞིག་ཡིན་ནའང་ཁོ་པའི་བྱིས་པའི་བསམ་བློ་མ་ཡལ་བར་ཡོད། ཕྲུ་གུ་གཞན་གྱིས་སྐྱུལ་འོད་སྨྱུ་གུ་ཉོས་ནས་རྩེད་མོ་རྩེ་བར་མཐོང་ཚེ་ལྷུན་པོ་ཡིས་རང་ཉིད་ལའང་སྨྱུ་གུ་དེ་འདྲ་ཞིག་ཉོས།

སྐྱུལ་འོད་སྨྱུ་གུའི་འོད་མདངས་དེ་རྒྱང་ཐག་རིང་པོར་ཐོག་ཐུབ་ཀྱི་ཡོད་པས་ལྷུན་པོ་ཡི་སེམས་སུ་དེ་ནི་རྩེད་མོ་ཆོབ་ཚ་པོ་ཞིག་རེད་སྙམ་སྟེ། དུས་རྒྱུན་ཁོས་གང་དུ་སོང་ནའང་སྨྱུ་གུ་དེ་འཁྱེར་ནས་འགྲོ་གི་ཡོད་པ་དང་ལས་ཀ་གཞན་མེད་ཚེ་ཁོས་སྨྱུ་གུ་དེའི་འོད་མདངས་གང་སར་བརྒྱབ་ནས་རྩེད་མོར་གཡེང་ནས་བསྡད་ཀྱི་ཡོད།

ཉིན་ཤས་ཀྱི་རྗེས་སུ་ལྷུན་པོ་དང་ཁོ་པའི་གྲོགས་པོ་ཆེང་ཏུང་གཉིས་སྲོག་ཆགས་གླིང་གར་བསྐྱོད། ལྷུན་པོ་ཡིས་རང་གི་སྐྱུལ་འོད་སྨྱུ་གུ་དེ་ཆེང་ཏུང་ལ་ངོམ་སོ་བརྒྱབ་ཆེད་ལྷུན་པོ་ཡིས་ཀླུང་ཚོའི་ནང་གི་གཉིད་ཉལ་བའི་སྟག་དེར་མཛུམ་མོ་བཙུགས་ནས་ངས་སྟག་དེ་གཉིད་ལས་སད་པའི་ཐབས་ཤེས་ཡོད་ཅེས་བཤད། ཆེང་ཏུང་གིས་མགོ་བོ་འཕྲེད་དུ་གཡུགས་ནས་ལྷུན་པོ་ཡི་སྐད་ཆར་ཡིད་ཆེས་མ་བྱས།

ལྷུན་པོ་ཡིས་ཆེང་ཏུང་ལ་ཁུ་སིམ་སིམ་དང་བསྡད་དགོས་པའི་སྐུལ་མ་བྱས་པ་དང་རང་གིས་ཐོན་ནས་གྲ་སྒྲིག་བྱས་པའི་སྐྱུལ་འོད་སྨྱུ་གུ་དེ་དལ་བུར་ཕྱིར་བཏོན་ཏེ། སྐྱུལ་འོད་སྨྱུ་གུའི་འོད་མདངས་དེ་ཀླུང་ཚོའི་ནང་གི་སྟག་གི་མགོ་བོའི་སྟེང་དུ་གཡུག་གཡུག་བྱས་པས་སྟག་དེ་ཡང་སྨིན་མ་བསྐུམ་ཤིང་གཉིད་ལས་སད་པ་དང་། སྟག་དེ་གློ་བུར་དུ་འཚབ་

འཚུབ་ཏུ་འགྱུར་ནས་ རླུང་ཚིའི་ནང་ཕར་རྒྱུག་ཚུར་རྒྱུག་བྱས་བྱུང་།

"ཏ། ཏ། ཏ……སྟག་དེ་ངས་སྐྲག་ཏུ་བཙུག་སོང་"ཤུན་པེ་ཡིས་རླུང་ཚིའི་ནང་གི་སྟག་དེ་འཛིགས་དངངས་སྐྱེས་བཞིན་ཡོད་པའི་རྣམ་པ་དེ་མཐོང་བས་ཁོ་པས་གཡོ་སྒྱུའི་གད་མོ་བགད་ནས་དེ་ལྟར་བཤད།

"སྐྱལ་འོད་སྒྲུ་གུས་སྲོག་ཆགས་ལ་ཞེད་སྣང་སྐྱེ་རུ་འཇུག་གི་ཡོད། དེར་བརྟེན་སྲོག་ཆགས་གླིང་ག་ཙ་སྐྱལ་འོད་སྒྲུ་གུ་བེད་སྤྱོད་བྱེད་ཆོག་གི་མ་རེད། རང་གི་སྐྱལ་འོད་སྒྲུ་གུ་དེ་ལམ་སེང་ཕར་མ་བསྡུ་ན་ ང་ཚོས་གཞུང་བཞེས་གཏོང་གི་ཡིན།"སྲོག་ཆགས་གླིང་གའི་དོ་དམ་མི་སྣས་གནས་ཚུལ་དེ་མཐོང་བས་ལམ་སེང་ཚུར་རྒྱུག་ཡོང་ནས་ཤན་པེ་ཡི་བྱ་སྤྱོད་ལ་བཀག་འགོག་བྱས་པ་དང་དོ་དམ་མི་སྣ་དེས་ཤུན་པེ་ལ་དོ་ནན་དང་སྐྱོན་བརྗོད་བྱས་པ་དང་ཐ་ཚིག་བསྒྲགས་བྱུང་། ཤུན་པེ་ཡིས་རང་ཉིད་ཀྱི་སྐྱལ་འོད་སྒྲུ་གུ་གཞུང་བཞེས་གཏོང་བར་དོགས་ནས་ལམ་སེང་སྲོག་ཆགས་གླིང་ག་ནས་ཁ་བྲལ།

ཆེང་ཧུང་གི་སེམས་སུ་ཉེན་འདི་དག་གི་རིང་ལ་སྒྲུ་རྩལ་ཁང་དུ་རི་མོ་འགྲེམ་སྟོན་བྱེད་ཀྱི་ཡོད་པ་དྲན་པས་ཁོས་ཤན་པེ་ལ་སྒྲུ་རྩལ་ཁང་དུ་འགྲོ་རྒྱུའི་གྲོས་འགོ་སྟོན། ཤུན་པེ་ཡང་རི་མོའི་འགྲེམ་སྟོན་ལ་དགའ་པོ་ཡོད་ཁོས་ཆེང་ཧུང་གི་གྲོས་འགོར་དང་ལེན་བྱས་ཏེ་ཁོ་གཉིས་སྒྲུ་རྩལ་ཁང་དུ་བསྐྱོད།

རི་མོའི་འགྲེམ་སྟོན་ཁང་དུ་ཉམས་འགྱུར་དང་རྣམ་པ་མི་འདྲ་བའི་རི་མོ་སྣ་ཚོགས་མཆིས་པས་ཤུན་པེ་དང་ཆེང་ཧུང་གཉིས་པོས་ སྔར་མཐོང་མ་མྱོང་བའི་རི་མོ་མང་པོ་ཞིག་མིག་གི་ལོངས་སུ་སྤྱོད། ཤུན་པེ་ཡིས་དེ་སྔོན་གྲགས་ཅན་གྱི་རི་མོ་འགའ་ཤས་ཤིག་ལ་བལྟས་མྱོང་བས་ཁོས་ཆེང་ཧུང་ལ་ཕྱོགས་ནས་འགྲེམ་སྟོན་ཁང་གི་རི་མོ་དེ་དག་སྐོར་ལ་འགྲེལ་

བཤད་བརྒྱབ་པ་དང་ལྷན་དུ་རང་གི་བསམ་ཚུལ་ཡང་ལྷུག་པོར་བཤད།

"ཀྱོས་དང་། ཕ་གིའི་དཔོན་མོའི་རི་མོ་དེ་ཅི་འདྲའི་མཚར་ཉམས་ལྡན་པ་ཞིག་རེད་ཨང་།" ཞུན་པེ་ཡིས་དཔོན་མོའི་རི་མོ་ཞིག་ལ་མཛུབ་མོ་བཙུགས་ནས་ཆིང་ཧྲུང་ལ་དེའི་ཕྱོགས་སུ་བལྟ་རུ་བཅུག ཆིང་ཧྲུང་གི་མགོ་བོ་འཕྲེད་དུ་གཡུགས་ནས་དཔོན་མོའི་རི་མོ་དེར་ཞུན་པེ་ཡིས་བཤད་པ་ལྟར་གྱི་མཚར་ཉམས་མེད་པའི་བཟོ་བལྟ་སྟོན།

"རང་ཀྱོས་དང་། ཁོ་མོའི་མིག་མདངས་ལ་མཚར་ཉམས་མི་འདུག་གམ།" ཤན་པེ་ཡིས་སྐྱུལ་འོད་སྒྱུ་གུ་ཕྱིར་བཏོན་ནས་སྒྱུ་གུའི་འོད་མདངས་དཔོན་མོའི་རི་མོར་བརྒྱབ་དགོས་སྙམ། སྐབས་དེར་ཁོ་གཉིས་ཀྱི་འཁྲིས་སུ་ཡོད་པའི་ངོ་དམ་མི་སྣས་གནས་ཚུལ་དེ་མཐོང་བས་ལམ་སེང་ཚུར་ཡོང་ནས་ཤན་པེ་ལ་དེ་ལྟར་བྱེད་དུ་མ་བཅུག

"སྐྱུལ་འོད་སྒྱུ་གུའི་འོད་མདངས་ཀྱིས་རི་མོ་ལ་གནོད་སྐྱོན་གཏོང་གི་ཡོད་པས་རི་མོའི་འགྲེམ་སྟོན་ཁང་དུ་སྐྱུལ་འོད་སྒྱུ་གུ་འཁྱེར་མི་ཆོག" ངོ་དམ་མི་སྣས་བཤད།

ཞུན་པེ་ལ་བསྟུད་མར་སྐྱོན་བརྗོད་ཐེངས་གཉིས་རག་པས་ཁོ་པ་ངོ་གནོང་པའི་ངང་སྐྱུལ་འོད་སྒྱུ་གུ་ཕྱིར་བསྡུས་དགོས་བྱུང་།

དབྱར་ཁ་སླེབས་སོང་། སློབ་གྲྭ་ནས་སྒྲིག་འཛུགས་བྱས་ཏེ་སློབ་མ་དག་སློབ་གྲྭའི་ཕྱི་རོལ་དུ་སྦྱོང་བརྡར་བྱེད་པར་ཁྲིད། ཞུན་པེ་ཡིས་སློབ་གྲྭ་ནས་མ་ཐོན་གོང་རང་གི་སྐྱུལ་འོད་སྒྱུ་གུ་དེ་དཔེ་ཁུག་ཏུ་བླུགས། སློབ་གྲྭའི་ཕྱི་རོལ་དུ་སླེབས་དུས་ཉིན་མོར་སློབ་གྲྭ་སྒྲིག་འཛུགས་བྱས་པའི་བྱེད་སྒོ་སྣ་ཚོགས་ཡོད་པས་ཞུན་པེ་ཡིས་རང་གི་དཔེ་ཁུག་ཏུ་སྐྱུལ་འོད་སྒྱུ་གུ་བླུགས་ཡོད་པ་གཏན་ནས་བརྗེད་འདུག རིམ་བཞིན་མུན་ཙུབ་སོང་བས་དགེ་རྒན་གྱིས་སློབ་མ་དག་སོ་སོའི་གུར་དུ་ཉལ་དགོས་པའི་སྐུལ་མ་བྱས། སྐབས་དེར་ཞུན་པེ་ཡིས་

དཔེ་ཁྲུག་ནས་སྐྱུལ་འོད་སྨྱུ་གུ་བཏོན་ཏེ་ཆེང་ཧུང་སྐད་བརྒྱབ།

ཁོ་གཉིས་ཀྱིས་ཀླ་འོད་ལ་བརྟེན་ནས་གུར་དང་ཐག་མི་རིང་བའི་སྤྲང་སྟེང་དུ་སླེབས་པ་དང་ཞྭུན་པེ་ཡིས་སྐྱུལ་འོད་སྨྱུ་གུའི་འོད་མདངས་དེ་ཤིང་སྡོང་དང་། གྲོང་ཚོ། ཁང་པ། བར་སྣང་བཅས་གང་སར་བརྒྱབ།

སྐྱུལ་འོད་སྨྱུ་གུའི་འོད་མདངས་དེ་ཧ་ཅང་ཐག་རིང་དུ་ཐོག་ཐུབ་ཀྱི་ཡོད་པས་ཆེང་ཧུང་གིས་སྐྱུལ་འོད་སྨྱུ་གུའི་འོད་མདངས་ལ་ཡིད་སྨོན་རབ་ཏུ་སྐྱེས།

"ངས་ད་དུང་སྐྱུལ་འོད་སྨྱུ་གུའི་འོད་མདངས་ལ་བརྟེན་ནས་སྐར་མའི་ཁ་གྲངས་བརྩི་ཐུབ་ཀྱི་ཡོད།"ཞྭུན་པེ་ཡིས་སློ་བུར་དུ་སྐྱུལ་འོད་སྨྱུ་གུའི་འོད་མདངས་ལ་བརྟེན་སྐར་མའི་ཁ་གྲངས་བརྩི་རྒྱུ་དྲན་པས་དེ་ལྟར་བཤད་པ་དང་། ཁོས་སྐྱུལ་འོད་སྨྱུ་གུའི་འོད་མདངས་བར་སྣང་དུ་ཕྱོགས་ནས་སྐར་མ་གཅིག་གཉིས་ཞེས་བརྩི་འགོ་བཙམ་བྱུང་།

"སློབ་གྲྭར་སླེབས་རྗེས་ངས་ཀྱང་སྐྱུལ་འོད་སྨྱུ་གུ་ཞིག་ཉོ་དགོས།"ཆེང་ཧུང་གིས་སྐྱུལ་འོད་སྨྱུ་གུ་ལ་ཡིད་སྨོན་སྐྱེས་ནས་དེ་ལྟར་བཤད།

"སྐྱུལ་འོད་སྨྱུ་གུ་ནི་ཧ་ཅང་ཉེན་ཁ་ཆེ་བའི་རྩེད་ཆས་ཤིག་རེད། ལྷག་པར་དུ་མཚན་མོའི་དུས་སུ་སྐྱུལ་འོད་སྨྱུ་གུའི་འོད་མདངས་བར་སྣང་དུ་བརྒྱབ་མི་ཉན།"ཁོ་གཉིས་ཀྱི་འཛིན་གྲྭའི་ཀྲུའུ་རེན་ཀན་ཞང་ལགས་ག་དུས་སླེབས་མིན་མི་ཤེས་པར་ཁོ་གཉིས་ཀྱི་གམ་དུ་སླེབས་ནས་དེ་ལྟར་བརྗོད། ཀན་ཞང་ལགས་ནི་སློབ་མ་དག་གཉིད་ཉལ་ཡོད་མེད་བལྟ་བར་སོང་སྐབས་ཞྭུན་པེ་དང་ཆེང་ཧུང་གཉིས་མེད་པ་མཐོང་བ་དང་། ཁོས་སྐྱུལ་འོད་སྨྱུ་གུའི་འོད་མདངས་ཕྱོགས་སུ་ཡོང་བས་ད་གཟོད་ཁོ་གཉིས་རྙེད་པ་རེད།

ཞྭུན་པེ་དང་ཆེང་ཧུང་གིས་དགེ་རྒན་གྱི་སྐད་ཆར་གོ་བ་མ་ལོན་པས་ཁོ་གཉིས་ཀྱིས་

དགེ་རྒན་ལ་ཅེར་ནས་བསྡད།

“ཕྱོགས་གཅིག་ནས་བཤད་ན། ཁྲོམ་རའི་ཐོག་འཚོང་བའི་སྐྲུལ་འོད་སྨྱུ་གུ་དང་སྐྲུལ་འོད་གློག་བཞུ་ཡི་གཞི་རྩའི་ནུས་ཚད་དེ་ཀྲའོ་ཝ་ལྔ་ལས་བརྒལ་ཡོད་པས་གལ་སྲིད་སྐྲུལ་འོད་སྨྱུ་གུ་དེ་དག་གི་གློག་མདངས་ཐད་ཀར་མིག་ལ་བརྒྱབ་ཚེ་མིག་ལ་གནོད་སྐྱོན་བཟོ་བ་མ་ཟད། འབར་སླ་བའི་དངོས་པོར་གློག་མདངས་བརྒྱབ་ཚེ་མེ་སྐྱོན་བཟོ་བའི་ཉེན་ཁ་ཡོད། ནུས་ཚད་ཆུང་བའི་སྐྲུལ་འོད་སྨྱུ་གུའི་འོད་མདངས་ལའང་མིག་ལ་སྲུང་སྐྱོབ་ཅི་ཡང་མེད་པར་ཐད་ཀར་བལྟས་ཚེ་མི་རྣམས་ལ་དུས་ཐུང་གི་རིང་ལ་མཐོང་སྣང་འཕྲུལ་བ་དང་། མིག་ལ་རྨས་སྐྱོན་ཐོག་པ། མིག་འཚེར་བ་སོགས་བྱེད་ཀྱི་ཡོད།”རྒན་ཞང་ལགས་ཀྱིས་བཤད།

ལྷུན་པེ་དང་ཆེང་ཏུང་གི་སེམས་སུ་རྒན་ལགས་ཀྱིས་བཤད་པར་རྒྱུ་མཚན་འདུག་སྙམ།

“ཕྱོགས་གཞན་ཞིག་ནས་བཤད་ན། དམངས་སྤྱོད་གནམ་གྲུའི་ཐང་གི་གཙང་དག་སྲུང་སྐྱོང་ཁུངས་སུ་གནམ་གྲུ་འཕུར་བསྐྱོད་བྱེད་མཁན་མང་པོ་ཡོད་པས་གལ་ཏེ་སྐྲུལ་འོད་སྨྱུ་གུའི་འོད་མདངས་དེ་གནམ་གྲུའི་ཁ་ལོ་བའི་མིག་ལ་བརྒྱབ་ཚེ་ཁོ་ལོ་བ་མིག་མ་མཐོང་བར་འགྱུར་ནས་གནམ་གྲུའི་འཕུར་བསྐྱོད་ཀྱི་ལས་འགུལ་ཐོན་ངེས་ཡིན། ཅ་ཀྲའུ་ཡི་ན་གཞོན་གཉིས་ཀྱིས་སྐྲུལ་འོད་སྨྱུ་གུའི་འོད་མདངས་དེ་ཉེན་རྟོག་པའི་ཐད་འཕུར་གནམ་གྲུར་བརྒྱབ་པས་ཁོ་གཉིས་ལ་ཆད་པ་ནན་མོ་བཅད་ཡོད། གློག་འོད་རྒྱག་མཁན་གྱི་ན་གཞོན་དེ་ལོ༡༨ཡི་ཁྲིམས་ཆད་བཅད་པ་དང་ན་གཞོན་གཞན་དེར་ཐུན་མོང་གི་ཞུ་སྦྱོར་ཕྱི་མའི་ངོས་ནས་ལོ་ལྔའི་བཙོན་བཀག་ཉེས་ཆད་དང་ཨ་སྒོར་ཁྲི༢༥ཡི་ཆད་པ་བཅད་པ་རེད།”རྒན་ཞང་ལགས་ཀྱིས་ཕྱི་རྒྱལ་དུ་ཐོན་པའི་གནས་ཚུལ་ཞིག་དཔེ་བཞག་ནས་ལྷུན་པེ་དང་ཆེང་ཏུང་ལ་སྐྲུལ་འོད་སྨྱུ་གུའི་ཉེས་སྐྱོན་བཤད།

"རང་རྒྱལ་དུ་སྐྱལ་འོད་སྨྱུ་གུ་རྩེད་མོ་རྩེད་ན་ཁྲིམས་དང་འགལ་བ་རེད་དམ།"ཆེང་ཧྲུང་གིས་དྲིས།

"དེ་སྔོན་རང་རྒྱལ་གྱི«དམངས་སྤྱོད་གནམ་ཐང་དོ་དམ་སྒྲོལ་ཡིག»གི་འབྲེལ་ཡོད་དོན་ཚན་ནང་དཔྱལ་ཆད་བཅད་པའི་གཏན་འབེབས་ཡོད། ཡིན་ནའང«ཉེས་ཁྲིམས»ཀྱི་དོན་ཚན་བརྒྱ་དང་ཉེར་གསུམ་པའི་ནང་། འཕུར་སྐྱོད་བྱེད་བཞིན་པའི་མཁའ་འགྲུལ་ཡོ་བྱད་ཐོག་གི་མི་སྣས་དྲག་ཤུགས་སྤྱད་དེ་འཕུར་སྐྱོད་བདེ་དོན་ལ་ཉེན་སྐྱོན་བཟོས་ཙང་ངན་འབྲས་ཚབས་ཆེན་བྱུང་མེད་པའི་རིགས་ལ་དུས་བཙོན་ལོ་ལྔའི་མན་ནམ་བཙན་ཤར་ལས་བསྐྱལ་གྱི་ཉེས་ཆད་གཅོད་རྒྱུ་དང་། ངན་འབྲས་ཚབས་ཆེན་བཟོས་པའི་རིགས་ལ་དུས་བཙོན་ལོ་ལྔ་ཡན་གྱི་ཉེས་ཆད་གཅོད་རྒྱུའི་གཏན་འབེབས་བྱས་ཡོད། སྐྱལ་འོད་སྨྱུ་གུ་རྩེད་ཆེ་གནམ་གྲུའི་འཕུར་སྐྱོད་བདེ་དོན་ལ་ཉེན་སྐྱོན་བཟོས་ནས་ངན་འབྲས་ཚབས་ཆེན་བྱུང་ངེས་པས་ཁྲིམས་དང་འགལ་བ་རེད།"ཐན་ཕང་ལགས་ནི་ཁྲིམས་ལུགས་ལ་དད་མོས་དང་དགའ་སྣང་ཡོད་མཁན་ཞིག་ཡིན་པས་ཁོང་གིས་ཁྲིམས་ལུགས་ཀྱི་འབྲེལ་ཡོད་ཤེས་བྱ་དག་ཀྲུན་པེ་དང་ཆེང་ཧྲུང་ལ་གཅིག་རྗེས་གཉིས་མཐུད་ངང་འགྲེལ་བཤད་བརྒྱབ།

ཀྲུན་པེ་དང་ཆེང་ཧྲུང་གཉིས་ཀྱིས་ཐན་ཕང་ལགས་ཀྱིས་བཤད་པའི་ཁྲིམས་ལུགས་ཀྱི་འབྲེལ་ཡོད་ཤེས་བྱ་དག་ལ་ཉན་རྗེས། སྐྱལ་འོད་སྨྱུ་གུ་གང་བྱུང་དུ་རྩེད་ཆེ་མཇུག་འབྲས་ཚབས་ཆེན་དེ་འདྲ་ཡོད་པ་ནི་ཁོ་གཉིས་ཀྱི་བསམ་པའི་ཡུལ་ལས་འདས་པས་ཁོ་གཉིས་ཡུན་རིང་ཞིག་ལ་སྨྲ་བ་མེད་པར་ཞེད་སྣང་དང་བསམ་གཞིག་གི་ཁྲོད་དུ་ཚུད་ནས་འདུག

(རྩོམ་ཡིག་ཁྲོད་ཀྱི་མིའི་མིང་ནི་གསང་མིང་ཤ་སྟག་ཡིན)

ཁྲིམས་ལུགས་ཤེས་བྱ་འདྲེན་པ།

«དམངས་སྤྱོད་གནམ་ཐང་དོ་དམ་སྒྲོལ་ཡིག»གི་དོན་ཚན་ཞེ་དགུ་པའི་ནང་གསེས་དོན་ཚན་གསུམ་པའི་ནང་གདན་འཁེབས་བྱས་དོན། གནམ་ཐང་པར་སྣང་གཙང་དག་སྲུང་སྐྱོང་ས་ཁོངས་སུ་མིག་མཐོང་གཞོགས་འདེགས་ཡོ་བྱད་དང་གནམ་གྲུའི་ཁ་ལོ་བའི་མཐོང་ལམ་ལ་གེགས་སྐྱོན་བཟོ་བའི་གློག་འོད་དང༌། མཚོན་རྟགས་བྱང་བུ། གེགས་བྱེད་དངོས་པོ་སོགས་གདན་ནས་འཛུག་མི་ཆོག དོན་ཚན་དོན་དགུ་པའི་ནང་གསེས་དོན་ཚན་གསུམ་པའི་ནང་གདན་འཁེབས་བྱས་དོན། མིག་མཐོང་གཞོགས་འདེགས་ཡོ་བྱད་དང་གནམ་གྲུའི་ཁ་ལོ་བའི་མཐོང་ལམ་ལ་གེགས་སྐྱོན་བཟོ་བའི་གློག་འོད་དང༌། མཚོན་རྟགས་བྱང་བུ། གེགས་བྱེད་དངོས་པོ་སོགས་སྒྲིག་འཛུགས་བྱས་ན་གནམ་ཐང་ཡོད་སའི་རྫོང་རིམ་པ་ཡན་གྱི་ས་གནས་མི་དམངས་སྲིད་གཞུང་གིས་མེད་པར་གཙང་དག་བཟོ་རུ་འཇུག་དགོས། དེའི་རྐྱེན་ལས་བྱུས་ཉེས་ཚབས་ཆེན་ཐོན་ཚེ་དངུལ་ཆད་སྒོར་ཁྲི༢ནས་ཁྲི༡༠མན་བར་གྱི་ཆད་པ་གཅོད་རྒྱུ།

«ཉེས་ཁྲིམས»ཀྱི་དོན་ཚན་བརྒྱ་དང་ཉེར་གསུམ་པའི་ནང༌། འཕུར་སྐྱོད་བྱེད་བཞིན་པའི་མཁའ་འགྲུལ་ཡོ་བྱད་ཐོག་གི་མི་སྣས་དྲག་ཤུགས་སྤྱད་དེ་འཕུར་སྐྱོད་བདེ་དོན་ལ་ཉེན་སྐྱོན་བཟོས་ཏུང་ངན་འབྲས་ཚབས་ཆེན་བྱུང་མེད་པའི་རིགས་ལ་དུས་བཙོན་ལོ་ལྔའི་མན་ནམ་བཙན་ཤར་ལས་བསྐྱུལ་གྱི་ཉེས་ཆད་གཅོད་རྒྱུ་དང༌། ངན་འབྲས་ཚབས་ཆེན་བཟོས་པའི་རིགས་ལ་དུས་བཙོན་ལོ་ལྔ་ཡན་གྱི་ཉེས་ཆད་གཅོད་རྒྱུ།

གཏམ་རྒྱུད་འདིའི་ནང་དུ་ལྷུན་པེ་ཡིས་སྐྱུལ་འོད་སྨྱུག་གུ་འཁྱེར་ནས་སྒྲོག་

ཆགས་གླིང་གའི་སྟག་དང་འགྲེམ་སྟོན་ཁང་གི་རི་མོར་སྨུ་གུའི་གློག་འོད་བརྒྱབ་པ་སོགས་ནི་ཉེན་ཁ་ཆེ་བའི་བྱ་སྤྱོད་ཅིག་ཡིན་པ་མ་ཟད། ད་དུང་སློབ་གྲྭས་སྒྲིག་འཛུགས་བྱས་ནས་ཕྱི་རོལ་དུ་སྤྱོད་བདར་དུ་ཁྲིད་དུས་ཁོས་མཚན་མོའི་བར་སྣང་དུ་སྐྱུལ་འོད་སྨུ་གུའི་གློག་འོད་གང་བྱུང་དུ་བརྒྱབ་པ་དེ་ནི་འཕུར་བསྐྱོད་པའི་བདེ་འཛགས་ལ་ཉེས་སྐྱོན་བཟོས་ནས་འཕུར་བསྐྱོད་ལས་འཛོལ་བྱུང་ངེས་ཤིང་ཐ་ན་བཅའ་ཁྲིམས་དང་ཡང་འགལ་བ་རེད།

༢༩ ཞུ་སྦྱོར་ཕྱི་མའི་སྟེང་གི་གནོད་འཚེ་ཕོག་མཁན།

ཉིན་ཤས་ཀྱི་སྔོན་དུ། ལོ༡༨ལ་སོན་པའི་ཐང་ལྷེ་མིས་ཉེས་བརྡུང་དྲག་པོ་བཏང་འདུག མི་ངན་དེ་དག་ལ་ཆད་པ་གཅོད་ཆེད་ཐང་ལྷེ་ཡིས་གནས་ཚུལ་དེ་ཉིན་རྟོག་པར་སྙན་སེང་ཞུས་པས་ཉིན་རྟོག་པས་ཀྱང་དུས་ཐོག་ངང་དོགས་ཡོད་ཉེས་ཅན་དག་གཅིག་ཀྱང་མི་ཐར་བར་འཛིན་བཟུང་བྱས་འདུག ཡིན་ནའང་བསམ་ཡུལ་ལས་འདས་པ་ཞིག་ལ་གཟའ་འཁོར་འགའ་འདས་རྗེས་ཐང་ལྷེ་ཞུ་སྐྱོར་ཕྱི་མར་འགྱུར་བ་དེ་རེད།

ལོ་ཕྱེད་ཀྱི་སྔོན་དུ། ཐང་ལྷེ་ལ་སློབ་ཆེན་ག་གེ་མོ་ཞིག་ཏུ་རྒྱུགས་འཛིན་པའི་སློབ་ཚུད་བརྡ་ཐོ་ཞིག་འབྱོར་བྱུང་། སྐབས་དེར་ཁོ་པ་ཏ་ཅང་དགའ་བས་ཁོས་རང་གི་གྲོགས་པོ་ཡག་ཤོས་སྒྲི་ཏའོ་པོས་ནས་KTVཞིག་ཏུ་སོང་སྟེ་རང་ཉིད་སློབ་ཆེན་དུ་ཚུད་པར་རྟེན་འབྲེལ་བྱ་རྒྱུའི་གྲ་སྒྲིག་བྱས།

"ཨ་ཙི། འདི་ཤེས་ལྡན་པ་ཐང་ལགས་མིན་ནམ། དེ་རིང་ང་ཚོས་སློབ་སྦྱོང་གི་སྦྱོང་འབྲས་བཟང་ངན་མི་བསྡུར་བར་ཨ་རག་བཏུང་རྩལ་བསྡུར་དགོས།" ཐང་ལྷེKTVདུ་སོང་བའི་ལམ་བར་དུ་ཀའོ་མིན་དང་ཞའོ་ལའི་འཕྲད་པ་དང་ཁོ་གཉིས་ཀྱིས་གོང་གི་སྐད་ཆ་དེ་ཐང་ལྷེ་ལ་བཤད། ཁོ་ཚོ་གསུམ་པོ་ནི་སློབ་གྲྭ་གཅིག་ནས་ཡིན་ཞིང་དེ་སྔོན་དོན་དག་ཆུང་ཆུང་འགའི་སྐད་དུ་ཕན་ཚུན་འགལ་ཟླ་བྱུང་མྱོང་ཡོད།

མཐོ་རྒྱུགས་ཚར་རྗེས་ཀའོ་མིན་དང་ཞའོ་ལའི་གཉིས་སློབ་ཆེན་དུ་རྒྱུགས་མ་འཛིན་པས་ཁོ་གཉིས་ཀྱི་སེམས་ཁམས་ཤིན་ཏུ་མི་སྐྱིད་པར་འགྱུར། ཁོ་གཉིས་ཀྱིས་ཨར་ཁང་ཞིག་ཏུ་སྦྲི་རག་བཏུང་བར་བསྐྱོད། ཁོ་གཉིས་ཨར་ཁང་ནས་ཕྱིར་ཐོན་དུས་ཏག་ཏག་ཐང་ལྷེ་དང་འཕྲད་པས་ཁོ་གཉིས་ཀྱི་སེམས་ཁམས་སྔར་ལས་མི་སྐྱིད་པར་འགྱུར། ཁོ་གཉིས་ཀྱིས་ལག་ཏུ་སྦྲི་རག་གི་ཤེལ་དམ་བཟུང་ནས་ཐང་ལྷེ་ལ་རྐང་བཙུགས་ནས་བསྣད་ཀོ་བ་རེད།

"ངས་སློ་ཧྲའོ་དང་མཉམ་དུ་KTVལ་འགྲོ་རྒྱུར་ཁ་ཆད་བྱས་ཟིན། ངས་སྦྲི་རག་འཐུང་ཤེས། "ཐང་ལྷེ་ཡིས་དཔའ་ཞུམ་པའི་སྒོ་ནས་བཤད།

"ངས་རང་ལ་སྦྲི་རག་འཐུང་སྟངས་སློབ་ཚོག"ཀའོ་མིན་གྱིས་དེ་ལྟར་བཤད་རྗེས་སྦྲི་རག་ཤེལ་དམ་དེ་ཤུགས་ཀྱིས་ཐང་ལྷེ་ལ་གཏད་བྱུང་།

"སྦྲི་རག་མ་བཏུང་ན་གཞས་ག་རེ་གཏོང་ཡག་ཡོད་རེད།"ཞའོ་ལའེ་ཡིས་ཐང་ལྷེ་ཡི་འགྲེལ་བཤད་ལ་མ་ཉན་པར་ཐང་ལྷེ་མནན་ནས་ས་ཐུ་འགྱེལ་དུ་བཙུག

"ང་གློད་རོགས།"ཐང་ལྷེ་ཡིས་དེ་ལྟར་སྐད་བརྒྱབ་པ་དང་ཡར་ལངས་རྩིས་བྱས། ཡིན་ནའང་ཀའོ་མིན་ཡང་ཚུར་ཡོང་ནས་ཁོ་གཉིས་ཀྱིས་ཐང་ལྷེ་ས་སྟེང་དུ་ཤུགས་ཀྱིས་མནན་ནས་ཁ་ནང་དུ་སྦྲི་རག་བཙན་གྱིས་བླུགས་བྱུང་། ཐང་ལྷེ་ཁོང་ཁྲོ་གཏིང་ནས་ལངས་བས་ཁོས་ས་སྟེང་ནས་ཨ་སློག་གཅིག་བརྒྱབ་སྟེ་ཡར་ལངས་ཐུབ་བྱུང་། སྐབས་དེར་ཀའོ་མིན་དང་ཞའོ་ལའེ་ཡིས་སྦྲི་རག་གི་ཤེལ་དམ་དག་ཐང་ལྷེ་ཡི་མགོ་བོར་གཞུས་བྱུང་། སྦྲི་རག་གི་ཤེལ་དམ་ཆག་རོ་དག་ས་སྟེང་དུ་འཐོར་ནས་ཡོད་ཅིང་ཐང་ལྷེ་ཡི་མགོ་བོའི་སྟེང་ནས་ཁྲག་དམར་ཆིལ་ཆིལ་དང་ཕྱིར་ཐོན་འོང་། ཐང་ལྷེ་ཡི་སེམས་སུ་རང་ཉིད་བརྐུས་བཙོས་ཉོས་སོང་སྙམ་ནས་རྐོལ་ལན་སློག་པར་བརྩམ་དུས་ཞའོ་ལའེ་ཡིས་ཁོ་པ་སྔར་བཞིན་ས་སྟེང་དུ་མནན་བྱུང་།

ཀའོ་མིན་དང་ཞའོ་ལའེ་ནི་གཟུགས་སྟོབས་ཆེ་ཞིང་ཤེད་ཤུགས་ལྡན་པ་ཞིག་ཡིན་པས་ཁོ་གཉིས་ཀྱིས་ཐང་ལྷེ་ས་སྟེང་དུ་མནན་ནས་ཐུབ་བརྡུང་བྱས་པས་ཐང་ལྷེ་ནི་ཁོ་གཉིས་ལ་རྐོལ་ལན་སློག་པའི་ནུས་པ་མ་མཆིས། ཀའོ་མིན་དང་ཞའོ་ལའེ་ཡིས་ཐང་ལྷེ་ལ་ཐུབ་བརྡུང་གང་མཚམས་བྱས་རྗེས་ཁོ་གཉིས་ཀྱིས་ཐང་ལྷེ་ཡི་ཚེ་སྲོག་གནོད་སྐྱོན་ཡོང་བར་

ཪོགས་ནས་གཟུགས་ཀྱི་གྲིབ་མ་ཙམ་ཡང་མི་མཐོང་བར་གྲོས་སོང་།

སྐབས་ལེགས་པ་ཞིག་ལ་སྒྲི་ཏའོ་དུས་ཐོག་ཏུ་སླེབས་པ་དང་ཁོས་མྱུར་སྐྱོབ་ཀླངས་འཁོར་ཁོས་ནས་ཐང་ལྷེ་སྨན་ཁང་དུ་བསྐྱལ། བརྟག་དཔྱད་བྱས་ཟིན་རྗེས་ཐང་ལྷེ་ཡི་རྩིབས་མ་བཅག་ཡོད་པ་དང་ད་དུང་གཟུགས་པོའི་སྟེང་དུ་རྨ་མང་པོ་བཟོས་ཏེ་རྨས་སྐྱོན་ཚབས་ཆེན་ཐོག་ཡོད།

ཐང་ལྷེ་ཡི་ཕ་མ་གཉིས་པོ་སྨན་ཁང་དུ་སླེབས་པ་དང་རང་གི་ཕྲུ་གུ་ལ་གཞན་གྱིས་ཉེས་བརྡུང་དྲག་པོ་བཏང་ཡོད་པ་ཤེས་རྗེས་ལམ་སེང་ཉེན་རྟོག་པར་ཁ་པར་བརྒྱབ་ནས་དེ་དོན་སྙན་སེང་ཞུས་པས་ཀའོ་མིན་དང་ཞའོ་ལའི་གཉིས་པོ་ཁྲིམས་སུ་ཚུད།

“ངས་ངེས་པར་དུ་ཁོ་གཉིས་ཁྲིམས་ཁང་ལ་གཏུག་བཤེར་བྱ་རྒྱུ་ཡིན།”ཐང་ལྷེ་ཡིས་ནད་ཁྲིའི་ཐོག་ནས་ཁོང་ཁྲོ་ལངས་བཞིན་བཤད།

“རེད། ཁོ་ཚོ་ཁྲིམས་ཁང་ལ་གཏུག་བཤེར་བྱེད་དགོས། ཁོ་ཚོར་དངུལ་ཏོག་ཙམ་ཡོད་ཙང་གཞན་ལ་གང་བྱུང་བརྡུངས་བཙོས་བྱས་པ་ནི་དབང་ཡོད་ཚ་ཐག་ཆོད་པ་རེད།”ཐང་ལྷེ་ཡི་ཕ་མས་ཀའོ་མིན་གྱི་ཕ་མ་ངོ་ཤེས་ཀྱི་ཡོད་པས་དེ་ལྟར་ངར་བཤད་བརྒྱབ།

ཐང་ལྷེ་ཡི་ཕ་མས་དེ་སྐད་བཤད་ནས་ཅང་མ་འགོར་བར་ཀའོ་མིན་གྱི་ཕ་མས་ལེགས་སྐྱེས་ཀྱི་ཅ་ལག་མང་པོ་འཁྱེར་ནས་སྨན་ཁང་དུ་སླེབས། ཀའོ་མིན་གྱི་ཕ་མས་ཟེར་ན་ཐང་ལྷེ་ལ་བལྟ་བར་ཡོང་བ་དང་ལྷན་དུ་དགོངས་དག་ཞུ་བར་ཡོང་བ་ཡིན་ཟེར།

“ཡིག་སྐོགས་འདིའི་ནང་དུ་སྒོར་ཁྲི་ལྔ་ཡོད། འདིས་ཐང་ལྷེ་ལུས་པོ་གསོ་བར་གང་མཁོ་བའི་ཐད་ལ་འགྲོ་སོང་གཏོང་རོགས། ཡིན་ནའང་ཁྲིམས་ཁང་ནས་གནས་ཚུལ་དེའི་སྐོར་འདྲི་གཅོད་བྱེད་དུས་ང་ཚོའི་ཕྲུ་གུ་དང་འབྲེལ་བ་ཅི་ཡང་མེད་པ་དག་ཐེར་གནང་

རོགས།"ཀའོ་མིན་གྱི་ཕ་མས་དཔྱལ་ བླུགས་པའི་ཡིག་སྐོགས་མཐུག་པོ་ཞིག་ཐང་ལྷེ་དང་ཐང་ལྷེ་ཕ་མ་གཉིས་ལ་གཏད་ནས་གནས་ཚུལ་དེ་དེ་ལྟར་འདུམ་འགྲིག་བྱ་རྒྱུའི་སྐོར་བཤད།

"འདི……ད་བྱས་ན་ང་ལ་ཉེས་བརྟུང་གཏོང་མཁན་ཞའོ་ལའི་རེད་ཅེས་ཤོད་ཆོག"ཐང་ལྷེ་ཡིས་དཔྱལ་ བླུགས་པའི་ཡིག་སྐོགས་མཐུག་པོ་དེ་མིག་ལམ་དུ་མངོན་ནས་ཁོ་པའི་སེམས་ལ་གཡོ་འགྱུལ་ཐེབས་ཏེ་དེ་ལྟར་བཤད།

ཡུན་རིང་མ་སོང་བར་ས་གནས་དེ་གའི་སྤྱི་བདེ་ལས་ཁུངས་ཀྱིས་ཀའོ་མིན་དང་ཞའོ་ལའི་གཉིས་རྐང་བཙུགས་ནས་མིར་རྨས་སྐྱོན་བཏང་བའི་དོགས་ཡོད་ཉེས་པའི་མིང་ཐོག་ནས་མི་དམངས་ཞིབ་དཔྱོད་ཁང་ལ་གཏུག་བཤེར་བྱས།

ཁྲིམས་ཁང་ནས་ཐང་ལྷེ་ལ་གནས་ཚུལ་དེའི་བརྒྱུད་རིམ་ཞིབ་བརྗོད་བྱེད་བཅུག་པའི་སྐབས་སུ་ཐང་ལྷེ་ཡིས་ཀའོ་མིན་གྱི་ནག་ཉེས་འགེབས་སྲུང་བྱས་ནས་ཅི་ཡང་མི་བཤད་པ་དང་ཞའོ་ལའི་ཡི་ནག་ཉེས་ཛེ་ཆེར་སྒྲོ་བཏགས་གང་མང་བྱས་ནས་བཤད།

"གནས་ཚུལ་དེའི་བརྒྱུད་རིམ་ནང་ཀའོ་མིན་གྱིས་རང་ལ་གཞུས་མེད་པ་ཁྱེད་ཀྱིས་གཏན་འཁེལ་བྱེད་ཐུབ་བམ།"ཁྲིམས་འཛིན་མི་སྣས་དྲིས།

"ངས……ངེས་གསལ་ལ……ཞའོ་ལའི་གཅིག་པུས་གཞུས་བྱུང་།"ཐང་ལྷེ་ཡིས་གསལ་ལ་མི་གསལ་ངང་བཤད། ཐང་ལྷེ་ཡིས་བཤད་པའི་སྐད་ཆ་དང་གྱོད་དོན་དེའི་གནས་ཚུལ་མི་མཐུན་པ་མ་ཟད་ད་དུང་ཁོས་བཤད་པའི་དཔང་ཚིག་འགར་དོགས་པ་ཡོད་པས་ཁྲིམས་ཁང་ནས་གྱོད་དོན་དེ་ཐག་གཅོད་བྱ་རྒྱུ་ནར་འགྱངས་བྱས།

"འདིར་ད་དུང་སྐོར་ཁྲི་ལྔ་ཡོད། རང་གིས་ངའི་ནག་ཉེས་ཡིན་གཅིག་འགེབས་སྲུང་

བྱེད་དགོས།”ཀའོ་མིན་གྱི་ཕ་མས་སྐར་ཡང་ཐང་ལྷེ་འཚོལ་དུ་སླེབས་པ་དང་ཁོར་དཔྱལ་སྤྲད་ནས་ཁ་བཀག

ཁྲིམས་ཁང་ནས་འདྲི་གཅོད་ཐེངས་གཉིས་པ་བྱེད་དུས་ཐང་ལྷེ་ཡིས་སྔར་ལས་ལྷག་པའི་སྒོ་ནས་ཀའོ་མིན་གྱི་ནག་ཉེས་འགེབས་སྲུང་བྱེད་པ་དང་གནས་ཚུལ་དེའི་ནག་ཉེས་ཡོད་དོ་ཅོག་ཞའོ་ལའེ་ཡི་སྟེང་དུ་དཀྱུག་བྱུང་།

“ངས་ནག་ཉེས་དེ་ཁས་ལེན་མི་བྱེད། ཐང་ལྷེ་ལ་ཉེས་བརྫུང་གཏོང་མཁན་ང་གཅིག་པུ་མིན།”ཞའོ་ལའེ་ཡིས་ཁྲིམས་ཐོག་ཏུ་ཐང་ལྷེ་ཡི་དཔང་ཚིག་ལ་ཁས་ལེན་མ་བྱས། ཡིན་ནའང་ཞའོ་ལའེ་ལ་ཡིད་རྟོན་རུང་བའི་དཔང་པོ་ཅི་ཡང་མེད་པས་ཁྲིམས་ཁང་ནས་ཞའོ་ལའེ་ལ་རྐང་བཙུགས་ནས་མིར་རྨས་སྐྱོན་བཏང་བའི་ནག་ཉེས་བསགས་ཡོད་པས་དུས་བཙོན་ལོ་གཅིག་དང་ཟླ་བ་དྲུག་གི་ཆད་པ་བཅད་པ་དང་ཀའོ་མིན་ལ་ཉེས་པ་མེད་པའི་ཐོག་ནས་གློད་འགྲོལ་བཏང་།

ཐང་ལྷེ་ཡི་སེམས་སུ་ད་ནི་གནས་ཚུལ་དེ་ཡོངས་སུ་མཇུག་གྲིལ་སོང་སྙམ། ཡིན་ནའང་ཟླ་བ་གཅིག་གི་རྗེས་སུ་ཁོ་པར་ཁྲིམས་ཁང་གི་འགྲུག་ཡིག་སླེབས་བྱུང་། ད་བྱེད་དུས་ཞའོ་ལའེ་ཡིས་དེ་སྔོན་ཁྲིམས་ཁང་ནས་འདྲི་གཅོད་བྱེད་དུས་ཐང་ལྷེ་ཡིས་བཤད་པའི་དཔང་ཚིག་དག་རྫུན་མ་རེད་ཟེར་ནས་ཁོ་པ་ཁྲིམས་ཁང་ལ་གཏུག་བཤེར་བྱས་འདུག

“ངས་གཏན་ནས་ཁས་ལེན་མ་བྱེད་ན་ཁོ་ཚོར་ཐབས་ཤེས་ག་རེ་ཡོད་དམ།”ཐང་ལྷེ་ཡི་སེམས་སུ་དེ་ལྟར་བསམས།

ཡིན་ནའང་གནས་ཚུལ་དེ་ཐང་ལྷེ་ཡིས་བསམ་པ་ལྟར་ལས་སླ་པོ་དེ་འདྲ་མེད་དེ་ཞའོ་ལའེ་ཡི་ནང་མིས་ཀའོ་མིན་དང་ཞའོ་ལའེ་གཉིས་ཀྱིས་ཐང་ལྷེ་ལ་ཉེས་བརྫུང་གཏོང

བའི་བརྟན་ཕབ་འཁྱེར་ཡོང་བས་ཐང་ལྷེ་ཡི་དབང་ཆོག་རྫུན་མ་ཡིན་པ་མཐིལ་བརྗོལ་སོང་།

"«ཀྲུང་ཧྭ་མི་དམངས་སྤྱི་མཐུན་རྒྱལ་ཁབ་ཀྱི་དམངས་དོན་གཏུག་བཤེར་སྐོར་གྱི་བཅའ་ཁྲིམས»དོན་ཚན་བརྒྱ་དང་བཅུ་གཅིག་པའི་ནང་། གཏུག་བཤེར་བྱེད་མཁན་ཡང་ན་མི་གཞན་གྱིས་གལ་ཆེའི་དབང་པོ་མེད་པར་བཟོ་བའམ་དབང་པོ་རྫུན་མ་བཟོ་བ་སོགས་བྱས་ནས་མི་དམངས་ཁྲིམས་ཁང་གྱིས་གྱོད་དོན་ཐག་གཅོད་བྱེད་པར་འགོག་རྐྱེན་བཟོས་པ་དང་། ཡང་ན་དྲགས་ཤུགས་དང་འཇིགས་སྐུལ། སྐོག་ཛན་སློད་པ་སོགས་ཀྱི་བྱ་ཐབས་སྤྱད་ནས་དབང་མིས་བདེན་དབང་བྱེད་རྒྱུར་བཀག་འགོག་བྱེད་པའམ་དབང་མིར་བཀོད་འདོམས་དང་འཇིགས་སྐུལ། སྐོག་ཛན་སློད་པའི་བྱ་ཐབས་སོགས་ལ་བརྟེན་ནས་དབང་པོ་རྫུན་མ་བྱེད་དུ་བཅུག་པའི་གནས་ཚུལ་སོགས་ཡོད་ཚེ་མི་དམངས་ཁྲིམས་ཁང་ནས་གནས་ཚུལ་གྱི་ཉེན་ཚབས་ཆེ་ཆུང་ལ་གཞིགས་ནས་དངུལ་ཆད་དང་བཙན་འཛར་ལས་སྐྱུལ་གྱི་ཆད་པ་གཅོད་དགོས་པ་དང་གལ་ཏེ་ཉེས་པ་བསགས་ཡོད་ཚེ་ཁྲིམས་ལྟར་ཉེས་དོན་འགན་འཁྲི་ཆད་གཅོད་བྱེད་དགོས། དེ་མཚུངས་སུ་རང་རྒྱལ་གྱི«ཉེས་ཁྲིམས»ཀྱི་དོན་ཚན་སུམ་བརྒྱ་དང་ལྔའི་ནང་། ཉེས་དོན་གཏུག་བཤེར་བྱེད་རིང་དབང་མི་དང་། གསལ་བྱེད་པ། ཐེན་ཁྲིས་འགོད་མཁན། སྐད་སྒྱུར་བཅས་ཀྱིས་གྱོད་གཞི་དང་འབྲེལ་བ་གལ་ཆེན་ཡོད་པའི་གནས་ཚུལ་བསམ་བཞིན་དུ་བདེན་དབང་དང་། གསལ་འབྱེད། ཐེན་ཁྲིས། སྐད་སྒྱུར་བཅས་རྫུན་མ་བྱས་ཏེ་མི་གཞན་ལ་མ་ཉེས་ཁག་གཡོགས་སམ་ཉེས་དབང་སྦས་སྐུང་བྱེད་སེམས་བཅངས་རིགས་ལ་དུས་བཙོན་ལོ་གསུམ་མན་ནམ་བཙོན་འཛར་ལས་བསྐྱུལ་གྱི་ཉེས་ཆད་གཅོད་རྒྱུ་དང་། ཉེས་ཚབས་ཆེ་རིགས་ལ་དུས་བཙོན་ལོ་གསུམ་ཡན་ནས་ལོ་བདུན་མན་བར་གྱི་ཉེས་ཆད་གཅོད་རྒྱུ།"ཞེས་གཏན་འབེབས་བྱས་ཡོད་པས་ཁྲིམས་ཁང་ནས་འབྲེལ་ཡོད་གཏན་

འབེབས་གཞིར་བཟུང་ཐང་ལྷེ་ལ་དུས་བཙོན་ལོ་གཅིག་གི་ཆད་པ་བཅད།

"ཀའོ་མིན་གྱི་ཕ་མས་དངུལ་འཁྱེར་ནས་ང་རང་ལ་བསླུ་བྲིད་བྱས་མེད་ཚེ་ངས་ཀྱང་དཔང་ཚིག་རྫུན་མ་བཤད་མི་སྲིད།"ཐང་ལྷེ་ཡི་སེམས་སུ་ཀའོ་མིན་གྱི་ཕ་མ་ལ་འཁང་འགན་འཁྲི་ཡོད་སྙམ་ནས་དེ་སྐད་བཤད།

"«ཉེས་ཁྲིམས»ཀྱི་དོན་ཚན་སུམ་བརྒྱ་དང་ལྔ་པའི་ནང་གསེས་དང་པོའི་ནང་། དྲག་ཤུགས་དང་། འཇིགས་སྐུལ། ནོར་གྱིས་བསླུ་བ་སོགས་ཀྱི་བྱེད་ཐབས་སྤྱད་ནས་དཔང་མིས་བདེན་དཔང་བྱེད་པར་བཀག་འགོག་བྱས་པའམ་མི་གཞན་ལ་དཔང་མི་རྫུན་མ་བྱེད་དུ་བཅུག་རིགས་ལ་དུས་བཙོན་ལོ་གསུམ་མན་ནམ་བཙན་ཉར་ལས་བསྐུལ་གྱི་ཉེས་ཆད་གཅོད་རྒྱུ་དང་། ཉེས་ཚབས་ཆེ་རིགས་ལ་དུས་བཙོན་ལོ་གསུམ་ཡན་ནས་ལོ་བདུན་མན་བར་གྱི་ཉེས་ཆད་གཅོད་རྒྱུ།"ཁྲིམས་དཔོན་གྱིས་ཀའོ་མིན་གྱི་ཕ་མ་གཉིས་པོར"བདེན་དཔང་བྱེད་པར་གནོད་སྐྱོན་བཟོས་པའི་ནག་ཉེས"ཀྱི་མིང་ཐོག་ནས་ཁྲིམས་ཐག་བཅད།

གྱོད་དོན་མཇུག་སྒྲིལ་སོང་། "རྫུན་བཤད་པ་ནི་གཏན་ནས་མི་འགྲིག་པ་རེད།"ཐང་ལྷེ་ལ་སློང་ཚོར་ཟབ་མོ་བྱུང་།

(རྩོམ་ཡིག་ཁྲོད་ཀྱི་མིའི་མིང་ནི་གསང་མིང་ཤ་སྟག་ཡིན)

ཁྲིམས་ལུགས་ཤེས་བྱ་འདྲེན་པ།

«ཉེས་ཁྲིམས»ཀྱི་དོན་ཚན་སུམ་བརྒྱ་དང་ལྔའི་ནང་། ཉེས་དོན་གཏུག་བཤེར་བྱེད་རིང་དཔང་མི་དང་། གསལ་བྱེད་པ། ཟིན་བྲིས་འགོད་མཁན། སྐད་སྒྱུར་བཅས་ཀྱིས་གྲོད་གཞི་དང་འབྲེལ་བ་གལ་ཆེན་ཡོད་པའི་གནས་ཚུལ་བསམ་བཞིན་དུ་བདེན་དཔང་དང་། གསལ་འབྱེད། ཟིན་བྲིས། སྐད་སྒྱུར་བཅས་རྫུན་མ་བྱས་ཏེ་མི་གཞན་ལ་མ་ཉེས་ཁག་གཡོགས་སམ་ཉེས་དཔང་སྦས་སྐུང་བྱེད་སེམས་བཅངས་རིགས་ལ་དུས་བཙོན་ལོ་གསུམ་མན་ནམ་བཙོན་ཞར་ལས་བསྐྱལ་གྱི་ཉེས་ཆད་གཅོད་རྒྱུ་དང་། ཉེས་ཚབས་ཆེ་རིགས་ལ་དུས་བཙོན་ལོ་གསུམ་ཡན་ནས་ལོ་བདུན་མན་བར་གྱི་ཉེས་ཆད་གཅོད་རྒྱུ། «ཉེས་ཁྲིམས»ཀྱི་དོན་ཚན་སུམ་བརྒྱ་དང་དྲུག་པའི་ནང་། ཉེས་དོན་གཏུག་བཤེར་བྱེད་རིང་བཤེར་རྟོད་དག་འབུད་བྱེད་མཁན་དང་གཏུག་བཤེར་ངོ་ཚབ་ཀྱིས་དཔང་རྟགས་མེད་པར་བཟོས་པ་དང་རྫུན་མ་བཟོས་པ་དང་། ངོ་བདག་ལ་རོགས་རམ་གྱིས་དཔང་རྟགས་མེད་པར་བཟོས་པ་དང་རྫུན་མར་བཟོས་པ། དཔང་མིར་འཇིགས་བསྐུལ་དང་བསླུ་ཁྲིད་བྱས་ཏེ་དངོས་དོན་དང་རྒྱབ་འགལ་གྱིས་དཔང་གཏམ་བསྒྱུར་བའམ་དཔང་པོ་རྫུན་མ་བྱེད་དུ་བཅུག་རིགས་ལ་དུས་བཙོན་ལོ་གསུམ་མན་ནམ་བཙན་ཞར་ལས་བསྐྱལ་གྱི་ཉེས་ཆད་གཅོད་རྒྱུ་དང་། ཉེས་ཚབས་ཆེ་བའི་རིགས་ལ་དུས་བཙན་ལོ་གསུམ་ཡན་ནས་ལོ་བདུན་མན་བར་གྱི་ཉེས་ཆད་གཅོད་རྒྱུ། «ཉེས་ཁྲིམས»ཀྱི་དོན་ཚན་སུམ་བརྒྱ་དང་བདུན་པའི་ནང་གསེས་དང་པོའི་ནང་། དྲག་ཤུགས་དང་། འཇིགས་སྐུལ། ནོར་གྱིས་བསླུ་བ་སོགས་ཀྱི་བྱེད་ཐབས་སྤྱད་ནས་དཔང་

མིས་བདེན་དཔང་བྱེད་པར་བཀག་འགོག་བྱས་པའམ་མི་གཞན་ལ་དཔང་མི་རྫུན་མ་བྱེད་དུ་བཅུག་རིགས་ལ་དུས་བཙོན་ལོ་གསུམ་མན་ནམ་བཙན་ཉར་ལས་བསྐུལ་གྱི་ཉེས་ཆད་གཏོང་རྒྱུ་དང་། ཉེས་ཚབས་ཆེ་རིགས་ལ་དུས་བཙོན་ལོ་གསུམ་ཡན་ནས་ལོ་བདུན་མན་བར་གྱི་ཉེས་ཆད་གཏོང་རྒྱུ།

གཏམ་རྒྱུད་འདིའི་ནང་དུ་ཀའོ་མིན་གྱི་ཕ་མས་ཐང་ལྷེ་ལ་སློག་རྫུན་སྒྲོད་པས་ཐང་ལྷེ་ཡིས་དཔང་མི་རྫུན་མ་བྱས་ཡོད་པ་དང་། ཐང་ལྷེ་དང་ཀའོ་མིན་གྱི་ཕ་མ་གཉིས་པོའི་བྱེད་སྟངས་དེ་ནི་ཁྲིམས་བཀལ་ཉེས་གསོག་གྱི་བྱ་སྤྱོད་ཅིག་ཡིན་པས་ཁོ་ཚོར་ཉེས་ཁྲིམས་ལྟར་ཆད་པ་བཅད་པ་ཡིན་ནོ།།

༢༥ འཕྲོག་བཙོམ་བྱེད་མཁན་གཉིས་ཀྱི་སླེང་སློལ།

ལིང་ཆན་རི་བོ་ནི་ས་གཙང་ཞིང་ནགས་སྟུག་ལ་རང་བྱུང་གི་མཛེས་པ་ལྷ་ན་སྡུག་པ་ཞིག་ཡོད། ཉེ་བའི་ལོ་ཤས་ནང་རི་སྟེང་དུ་སྒྲོ་གསེང་གཏོང་སའི་གླིང་ག་འགའ་གསར་དུ་བརྒྱབ་ཡོད་ཅིང་གླིང་ག་དེ་དག་ནི་གྲོང་ཁྱེར་གྱི་མི་དག་གིས་སྒྲོ་གསེང་བྱ་ཡུལ་གཙོ་བོར་འགྱུར་ཡོད། མཚན་མོ་སླེབས་དུས་སྒྲོ་གསེང་དུ་ཡོང་བའི་གྲོང་ཁྱེར་གྱི་མི་དག་གིས་སྐད་གསང་མཐོན་པོས་ཕན་ཚུན་གླུ་གཞས་ལེན་ཞིང་རྩེད་འཇོར་རོལ་ཏེ་མཚན་གང་བསྡད་ཀྱི་ཡོད།

རི་སྐེད་དུ་དོ་དམ་དང་དོགས་ཟོན་ནན་པོ་བྱེད་མཁན་གྱི་བཙོན་ཁང་ཞིག་ཡོད་ཅིང་བཙོན་ཁང་དེའི་ནང་དུ་བཙོན་པ་བརྒྱ་ལྷག་ཙམ་ཡོད། བཙོན་པ་དག་གིས་བཙོན་ཁང་ཕྱི་རོལ་གྱི་སྒྲོ་གསེང་ལ་རོལ་བའི་གླུ་དབྱངས་དེ་དག་ཐོས་ཐེངས་རེར་ཁོ་ཚོའི་སེམས་སུ་བཟོད་དཀའ་བའི་མནར་གཅོད་གང་མང་མྱོང་དགོས་ཀྱི་ཡོད།

ཅང་ཤུད་ལོ༤༠དང་ལྷུའུ་ཅིང་ཁྲང་ལོ༧༡ལ་སོན་ཡོད། ཁོ་གཉིས་བཙོན་ཁང་དེར་སླེབས་ནས་ལོ་གཅིག་ཙམ་འདས་ཟིན། མ་གཞི་ཁོ་གཉིས་བར་ལ་ལོ་ཆེ་ཆུང་གི་ཁྱད་པར་ཡོད་ནའང་ཁོ་གཉིས་ནི་ཕ་ཡུལ་གཅིག་ནས་ཡིན་པས་ཕན་ཚུན་མཐུན་པའི་ཆ་མང་པོ་ཡོད། དུས་རྒྱུན་མཚན་གཞུང་དུ་གཉིད་མི་ཁུག་པའི་སྐབས་སུ་ཁོ་གཉིས་ཀྱིས་ཕན་ཚུན་སེམས་གཏམ་གླེང་ནས་བསྡད་ཀྱི་ཡོད་ཅིང་རང་དབང་ལ་ཕྱོགས་ཞེན་མོས་པ་དེ་ནི་ཁོ་གཉིས་ཀྱི་ཐུན་མོང་གི་སེམས་འདུན་དུ་འགྱུར་ཡོད་ནའང་ད་ལྟའི་ངོས་ནས་བཤད་ན་དེ་ནི་དོན་ལ་མི་གནས་པའི་འཁྲུལ་སྣང་ཙམ་དུ་སྣང་།

"ལོ་གསུམ་དང་ཟླ་བ་བརྒྱད་སོང་རྗེས་རང་ལ་རང་དབང་ཐོབ་པ་རེད། ཡིན་

ནའང་ང་ད་དུང་ལོ་བཅུ་དང་ཟླ་བ་བརྒྱད་སྡོད་དགོས……”ཕུའུ་ཅིང་ཁྲང་གིས་ཉིན་ལྟར་མཇུབ་རྩེས་བགྲུབ་ནས་བསྡད་ཀྱི་ཡོད་པས་ཁོས་སྐད་ཆ་དེ་ཤོད་དུས་ཁོ་པའི་གདོང་གི་རྣམ་འགྱུར་རློག་འཛིང་ཅན་ཞིག་ཏུ་འགྱུར་འདུག

“ང་བཙོན་འགྲོལ་བཏང་རྗེས་ངེས་པར་དུ་མི་ཡག་པོ་ཞིག་བྱེད་ཀྱི་ཡིན།”ཅང་ཤུད་ཀྱིས་བཤད།

ཅང་ཤུད་དང་ཕུའུ་ཅིང་ཁྲང་ནི་འཕྲོག་བཅོམ་བྱས་པའི་ཉེས་པ་བསགས་ནས་ཉིན་གཅིག་ལ་བཙོན་ཁང་དུ་ཚུད་པ་རེད། ཅང་ཤུད་ལ་ལོ་བཞི་ཡི་ཁྲིམས་ཆད་བཅད་པ་དང་ཕུའུ་ཅིང་ཁྲང་ལ་ལོ་བཅུ་གཅིག་གི་ཁྲིམས་ཆད་བཅད་པ་རེད།

ཅང་ཤུད་ནི་མི་ཚུལ་དང་ལྡན་པ་ཞིག་ཡིན་ནའང་ཁོ་པས་སྐབས་འཕྲལ་གྱི་རྒྱུ་ནོར་ལ་ཐམ་ནས་ལམ་ནོར་དུ་སོང་བ་ཞིག་རེད། ཁོའི་ཉེས་གསོག་གི་བརྒྱུད་རིམ་དག་གླེང་ན་ཁོ་པ་འགྱོད་པ་གཏིང་ནས་སྐྱེས་ཤིང་ཡོད།

ལོ་ཕྱེད་སྔོན་གྱི་ཉིན་ཞིག་གི་ཕྱི་དྲོར། ཅང་ཤུད་རྣམ་ཀུན་དང་མཚུངས་པར་ཐེལ་ཐེལ་འཚུབ་འཚུབ་ངང་ལ་ལོག་བཞིན་ཡོད། ཁོ་པ་ཁྲུ་སིམ་སིམ་གྱི་སྲང་ལམ་དེར་སླེབས་དུས་རྒྱན་ཆ་མང་པོ་འདོགས་པའི་བུད་མེད་ཅིག་དང་འཕྲད། ཅང་ཤུད་ཀྱིས་ཕྱོགས་བཞིར་བལྟས་ཀྱང་མི་མེད་པས་ཁོ་པར་རྐུ་སེམས་སྐྱེས། ཁོས་བུད་མེད་དེའི་དོགས་ཟོན་མེད་པའི་སྐབས་དང་བསྟུན་ནས་ཁོ་མོའི་ལག་འཁྱེར་སྣོ་ཕད་དེ་འཕྲོག་ནས་བྲོས། ཡིན་ནའང་ཅང་ཤུད་ཀྱི་བསམ་ཡུལ་ལས་འདས་པ་ཞིག་ལ་བུད་མེད་དེས་ཁོ་པ་རྗེས་དེད་བཏང་ནས་མི་གཏོང་བས་མཐར་ཁོས་བུད་མེད་དེ་རྨས་སྐྱོན་བཏང་བས་ད་གཟོད་སྣོ་ཕད་དེ་འཁྱེར་ནས་བྲོས་ཐར། སྣོ་ཕད་ནང་དུ་དངུལ་སྒོར་སྒོར༥༠༠དང་ཀུ་ཤུ་རྟགས་ཅན་གྱི་ཁ་པར་གཅིག་ཡོད། ཅང་ཤུད་ཀྱིས

འཕྲོག་བཅོམ་བྱས་པའི་དངོས་པོ་དེ་དག་བག་མེད་ལོངས་སྤྱོད་མ་བྱེད་གོང་ཁོ་པ་ཉེན་རྟོག་པས་འཛིན་བཟུང་བྱས།

“དེ་སྔོན་ངས་ལས་ཀ་གླེན་རྟགས་ཚ་པོ་དེ་འདྲ་བྱས་མེད་ན་ང་ད་ལྟ་གནས་སྟངས་ཐབས་སྐྱོ་པོ་འདི་འདྲར་གྱུར་མི་སྲིད།”ཅང་ཤུད་ཀྱིས་འགྱོད་སེམས་དྲག་པོ་སྐྱེས་ནས་དེ་ལྟར་བརྗོད།

“ངས་ཀྱང་གནས་སྐབས་མགོ་རྨོངས་ནས་ལས་ཀ་ཐབས་སྐྱོ་པོ་དེ་འདྲ་བྱས་པ་རེད་ཨང་།”ཕྲུའུ་ཅིང་ཁྲང་གིས་དབུགས་རིང་ཞིག་བཏང་ནས་རང་གི་ཉེས་གསོག་བརྒྱུད་རིམ་དག་བརྗོད་བྱུང་།

ཕྲུའུ་ཅིང་ཁྲང་ལ་བདེ་སྐྱིད་ལྡན་པའི་ཁྱིམ་ཚང་ཞིག་ཡོད། ཁོའི་ཕ་མ་གཉིས་པོ་བཟོ་པ་ཡིན་ཞིང་ཁྱིམ་ཚང་གི་ཡོང་འབབ་སྤྱིར་བཏང་ཡིན་ནའང་ཕ་མ་གཉིས་པོས་ཁོ་པར་དཔྲལ་བའི་མིག་དང་ཁོག་པའི་སྙིང་ལྟར་གཅེས་པར་བྱེད་ཀྱི་ཡོད་ཅིང་ཕྲུའུ་ཅིང་ཁྲང་གི་འདོད་བློར་སོང་བའི་དངོས་པོ་ཞིག་ཡིན་ཚེ་ཕ་མ་གཉིས་པོས་ཐབས་ཤེས་ཅི་དྲག་བྱས་ནས་ཁོ་པའི་འདོད་པ་སྐོང་གང་ཐུབ་བྱེད་ཀྱི་ཡོད། དུས་ཚོད་ནི་དེ་ལྟར་འདས་སོང་། ཕྲུའུ་ཅིང་ཁྲང་མཐོ་འབྲིང་ཐོན་རྗེས་སློབ་སྦྱོང་གི་སྒྲུབ་འབྲས་ཞན་པས་རྐྱེན་གྱིས་ཁོ་པའི་རེ་སེམས་འཆང་བའི་སློབ་ཆེན་དེར་མ་ཚུད། སློབ་ཆེན་དུ་མ་ཚུད་པའི་ཕྲུའུ་ཅིང་ཁྲང་རིམ་བཞིན་ལས་མེད་འཁྱམ་པོ་ཞིག་ཏུ་འགྱུར།

ཕྲུའུ་ཅིང་ཁྲང་གི་ཕ་མས་རང་གི་འབྲེལ་བ་ལ་བརྟེན་པ་དང་མི་མང་པོ་ལ་ཞུ་བ་བརྒྱབ་སྟེ་མཐར་ཕྲུའུ་ཅིང་ཁྲང་བཟོ་གྲྭ་ཞིག་ཏུ་ལས་ཀ་འགྲོ་རྒྱུ་བྱུང་སོང་། ཡིན་ནའང་ཕྲུའུ་ཅིང་ཁྲང་གིས་བཟོ་གྲྭ་དེའི་ལས་ཀར་གཅེས་སྲུས་མི་བྱེད་པ་མ་ཟད་ད་

དུང་སྤྱི་ཚོགས་སྟེང་གི་འཁྲུམ་པོ་འགའ་དང་མཉམ་དུ་འགྲོགས་ནས་བསྡད་ཀྱི་ཡོད། ལྷུའུ་ཅིང་ཁྲང་དང་མཉམ་དུ་འགྲོགས་པའི་འཁྲུམ་པོ་དེ་དག་ནི་བཙོན་ཁང་དུ་ཚུད་མྱོང་མཁན་ཤ་སྟག་ཡིན་ཞིང་ཕོ་ཚོ་ཉིན་རྒྱུན་ལས་ཀ་ཅི་ཡང་མེད་པའི་བློ་བདེ་བག་ཡེབས་ཀྱི་འཚོ་བར་རོལ་ནས་བསྡད་ཡོད། ལྷུའུ་ཅིང་ཁྲང་གིས་ཐུར་བས་ཕོ་ཚོ་དང་འབྲེལ་འདྲིས་བྱེད་པའི་སྐབས་སུ་ཕོ་ཚོའི་ཁྲོད་ཀྱི་མི་མང་དག་ཅིག་ནི་ཀུ་བརྒྱབ་པ་དང་འཕྲོག་བཅོམ་ལ་བརྟེན་ནས་འཚོ་བ་བསྐྱལ་གྱི་ཡོད་པ་ཤེས།

“ངས་བཟོ་གྲྭ་ཙ་དཀའ་ལས་ཁྲག་དྲི་བྲོ་བ་བརྒྱབ་ནའང་དངུལ་དེ་ཙམ་ལས་མེད། དེ་ལས……”ལྷུའུ་ཅིང་ཁྲང་ལས་ཀར་འགྲོ་བའི་བསམ་པ་མེད་པར་ཕོས་འཕྲོག་བཅོམ་བྱ་རྒྱུའི་གོ་སྐབས་ཤིག་བསྒུགས་ནས་བསྡད་ཡོད།

ལྷུའུ་ཅིང་ཁྲང་ལ་འཕྲོག་བཅོམ་བྱེད་པའི་ཉམས་མྱོང་མེད་པས་ཕོའི་འཕྲོག་བཅོམ་གྱི་བྱ་སྤྱོད་དེ་ལམ་སྔོང་མ་བྱུང་། ལྷུའུ་ཅིང་ཁྲང་གིས་རང་གི་རོགས་པ་དག་ནི་ལས་དེར་བརྟེན་ནས“ཟས་གོས་གཉིས་འཛོམས”ཡིན་པ་མཐོང་བས་ཕོས་མུ་མཐུད་དུ་འཕྲོག་བཅོམ་བྱ་རྒྱུའི་གོ་སྐབས་ཤིག་ལ་དམིགས་སྒུལ་བརྒྱབ་ནས་བསྡད་ཡོད།

སྟེས་དབང་གི་གོ་སྐབས་ཤིག་ལས་ལྷུའུ་ཅིན་ཁྲང་གིས་བརྙན་འཕྲིན་ཐོག་ཉེན་རྟོག་པས་ལག་འཁྱེར་ཁ་པར་གྱི་ཚོང་ར་ཆེན་པོ་ཞིག་ཏུ་རྒྱུན་འཛུགས་རོལ་རྩེད་འཁྲུལ་ཆས་གཞུང་བཞེས་བྱེད་པའི་གསར་འགྱུར་ཞིག་མཐོང་བ་རེད། རོལ་རྩེད་ཁང་གི་སྤྱིན་བདག་འགས་ཁེ་བཟང་ཆེན་པོ་རག་ཆེད་རོལ་རྩེད་འཁྲུལ་ཆས་ལ་བརྟེན་ནས་རྒྱུན་འཛུགས་ཀྱི་སྣང་ཚུལ་ཡོད་པ་ལྷུའུ་ཅིན་ཁྲང་གི་སེམས་སུ་གསལ་པོ་ཤེས་ཀྱི་ཡོད། ས་འོག་རྒྱུན་འཛུགས་ཁང་འདི་དག་གིས་རྒྱུན་དུ་སྒོག་སྒོག་སུད་སུད་

ངང་ཁྲིམས་འགལ་གྱི་བྱ་སྤྱོད་སྤེལ་གྱི་ཡོད་པ་དང་། དུས་རྒྱུན་ཉེན་རྟོག་པ་སླེབས་མ་ཐག་སྦྲིན་བདག་ཚོས་རོལ་རྩེད་ཚོང་ར་གཞན་དག་ཉར་སྲུང་བྱ་ཆེད་རྒྱུན་འཛུགས་ལ་སྤྱོད་པའི་རོལ་རྩེད་འཕྲུལ་ཆས་དག་ཉེན་རྟོག་པར་རྩིས་སྤྲོད་བྱེད་ཀྱི་ཡོད།

“ཏ། ཏ། ང་ལ་ཐབས་ཤེས་བྱུང་སོང་།”ཕུའུ་ཅིང་ཁྲང་གིས་སེམས་སུ་རང་ཉིད་ཀྱིས་ཉེན་རྟོག་པར་བརྫུས་ནས་རོལ་རྩེད་འཕྲུལ་འཁོར་འགའ་ལེན་དགོས་སྙམ་སྟེ། ཁོས་དྲ་ཐོག་ནས་ཉེན་རྟོག་པའི་གྱོན་གོས་རྫུན་མ་ཞིག་ཉོས་ཡོད་པ་དང་དེ་ནས་ཉེན་རྟོག་པའི་ལག་ཁྱེར་རྫུན་མ་ཞིག་བཟོས། ད་དུང་མི་མདའ་རྫུན་མ་ཞིག་ཀྱང་ཉོས……གྲ་སྒྲིག་ཚང་མ་ཚར་རྗེས་ཁོས་ལམ་དུ་བསྐྱོད་ནས་བྱ་སྤྱོད་སྤེལ་འགོ་ཚུགས།

ཐེངས་དང་པོར་ཕུའུ་ཅིང་ཁྲང་གིས་དཀའ་ལས་ཅི་ཡང་བརྒྱབ་མི་དགོས་པར་ཀུ་ཤུ་རྟགས་ཅན་གྱི་རོལ་རྩེད་འཕྲུལ་འཁོར་གཉིས་ལག་ཏུ་ཐེབས། རོལ་རྩེད་ཁང་གི་སྦྲིན་བདག་གིས་ཕུའུ་ཅིང་ཁྲང་ལ་དོགས་པ་ཅི་ཡང་མི་བྱེད་པར་རང་གི་རྒྱུན་འཛུགས་ཀྱི་རོལ་རྩེད་འཕྲུལ་འཁོར་གཉིས་པོ་ཕུའུ་ཅིང་ཁྲང་ལ་རྩིས་སྤྲོད་བྱས། ཕུའུ་ཅིང་ཁྲང་གིས་ད་དུང་སྦྲིན་བདག་དེར་སྒོར་༡༠༠༠གི་ཆད་པ་བཅད། ཕུའུ་ཅིང་ཁྲང་གིས་རོལ་རྩེད་འཕྲུལ་འཁོར་དེ་གཉིས་གཞན་ལ་གོང་ཁེ་པོ་བྱས་ནས་བཙོང་བ་དང་དེ་ལས་ཐོབ་པའི་དངུལ་དག་བག་མེད་ལོངས་སྤྱོད་བྱས།

ཕུའུ་ཅིང་ཁྲང་ལ་ཐེངས་དང་པོའི་“ལེགས་འགྲུབ་ཀྱི་ཉམས་མྱོང་”ཡོད་པས་ཁོས་སྣ་ཁོག་ཆེར་བསྐྱེད་ནས་རོལ་རྩེད་ཁང་འགའ་ཞིག་ཏུ་སོང་བ་དང་ཁོ་པའི་ཁྲབ་རྩལ་ཡག་པོ་ཡོད་པས་མི་རྣམས་ཀྱིས་ཁོའི་ཐོབ་ཐང་ལ་དོགས་པ་བྱེད་མཁན་

མ་བྱུང་།

"གནམ་རྙི་གཞི་རྒྱ་ཆེ་ན་ཡང་མི་ངན་ཤོར་བའི་སྐྱབས་ཀ་མེད།" ཅེས་པ་ལྟར་ལུའུ་ཅིང་ཁྲང་སྐྱོ་ཧམ་ཇེ་ཆེར་སོང་བའི་སྐབས་སུ་ཚོང་ཁང་སྦྱིན་བདག་ཅིག་གིས་ཁོའི་ཞེན་རྟོག་པའི་ཐོབ་ཐང་ལ་དོགས་པ་སྐྱེས་ནས་ཞེན་རྟོག་པར་སྙན་སེང་ཞུས། ལུའུ་ཅིང་ཁྲང་གིས་གནས་ཚུལ་ཡག་པོ་མེད་པ་ཤེས་ནས་འབྲེལ་འཚུལ་ངང་བྲོས་སོང་ནའང་མཐར་ཁོ་པ་ཞེན་རྟོག་པས་འཛིན་བཟུང་བྱས།

འདྲི་གཙོད་ཚར་རྗེས། ཁྲིམས་ཁང་ནས་ལུའུ་ཅིང་ཁྲང་གིས་མི་དམངས་ཞེན་རྟོག་པར་བརྫུས་ཏེ་མང་ཚོགས་ལ་མགོ་སྐོར་གཡོ་ཐབས་ཀྱི་བྱ་ངན་སྤེལ་བའི་ནག་ཉེས་གྲུབ་པ་གཏན་འཁེལ་བྱས་ཏེ་མཐར་ལུའུ་ཅིང་ཁྲང་ལ་དུས་བཙོན་ལོ་བཅུ་གཅིག་གི་ཉེས་ཆད་བཅད་པ་དང་དངུལ་ཆད་སྒོར་ཁྲི་གཅིག་དང་སྟོང་བརྒྱད་ཀྱི་ཆད་པ་བཅད།

"གལ་སྲིད་དེ་སྔོན་ངས་ཕ་མ་གཉིས་པོའི་ཁར་ཉན་ནས་ལས་ཀར་ཡག་པོ་སོང་ཡོད་ན་ད་ལྟ་བཙོན་ཁང་ཕྱི་རོལ་དུ་གླུ་གཞས་གཏོང་མཁན་དེ་གཅིག་བྱས་ན་ང་ཡིན་ཀྱང་སྲིད།" ལུའུ་ཅིང་ཁྲང་གིས་སེམས་གཏིང་ནས་འགྱོད་པ་སྐྱེས་ཏེ་དེ་ལྟར་བཤད།

"ང་ཚོས་བསྒྱུར་བཅོས་ཡག་པོ་བྱས་ནས་ཉེས་ཆད་བཅའ་ཡང་གཏོང་བར་བརྩོན་ལེན་བྱེད་དགོས……" ཅང་ཤུད་ཀྱིས་མཚན་མོའི་མཁའ་དབྱིངས་སུ་ཅེར་ནས་ཡིད་ཆེས་ཡོད་པའི་ངང་དེ་ལྟར་བརྗོད། ལུའུ་ཅིང་ཁྲང་གིས་ཙུང་ཤུད་ཀྱི་བཤད་པའི་སྐད་ཆ་དེར་མོས་མཐུན་ཡོད་པས་ཁོའི་མགོ་བོ་ནང་དུ་ལྡེམ་ཙམ་བྱས་བྱུང་……

（རྩོམ་ཡིག་ཁྲོད་ཀྱི་མིའི་མིང་ནི་གསང་མིང་ཤ་སྟག་ཡིན）

ཁྲིམས་ལུགས་ཤེས་བྱ་འདྲེན་པ།

«ཉེས་ཁྲིམས»ཀྱི་དོན་ཚན་ཉེས་བརྒྱ་རེ་གསུམ་པའི་ནང་། དྲགས་ཐབས་དང་འཇིགས་བསྐུལ་ཡང་ན་བྱེད་ཐབས་གཞན་དག་སྤྱད་ནས་གཞུང་སྒེར་གྱི་རྒྱུ་ནོར་འཕྲོག་བཅོམ་བྱས་རིགས་ལ་དུས་བཙོན་ལོ་གསུམ་ཡན་ནས་ལོ་བཅུ་མན་བར་གྱི་ཉེས་ཆད་གཅོད་རྒྱུ་དང་། དངུལ་ཆད་ཆབས་སྦྲགས་སུ་གཅོད་རྒྱུ། དོན་ཚན་འདིའི་ནང་གསེས་དྲུག་པའི་ནང་། དམག་མི་དང་ཞིན་རྟོག་པ་ཡིན་ཁུལ་བྱས་ཏེ་གཞུང་སྒེར་གྱི་རྒྱུ་ནོར་འཕྲོག་བཅོམ་བྱེད་པའི་གནས་ཚུལ་ལ་དུས་བཙོན་ལོ་བཅུ་ཡན་ནམ་ཚེ་བཙོན་ནམ་སྲོག་ཁྲིམས་ཀྱི་ཉེས་ཆད་གཅོད་རྒྱུ་དང་དངུལ་ཆད་དམ་རྒྱུ་ནོར་གཞུང་བཞེས་གཏོང་རྒྱུའི་ཉེས་ཆད་ཆབས་སྦྲགས་སུ་གཅོད་རྒྱུ།

«ཉེས་ཁྲིམས»ཀྱི་དོན་ཚན་ཉེས་བརྒྱ་དོན་དགུ་པའི་ནང་། རྒྱལ་ཁབ་ལས་ཁུངས་ཀྱི་ལས་བྱེད་པར་བརྫུས་ནས་གཡོ་སྒྲོར་བྱེད་རིགས་ལ་དུས་བཙོན་ལོ་གསུམ་མན་དང་། ཡང་ན་བཙན་ཞར་ལས་བསྐུལ། ཡང་ན་རྗེས་སྐྱོད་དོ་དམ་གྱི་ཉེས་ཆད་དམ་ཆབ་སྲིད་ཀྱི་ཁེ་དབང་བཙན་འཕྲོག་གི་ཉེས་ཆད་གཅོད་རྒྱུ། ཉེས་ཚབས་ཆེ་རིགས་ལ་དུས་བཙོན་ལོ་གསུམ་ཡན་ནས་ལོ་བཅུ་མན་བར་གྱི་ཉེས་ཆད་གཅོད་རྒྱུ། མི་དམངས་ཞིན་རྟོག་པར་བརྫུས་ནས་གཡོ་སྒྲོར་བཏང་རིགས་ལ་གོང་གསལ་ནང་གསེས་དོན་ཚན་གྱི་གཏན་འབེབས་ལྟར་ཉེས་ཆད་ལྗིད་པོ་གཅོད་རྒྱུ།

གདམ་རྒྱུད་འདིའི་ནང་དུ་ཅང་ཤུད་ཀྱི་ཉེས་གསོག་དེ་ནི་གཞི་རྩའི་འཕྲོག་བཅོམ་གྱི་བྱ་སྤྱོད་ཅིག་རེད། ཡིན་ནའང་ལྷུའུ་ཅིང་ཁྲང་གིས་ཉེས་པ་གསོག་པའི་

བརྒྱུད་རིམ་ནང་ཁོས་མི་དམངས་ཉེན་རྟོག་པར་བརྡུས་ནས་གཞན་ལ་མགོ་སྐོར་བཏང་བ་དེ་ནི་མགོ་སྐོར་གཡོ་ཐབས་ཀྱི་བྱ་ངན་སྤྱེལ་བའི་ནག་ཉེས་བསགས་ཡོད་པ་དང་ཉེས་ཚབས་ཆེ་རིགས་ཡིན་པས་འབྲེལ་ཡོད་གཏན་འབེབས་ལྟར་ལྷུའུ་ཅིང་ཁྲང་ལ་ཉེས་ཆད་ཞྭིད་པོ་གཅོད་རྒྱུ།

ཁྲིམས་ལུགས་གནམ་རྒྱུད།

གཞོན་ནུ་ལོ་ཆུང་གི་ཉེན་བརྡའི་ལེའུ།

རྩོམ་པ་པོ།	ཏའེ་ཞའོ་ཆེན།
བསྒྱུར་པ་པོ།	བློ་བཟང་དཔལ་ལྡན།
རྩོམ་སྒྲིག་འགན་འཁུར་པ།	པ་སངས་དབང་ཆེན། མདོ་རྒྱུད་ཚེ་རིང་།
མདུན་ཤོག་མཛེས་འཆོས་པ།	མདོ་རྒྱུད་ཚེ་རིང་།
དཔེ་སྐྲུན་འགྲེམས་སྤེལ་ཚན་པ།	བོད་ལྗོངས་མི་དམངས་དཔེ་སྐྲུན་ཁང་། (ལྷ་ས་གླིང་སྐོར་བྱང་ལམ་སྒོ་ཨང་20པ)
པར་འདེབས་ཚན་པ།	ལྷ་ས་གྲོང་ཁྱེར་མིང་ཤེན་པར་འདེབས་ཚད་ཡོད་ཀུང་སི།
དེབ་ཚད།	850×1168 1 / 32
པར་ཤོག	7.25
ཡིག་གྲངས།	ཁྲི་12
པར་གཞི།	2021ལོའི་ཟླ་11པར་པར་གཞི་1བསྒྲིགས།
པར་ཐེངས།	2021ལོའི་ཟླ་11པར་པར་ཐེངས་1བཏབ།
པར་གྲངས།	01-2,000
དཔེ་རྟགས།	ISBN987-7-223-06770-6
རིན་གོང་།	སྒོར་24.00